U0683206

江苏新农村发展系列报告
南京农业大学人文社科重大招标项目

江苏农村社会保障发展报告 2012

李 放等著

科学出版社

北 京

内 容 简 介

本书为《江苏新农村发展系列报告》之一，由一个总报告、五个专题报告组成。总报告从总体上分析了江苏农村社会保障发展状况、发展水平和未来的发展思路，各专题报告分别对江苏新型农村社会养老保险、新型农村合作医疗、农村最低生活保障、农村社会养老服务的发展状况及相关案例进行了专题研究。

本书数据资料详实，兼顾微观与宏观视角、定性与定量方法，可以为相关理论和实际工作者及社会公众了解与研究江苏农村社会保障发展提供重要参考。

图书在版编目(CIP)数据

江苏农村社会保障发展报告.2012/李放等著. –北京：科学出版社，2013.2

（江苏新农村发展系列报告）

ISBN 978-7-03-036632-0

I. ①江… II. ①李… III. ①农村 – 社会保障 – 研究报告 – 江苏省 – 2012 IV. ①F323.89

中国版本图书馆 CIP 数据核字(2013)第 020945 号

责任编辑：黄　海/责任校对：陈玉凤
责任印制：赵德静/封面设计：许　瑞

科 学 出 版 社 出版
北京东黄城根北街 16 号
邮政编码：100717
http://www.sciencep.com

北京京华虎彩印刷有限公司 印刷
科学出版社发行　各地新华书店经销
*
2013 年 2 月第 一 版　　开本：787×1092 1/16
2013 年 2 月第一次印刷　　印张：15 1/2
字数：220 000

定价：69.00 元

（如有印装质量问题，我社负责调换）

《江苏新农村发展系列报告》编委会

顾　问：管恒禄　周光宏　张颢瀚

主　任：丁艳锋

副主任：刘志民

编　委：丁艳锋　钟甫宁　蔡　恒　黄爱军　杨天和
　　　　沈建华　刘志民　刘凤权　陈　巍　黄丕生
　　　　余林媛　朱　晶　姚兆余　钱宝英

《江苏农村社会保障发展报告2012》

主要撰写人员

李　放　姚兆余　王翌秋　谢　勇　周　蕾
沈苏燕　崔香芬　赵　光　王舒娟

《江苏新农村发展系列报告》编委会

顾　问：管恒禄　　周光宏　　张颢瀚

主　任：丁艳锋

副主任：刘志民

编　委：丁艳锋　钟甫宁　蔡　恒　黄爱军　杨天和
　　　　沈建华　刘志民　刘凤权　陈　巍　黄丕生
　　　　余林媛　朱　晶　姚兆余　钱宝英

《江苏农村社会保障发展报告2012》

主要撰写人员

李　放　姚兆余　王翌秋　谢　勇　周　蕾
沈苏燕　崔香芬　赵　光　王舒娟

总　　序

　　为了深入贯彻落实党的十七届六中全会精神和国家中长期科技与教育发展规划纲要，繁荣我校人文社会科学，强化我校新农村发展研究院的政策咨询功能，从 2012 年起，南京农业大学在中央高校基本科研业务费中增设人文社会科学重大专项。人文社会科学重大专项通过招标方式，主要资助我校人文社科专家、教授针对我国农业现代化和社会主义新农村建设中遇到的具有全局性、战略性、前瞻性的重大理论和实践挑战，以解决复杂性、前沿性、综合性的重大现实问题为重点，以人文社会科学为基础、具有明显文理交叉特征的跨学科研究。其中，为江苏"三农"服务的发展报告是首批重点资助的项目，项目实施一期三年，每年提交一份年度发展报告，并向社会公布。

　　江苏地处中国经济发展最快速、最具活力的长三角地区，肩负"两个率先"的光荣使命，正处于率先实现小康社会奋斗目标、全面开启现代化建设征程的新的历史起点。其经济社会发展的现状为南京农业大学发挥学科特点和综合优势，服务社会需求和发展大局，提出了新的挑战，提供了新的机遇。我校设立校人文社会科学重大招标项目主要基于四个方面的出发点。第一，随着我国整体改革的进一步深入，农业现代化进程的不断加快，农业现代化过程中凸显的难点和重点问题，使得人文社科研究的整体性、系统性、迫切性更加突出。我校通过顶层设计、设置人文社科重大招标项目——江苏"三农"相关领域发展报告，就是希望我校农业相关的人文社科领域专家、教授发挥团队力量，通过系统设计、周密调研和深入剖析，实现集体"发声"，冀求研究成果为江苏"两个率先"的实现做出应有的贡献，并对全国的农业现代化、对将来起示范和引领作用，从而扩大南京农业大学人文社科研究整体的社会影响力。第二，通过项目的实施，希望进一步引导我校人文社科领域专家、教授更加注重实际、实例与实体研究，更加关注传统与现实的结合，更加注重研究的定点和定位，更加重视科学研究资料和素材的积累。第三，通过项目实施，一个报告针对一个问题、围绕一个主题，使人文社科老师的科研活动多与社会、多与政府对接，使得研究成果的社会影响力和政府影响力都能得到充分发挥。第四，希望我校人文社科的老师与自然科学的老师形成交叉，培育新的人文社科学科发展增长点，推动学校创新团队培养和学科交叉融合。通过项目的实施，人才、团队、成果、学科、学术都能得到同步成长。

《江苏新农村发展系列报告》（2012）共分为七个分册，分别为《江苏农民专业合作组织发展报告2012》、《江苏农村金融发展报告2012》、《江苏乡村治理发展报告2012》、《江苏农村社会保障发展报告2012》、《江苏休闲农业发展报告2012》、《江苏农业信息化发展报告2012》、《江苏农村政治文明发展报告2012》。各报告包括了2012年江苏全省农业相关领域的发展现状、总体评价、趋势分析及对策建议等；分别针对苏南、苏北、苏中专题进行评述并提出了相关建议；评析了2012年全省农业相关领域发展的典型案例；并附有2012年全省农业相关领域发展统计数据、政策文件以及发展大事记等。项目通过实证研究和探索，获得来自于农民生活、农业生产和农村社会实际的第一手资料，以期为政府决策提供真实的信息。项目实施过程中充分发挥了青年教师与研究生等有生力量的作用，既扩大了工作的影响面，又培养了人才。

总之，我校从专家集体发声、鲜明的导向、与社会及政府部门的对接、团队和学科交叉的发展这四个方面设计资助人文社会科学重大招标项目，希望对我校的人文社科发展起到积极的推动作用，能真正达到"弘扬南农传统和优势、对接古典和现实、破解农业现代化难题、振兴南农人文社科"的目的，同时为我国"三农"事业、经济社会发展，为江苏省农业科技进步、农业现代化和新农村建设做出新的贡献。

　　在项目的实施和发展报告的编写过程中，农业相关领域省级主管部门及各级各单位、各项目负责人及课题组成员给予了大力支持和密切配合，相关领域的领导和专家给予了指导，在此一并致以谢忱。

　　《江苏新农村发展系列报告》是一个全新的尝试，不足甚至谬误在所难免，还望社会各界倾力指教，以利更真实地记录江苏农业现代化进程的印迹，为美好江苏建设留下一组侧影。

南京农业大学副校长　丁艳锋

二〇一二年十二月

前　言

　　加快农村社会保障制度建设，是改善农民基本生活、促进农业和农村发展的内在要求，对于统筹城乡经济社会发展、全面建成小康社会具有非常重要的战略意义。十六大以来，江苏农村社会保障建设进程明显加快，陆续建立起包括新型农村合作医疗制度、农村居民最低生活保障制度、新型农村社会养老保险制度等在内的农村社会保障体系框架，覆盖面和保障水平均位居全国前列。但从全省来看，目前社会保障城乡分割仍然存在，农村社会保障的发展在全省各地也很不平衡，如何进一步推动农村社会保障的发展、实现城乡社会保障一体化仍然是需要研究的重要课题。

　　《江苏农村社会保障发展报告 2012》是南京农业大学《江苏新农村发展系列报告》之一，得到中央高校基本科研业务费专项资金、南京农业大学人文社会科学重大招标项目资助 (项目编号：SKZD201206)。项目负责人为李放教授，主要成员有姚兆余教授、王翌秋副教授、谢勇副教授、周蕾博士、沈苏燕博士、崔香芬博士、赵光博士、黄俊辉博士、王舒娟博士、季璐博士等。在制定详细研究方案的基础上，项目组走访了江苏省人力资源和社会保障厅、财政厅、民政厅、老龄办等相关政府部门，对南京、南通、苏州、无锡、常州、泰州、连云港等地进行了实地调研，组织 60 多名研究生、本科生在全省 13 个市 26 个县完成了 2600 份农户调查问卷。经过大家的共同努力，形成了《江苏农村社会保障发展报告 2012》这一研究成果。在此，衷心感谢调查对象的理解和配合！衷心感谢政府部门的支持和帮助！衷心感谢同学们的参与和付出！

　　本书各章的执笔人分别是：第一章，李放、崔香芬、赵光；第二章，沈苏燕；第三章，王翌秋、王舒娟；第四章，周蕾、谢勇；第五章，姚兆余、李海涛、王锋、王诗露；第六章，沈苏燕、周蕾、王剑、张蕾、史晓晨、张建、王锋、朱启戎、李海涛、王诗露。

受作者水平和时间所限，书中疏漏和不当之处在所难免，欢迎读者批评指正。

目　录

第一章 江苏农村社会保障发展总报告

一、引 言

社会保障制度是国家强制建立的国民保障系统，社会保障权是每一个公民都应当平等享受的基本权利。无论是城镇居民，还是农村居民，都应当在陷入贫困时，得到社会救济，以维持最低生活水平和基本的人格尊严；面临社会风险造成收入下降时，获得社会保险金，维持基本的生活；同时，平等地享受公共资源和社会福利服务，不断提高福利水平。经过20多年的改革和实践，区别于计划经济、与市场经济相适应的现代社会保障体系在我国逐渐建立并不断完善，为亿万城乡居民提供了基本的社会保护，为经济转型发展做出了积极的贡献。但是，与构建和谐社会的要求相比，用"科学发展、以人为本"来衡量，我国的社会保障制度还存在不小的距离。其中一个重要表现就是社会保障的城乡分割和城乡差距。历史形成的城乡二元社会经济结构和基于身份制的社会管理模式导致城乡社会保障按不同的目标分设和分治，农村居民的社会保障权受到损害，并进一步导致在面临相同社会风险情况下，农村居民抵御社会风险的能力远远不及城镇居民。近十年来，尽管农村社会保障制度建设取得很大成就，陆续建立起包括农村居民最低生活保障制度、新型农村合作医疗制度、新型农村社会养老保险制度、被征地农民基本生活保障制度等在内的农村社会保障体系框架，且覆盖面和保障水平逐步提高，但社会保障的城乡分割依然存在，农村居民的社会保障水平仍然大大低于城镇居民，农村社会保障的发展在各地也很不平衡，如何进一步推动农村社会保障的发展仍然是需要研究的重大课题，也是未来一个时期内党和政府高度重视的民生工程。

　　江苏是我国整体经济发展水平较高的省份，也是较早开展农村社会保障体系构建的试点省份之一。江苏现有 13 个省辖市，下辖 104 个县（市、区），其中 24 个县、25 个县级市、55 个市辖区。截至 2011 年年底，全省共有 956 个乡镇，其中建制镇 860 个，村委会 15625 个，农村人口达 3009.44 万人，粮食产量占全国 5.8%，是著名的"鱼米之乡"。"十一五"期间江苏地区生产总值年均增长 13.5%，2011 年全省实现地区生产总值 48604 亿元，经济发展跃上了新台阶。但也同时存在着经济社会发展不平衡、城乡差距、地区差距较为明显等现实问题。"十二五"时期(2011~2015 年)，是江苏全面建成更高水平小康社会并向基本实现现代化迈进的关键阶段，也是深化改革开放、加快转变经济发展方式、推动经济转型升级的攻坚时期。"十二五"时期保障和改善民生的任务将更加突出：《江苏省国民经济和社会发展第十二个五年规划纲要》单独一篇阐述"惠民优先，着力构建和谐社会"，要求以保障和改善民生为经济社会发展的出发点和落脚点，使发展成果惠及全体人民，实现经济发展和民生改善的有机统一。在该篇第十章第三节特别阐述了"加强和完善社会保障"，提出了扩大社会保障覆盖面、完善各项社会保障制度、稳步提高社会保障水平、发展社会救助和社会福利等诸方面要求。在此背景下，开展江苏农村社会保障发展研究，可以客观评价农村社会保障发展现状、及时监测其发展过程中存在的问题，为促进江苏农村社会保障不断完善和发展提供有效政策建议，有利于实现经济发展与民生改善的有机统一，最终促进整个社会的和谐和人的全面发展。

二、农村社会保障发展概况

　　十六大以来，按照加快构建社会主义和谐社会和贯彻落实科学发展观的要求，根据中央的统一部署和现实省情，江苏各级政府和有关部门将加快建立农村社会保障体系作为保障和改善民生的重要内容着力加以推动，农村社会保障事业取得了长足进展，为深化改革、促进发展、维护稳定做出了积极的贡献。

1. 农村社会保障体系框架基本形成

2003 年以前，江苏农村社会保障项目仅有五保供养、自然灾害生活救助、优抚对象抚恤补助和低水平的合作医疗，以及少数地区开展的老农保等内容。2003 年以来，农村社会保障项目不断增加，以社会保险、社会救助、社会福利为基础，以基本养老、基本医疗、最低生活保障制度为重点的农村社会保障体系框架基本形成。

（1）以新型农村合作医疗、新型农村社会养老保险为主的农村社会保险

　　体系全面建立

农村合作医疗最早兴起于 1955 年常熟市，在 50 多年的发展中，虽然历经一些反复，但江苏各时期的合作医疗覆盖率一直处于全国较高水平。1994 年江苏开始在传统合作医疗中引入保险机制，将目标定位从解决缺医少药问题逐步转到缓解因病致病和因病返贫的矛盾上。2001 年，江苏省人大常委会颁布施行《江苏省农村初级卫生保健条例》，明确将"大额费用合作医疗保险"作为全省农村合作医疗的主导发展模式。2002 年，省政府在全国率先设立了 2000 万元的大额费用合作医疗专项扶持资金，主要对苏北经济欠发达地区和黄桥、茅山老区进行补助。2003 年起，新型农村合作医疗开始试点，2004 年进入试点推广阶段，到 2005 年年底，全省所有县（市、区）全部建立起新型农村合作医疗制度，提前实现了国家提出的新农合全覆盖的要求。2011 年 6 月 1 日起正式施行的《江苏省新型农村合作医疗条例》，标志着新农合工作步入依法管理的新阶段。

农村社会养老保险试点始于 1992 年。1997 年 8 月 22 日，省人民政府第 101 次常务会议审议通过了《江苏省农村社会养老保险办法》，1999 年，应国务院整顿和规划农村养老保险工作要求，江苏农村养老保险工作进入了整理停滞阶段。2001 年，江苏对农村养老保险工作重新进行探索，到 2003 年年

底，全省 95% 的县市完成了农村养老保险整顿工作，停滞了 3 年的农村养老保险工作再次走上正轨。2003 年以来，省内苏州、无锡等多地纷纷结合实际探索建立新型农村养老保险，率先进行了农村养老保险制度的改革，取得了初步的成效；2009 年 12 月 27 日，根据《国务院关于开展新型农村社会养老保险试点的指导意见》（国发[2009]32 号）精神和省委十一届七次全会关于"加快实现新型农村社会养老保险全覆盖"的部署，结合《省政府关于建立新型农村社会养老保险制度的指导意见》（苏政发[2008]105 号）有关规定，以及各地开展新型农村社会养老保险工作实际实践经验，省人民政府颁发了《江苏省人民政府关于印发江苏省新型农村社会养老保险制度实施办法的通知》（苏政发[2009]155 号）。目前，全省所有涉农县(市、区)全部推行新农保制度并基本实现农村适龄居民参保全覆盖。

（2）以五保供养、最低生活保障为核心的农村社会救助体系全面形成

农村社会救助作为社会保障体系的最低层次，是"社会安全网"的最后一道防线，对于全面推进小康社会建设及构建和谐社会具有基础性意义。目前农村社会救助体系包含了农村五保供养、农村居民最低生活保障、自然灾害生活救助、农村医疗救助、农村危房改造等内容，其中农村居民最低生活保障制度目前已进入全面落实低保标准自然增长机制和鼓励有条件的地区逐步实现城乡标准并轨的新阶段。

江苏于 1995 年试点开展农村最低生活保障工作，并于 1997 年真正开始以"低标准起步、小范围保障、逐步推进完善"为基本原则进行农村最低生活保障制度探索。2004 年 9 月，江苏省民政厅、财政厅发布《关于建立和完善农村居民最低生活保障制度实施意见》，提出了在 2005 年年底前全面建立农村最低生活保障制度，并要求苏南地区农村要全面建立低保制度，苏中地区要健全制度、创造条件、实现"应保尽保"，苏北地区要低标准起步、重点保障特困户、逐步扩大覆盖面、量力而行、稳步推进；2005 年开始，省财政

设立省级农村最低生活保障专项调剂金，对财政较为困难的苏北、苏中多个经济薄弱地区给予适当补助；2005 年 5 月 12 日，王湛副省长出席宿迁市政府在泗阳县穿城镇举行的农村居民最低生活保障发放仪式并发表重要讲话，标志着江苏农村最低生活保障制度已全面建立和实施。

（3）农村社会福利事业不断发展

目前农村社会福利包括残疾人事业、老年人福利、儿童福利、计划生育家庭奖励等内容。在养老服务方面，2009 年 7 月 17 日，中共江苏省委、江苏省人民政府颁发了《关于加快我省老龄事业发展的意见》（苏发[2009]5号），提出要在不断提高老年人社会保障水平的同时，加快推进社会化养老服务、积极推进老年服务产业发展、高度重视老年人精神关爱。2011 年 1 月 21 日公布的由省第十一届人民代表大会常务委员会第二十次会议通过的《江苏省老年人权益保障条例》提出，县级以上地方人民政府应当制定基本养老服务体系建设规划，加强老年服务设施建设，建立居家养老、社区服务、机构养老相结合的基本养老服务体系，制定引导和支持养老服务业发展的政策，扶持老年服务产业发展。2011 年 9 月 7 日，省政府颁发了《江苏省政府关于加快构建社会养老服务体系的实施意见》（苏政发[2011]127 号），进一步明确了构建社会养老服务体系总体要求和主要目标。在省委和各级政府对民生事业和老龄事业的高度重视和关心指导下，全省各地从自身实际出发，坚持不懈地探索、实践、总结经验，现已初步形成了机构养老（主要以帮扶和救助城市"三无"老人、日常生活疏于照料的老人为主要目的，具有明显的公益性和福利性）、社区照顾（整合与运用村域网络资源的基础上，充分发挥村民参与和合作的核心作用）、集中居住（老年人入住本村／社区的"老年村"、"老年怡养院"等老年集中居住点，采取"离家不离村、村中享天伦"的方式安度晚年）以及市场运作（按照市场经济原则，由服务对象按照个体需求购买养老服务，农村各种民办养老机构就是市场运作模式的集中体现）等各具特色的农村社会养老服务模式，对于切实提高农村老年人生活质量、有效抵御老年风险、满足老年农民多样化养老需求发挥着重要作用。

2. 覆盖范围不断扩大，基本实现应保尽保

近年来，江苏各项农村社会保障制度的覆盖范围迅速扩大。新农合制度经过 2003 年试点、2004 年扩大试点，于 2005 年实现全省以县（市、区）为单位的制度全覆盖，人口参合率已连续六年稳定保持在 95% 以上。2011 年，江苏参合人数达到 4296 万人，人口参合率为 99.72%，高于全国 97.5% 的水平。农村低保制度在 2005 年 3 月底前全省所有县（市）和含农业乡镇的区全部建立，2012 年 6 月底，全省农村低保对象为 72.3 万户、136.5 万人，覆盖率达到 4.73%，比城市低保覆盖率高出 5 倍。新农保制度在 2009 年 7 月全省 13个省辖市和 90 个涉农县 (市、区) 实现全覆盖。到 2012 年 9 月底，全省参加"新农保"的人数 1493.7 万人，参保率达到 99%；另外基础养老金发放 785.3万人，发放率达到 99%。

3. 保障标准不断提高，从低标准走向保基本

在推进农村社会保障建设过程中，随着江苏经济的快速发展和财政收入的稳步增长，短短几年内已多次提高农村社会保障标准，以更好地满足广大农村居民对社会保障日益增长的需求。如新农合制度，各级政府补助标准从2003 年制度建立之初人均不低于 10 元逐步提高到 2006 年 30 元、2008 年 80元、2010 年 120 元、2011 年 200 元；新农合政策范围内住院费用实际补偿比例 2011 年达到 70%，比 2010 年的 45% 高出 25 个百分点，比 2008 年的 39.26%高出 30.74 个百分点，比 2007 年的 31.18% 高出 38.82 个百分点，比 2006 年的 28% 高出 42 个百分点，比 2005 年的 23% 高出 47 个百分点，农民受益程度明显提高。2011 年 6 月 1 日起正式实施的《江苏省新型农村合作医疗条例》明确提出，新型农村合作医疗最高支付限额不得低于本地区上一年度农民人均纯收入的 8 倍，对重大疾病、特殊病种还将提高最高支付限额。再如农村

低保制度，2005 年起江苏全面实施农村居民最低生活保障制度，且最低生活保障标准为不低于每月 60 元；2007 年起，规定根据当地经济社会发展和农村居民收入增长情况，建立低保标准自然增长机制，逐步提高保障标准。2012年 7 月 1 日起，全省农村居民最低生活保障平均保障水平达到 340 元以上，苏南地区标准还要更高一些，如苏州昆山市城乡最低生活保障的标准达到 590 元。

4. 管理监督不断加强，信息化水平逐步提升

在推进农村社会保障"扩面提标"的同时，江苏省政府和相关部门还采取了一系列措施强化管理和监督。一是加强各项农村社会保障资金的财务管理和监督。建立健全各项农村社保资金的财务管理办法，将各项农村社保资金全部纳入财政专户，实行收支两条线管理；完善财政补助资金的分配和拨付办法，力求科学、公正、公开、透明，减少资金分配中的人为因素；加强各项农村社保资金收入、支出、结余的监督，专款专用，确保基金安全等。二是加快推进信息化建设。2011 年 1 月 7 日，江苏省新农保信息系统全面开通，支持省、市、县、乡镇、村五级经办管理体系，系统提供了参保登记、费用收缴、待遇支付、个人账户、基金财务、稽核内控和查询统计等基本功能，实现了对经办工作的全流程管理；建立了新型农村合作医疗信息管理系统，信息化管理率在全省 13 个市（县）均达到 100%，可实现参合管理、补偿管理、基金管理、会计核算、统计报告、配置维护、基线调查、方案测算、检测评价、服务评价、决策分析、健康档案管理、参合群体分析和疾病信息检测等多项功能。

三、农村社会保障发展水平的比较分析

1. 江苏农村社会保障发展水平与全国的比较

（1）新农合发展水平与全国的比较

《2011 年江苏省卫生事业发展统计简报》显示：江苏新农合人口参合率

保持在 95%以上，政策范围内住院费用报销比例达 70%。在全面提高农村儿童重大疾病和终末期肾病医疗保障水平的基础上，江苏将乳腺癌、宫颈癌、耐多药肺结核、重性精神疾病等纳入重大疾病医疗保障实施范围，并确定徐州市开展提高艾滋病机会性感染医疗保障试点，全年累计救治病例 1.3 万余例。除此之外，进一步推行支付方式改革，选择 20 个左右的病种在县级医院开展按病种付费，在基层机构实行门诊总额预付，22 个统筹地区次均住院费用实现负增长；并全面开展异地就医即时结报服务，21 家三级医院实现与省信息平台联结。

　　补偿受益方面，2011 年全省共 322.75 万人次获得新农合住院补偿，9050.89 万人次获得门诊补偿，另外有 1301.7 万人次获得体检补偿，12.48 万人次获得住院分娩补偿，30.77 万人次获得特殊病种门诊补偿。补偿人次总计 9698.0 万人次，人均补偿受益次数为 2.27 次，远高于全国平均水平 1.58 次，居全国第 6 位（表 1-1）。从人均筹资额来看，2011 年江苏省新农合人均筹资 273 元，高于全国 246 元的平均水平，在全国排名第 5。

　　（2）新农保发展水平与全国的比较

　　截至 2011 年年底，全国 27 个省、自治区的 1914 个县（市、区、旗）和 4 个直辖市部分区县纳入国家新型农村社会养老保险试点，总覆盖面约为 60%。江苏已经实现新农保制度的全覆盖，位居全国首位。《2011 年度江苏省国民经济和社会发展统计公报》显示，江苏新型农村社会养老保险覆盖面稳定在 95%以上。据《2011 年度江苏省人力资源和社会保障事业发展统计公报》，2011 年末全省新型农村社会养老保险参保人数比上年末增加 42.8 万人，领取基础养老金人数比上年末增加 65.3 万人。2011 年全省新型农村社会养老保险基金总收入中个人缴费 54.2 亿元。全年基金总支出 100.5 亿元。人均基金结余方面，江苏新农保人均基金结余 848.78 元，远远高于全国 367.36 元的水平，在全国排名第 4（表 1-2）。

表 1-1　全国各省（市）新农合发展比较

地　区	县(市、区)数/个	开展新农合县数/个	参加新农合人数/万人	本年度筹资/亿元	人均筹资/元	补偿受益人次/万人次	人均补偿受益次数/次
总　　计	2853	2637	83163.1	2047.56	246.2	131504.3	1.58
北　京	16	13	276.8	17.64	637.2	672.9	2.43
天　津	16	-	-	-	-	-	-
河　北	172	164	5020.0	116.52	232.1	10061.9	2.00
山　西	119	115	2185.0	50.67	231.9	3172.8	1.45
内蒙古	101	96	1240.2	30.56	246.4	835.0	0.67
辽　宁	100	94	1976.2	46.43	234.9	1639.6	0.83
吉　林	60	61	1302.1	30.09	231.1	709.4	0.54
黑龙江	128	122	1418.8	32.71	230.6	1573.1	1.11
上　海	17	10	147.2	14.53	987.0	1926.8	13.09
江　苏	**104**	**83**	**4265.5**	**116.43**	**273.0**	**9698.0**	**2.27**
浙　江	90	85	2883.3	117.70	408.2	9451.0	3.28
安　徽	105	94	4916.9	112.98	229.8	6379.8	1.30
福　建	85	74	2450.0	57.58	235.0	396.2	0.16
江　西	100	97	3240.4	75.36	232.6	2567.5	0.79
山　东	140	135	6629.1	169.85	256.2	16711.9	2.52
河　南	159	157	7804.5	180.57	231.4	9829.6	1.26
湖　北	103	96	3890.0	91.51	235.2	10915.5	2.81
湖　南	122	113	4655.0	107.59	231.1	3691.5	0.79
广　东	121	62	2849.9	69.37	243.4	2806.3	0.98
广　西	109	106	3953.5	91.18	230.6	3194.3	0.81
海　南	20	20	485.5	11.61	239.1	698.8	1.44
重　庆	38	38	2224.4	51.60	232.0	3193.8	1.44
四　川	181	175	6263.9	146.77	234.3	9886.1	1.58
贵　州	88	88	3074.8	69.29	225.4	4408.9	1.43
云　南	129	127	3456.3	80.88	234.0	7861.9	2.27
西　藏	73	73	235.7	6.67	282.8	422.7	1.79
陕　西	107	104	2631.7	63.62	241.7	3641.9	1.38
甘　肃	86	86	1918.3	44.68	232.9	3068.0	1.60
青　海	43	39	347.9	9.36	269.1	208.7	0.60
宁　夏	22	21	370.3	8.78	237.0	740.4	2.00
新　疆	99	89	1050.9	25.03	238.2	1140.1	1.08
江苏排名					**5**		**6**

资料来源：由《中国统计年鉴 2012》整理而得。

表 1-2 全国各省（市）新农保发展比较

地 区	参保人数/万人	达到领取待遇年龄参保人数/万人	基金收入/亿元	基金支出/亿元	累计结余/亿元	新农保人均基金结余/元
全 国	32643.5	8921.8	1069.7	587.7	1199.2	367.36
北 京	173.4	22.1	22.5	10.2	75.4	4348.33
天 津	85.0	67.0	31.0	11.4	56.0	6588.24
河 北	2317.7	511.3	52.5	25.6	47.8	206.24
山 西	949.5	214.4	23.1	10.0	27.2	286.47
内蒙古	290.0	71.7	10.9	6.7	13.2	455.17
辽 宁	755.9	213.9	19.4	10.2	13.2	174.63
吉 林	389.5	264.2	10.2	6.1	5.6	143.77
黑龙江	279.0	74.7	14.4	5.2	12.3	440.86
上 海	75.9	39.6	18.6	15.4	69.9	9209.49
江 苏	**2060.6**	**632.2**	**55.5**	**41.1**	**174.9**	**848.78**
浙 江	813.1	360.1	44.5	30.2	61.6	757.59
安 徽	2178.0	572.7	54.6	29.6	37.3	171.26
福 建	767.2	182.6	18.8	9.7	15.7	204.64
江 西	1298.7	288.9	31.1	12.3	23.2	178.64
山 东	3546.0	988.1	116.9	57.0	161.5	455.44
河 南	3305.9	747.9	59.6	30.2	62.8	189.96
湖 北	1684.3	402.9	42.6	20.7	32.7	194.15
湖 南	2137.2	617.0	43.7	28.4	25.7	120.25
广 东	806.6	182.2	58.9	17.8	39.9	494.67
广 西	796.1	275.6	25.2	14.4	16.7	209.77
海 南	191.0	43.6	3.9	2.6	4.1	214.66
重 庆	1125.1	347.7	87.7	82.7	14.9	132.43
四 川	1514.4	623.1	66.6	38.5	69.1	456.29
贵 州	834.5	310.7	30.4	21.3	15.7	188.14
云 南	1247.9	253.3	23.0	11.4	24.1	193.12
西 藏	119.1	20.1	2.5	1.5	1.1	92.36
陕 西	1277.5	283.5	34.7	16.9	35.2	275.54
甘 肃	781.6	159.1	42.5	10.0	36.3	464.43
青 海	177.0	33.1	4.7	2.5	5.1	288.14
宁 夏	175.1	33.7	5.3	1.9	5.9	336.95
新 疆	490.6	84.7	14.5	6.0	15.1	307.79
江苏排名						**4**

资料来源：由《中国统计年鉴 2012》整理而得。

（3）农村低保发展水平与全国的比较

《2011年4季度江苏民政事业统计报表》显示，2011年江苏农村最低生活保障支出254814.1万元，环比增长46.71%，农村最低生活保障家庭数749442户，环比增长0.94%。农村居民最低生活保障标准为348元/月，远高于全国平均水平188元/月，在全国排列第4。最低生活保障的替代水平、最低生活保障的救助力度方面，江苏省农村低保替代率38.65%，高于全国平均水平32.33%，位居全国第四，农村低保生活救助系数为51.59%，也高于全国平均水平43.21%，同样位居全国第四名，见表1-3。

表1-3 全国各省（市）农村低保比较

地 区	农村居民家庭人均纯收入/（元/年）	农村居民家庭平均每人消费支出/（元/年）	农村低保人数/万人	农村低保标准/（元/月）	农村低保替代率/%	农村低保生活救助系数/%
全 国	6977.29	5221.13	5305.7	188	32.33	43.21
北 京	14735.68	11077.66	7	427	34.77	46.26
天 津	12321.22	6725.42	9.8	370	36.04	66.02
河 北	7119.69	4711.16	208.4	150	25.28	38.21
山 西	5601.40	4586.98	136.8	145	31.06	37.93
内蒙古	6641.56	5507.72	116.5	230	41.56	50.11
辽 宁	8296.54	5406.41	93.6	203	29.36	45.06
吉 林	7509.95	5305.75	97.9	141	22.53	31.89
黑龙江	7590.68	5333.61	121.4	125	19.76	28.12
上 海	16053.79	11049.32	6.7	430	32.14	46.70
江 苏	**10804.95**	**8094.57**	**141.7**	**348**	**38.65**	**51.59**
浙 江	13070.69	9965.08	58.1	322	29.56	38.78
安 徽	6232.21	4957.29	216.6	173	33.31	41.88
福 建	8778.55	6540.85	72.7	169	23.10	31.01
江 西	6891.63	4659.87	150.1	167	29.08	43.01
山 东	8342.13	5900.57	239.3	179	25.75	36.40
河 南	6604.03	4319.95	365.6	115	20.90	31.94
湖 北	6897.92	5010.74	230.1	122	21.22	29.22

续表

地 区	农村居民家庭人均纯收入/（元/年）	农村居民家庭平均每人消费支出/（元/年）	农村低保人数/万人	农村低保标准/（元/月）	农村低保替代率/%	农村低保生活救助系数/%
湖　南	6567.06	5179.36	260.6	140	25.58	32.44
广　东	9371.73	6725.55	184.1	208	26.63	37.11
广　西	5231.33	4210.89	325.1	112	25.69	31.92
海　南	6446.01	4166.13	24.4	237	44.12	68.26
重　庆	6480.41	4502.06	101.3	163	30.18	43.45
四　川	6128.55	4675.47	425.1	123	24.08	31.57
贵　州	4145.35	3455.78	530.9	136	39.37	47.23
云　南	4721.99	3999.87	403.4	136	34.56	40.80
西　藏	4904.28	2741.60	23	133	32.54	58.21
陕　西	5027.87	4491.71	220.7	154	36.76	41.14
甘　肃	3909.37	3664.91	321.8	121	37.14	39.62
青　海	4608.46	4536.81	40.1	128	33.33	33.86
宁　夏	5409.95	4726.64	38	110	24.40	27.93
新　疆	5442.15	4397.82	134.9	118	26.02	32.20
江苏排名			**4**	**4**	**4**	

资料来源：由《中国统计年鉴 2012》整理而得。

总体上看，江苏农村社会保障中的新农合、新农保、农村低保三大制度发展水平均处于全国前列，这与江苏的整体经济实力与财政能力基本相适应。2011 年地方财政一般预算收入 5148 亿元，全省实现地区生产总值 48604 亿元，人均 62290 元，仅低于北京、上海、天津三个直辖市。可见，江苏农村社会保障的发展水平排名与其经济发展水平排名较为一致，反映出经济社会发展总体协调程度较高。

2. 农村社会保障发展水平省内比较

虽然整体上江苏农村社会保障发展水平在全国处于领先地位，但省内各市发展并不均衡。本节通过构建农村社会保障发展水平评价指标体系并对省内 13 个地级市的相关数据进行定量测算，进一步比较省内区域间的农村社会保障发展水平。

（1）农村社会保障发展水平评价指标体系

社会保障制度是一个复杂的体系，它在运行过程中涉及多方面、多角度的问题，不仅包括社会保障(支出)水平，还包括通过社会保障支出而实现的功能目标、社会保障制度运行中的基金管理、制度本身应有的效益、效率等内容。此外，社会保障水平从量上讲，有"高"、"低"之分，从质上讲，有"适度"、"不适度"之分，需要通过一系列指标才能进行比较完整的描述，进而系统、全面地反映出来。

本研究构建的农村社会保障发展水平评价指标体系主要包括新型农村合作医疗、新型农村社会养老保险、农村最低生活保障三个主要制度的 3 大类（覆盖面、保障度、持续性）、12 个指标。在选取指标时主要遵循以下原则：①符合典型代表性原则；②定性、定量指标相结合的原则；③采用较为普遍的统一口径，并遵循数据可获得性和针对性原则。具体指标如下：

第一类，农村社会保障覆盖面指标。社会保障覆盖面是指进入各类保障制度的人群比重。反映农村社会保障覆盖面的指标有：①新农合人口参合率，即新农合参合人数/农村应参合家庭总人数×100%。新农合虽然农户层面各地覆盖率均为 100%，但人口参合情况还并未实现全覆盖，因此选取人口参合率更为准确；②新农保覆盖率，即新农保参保人数/农村 16 周岁以上应参保人口总数×100%；③农村低保覆盖率，即农村低保人数/农村常住总人口×100%。

第二类，农村社会保障保障度指标。社会保障保障度是指各类社会保障待遇水平的高低。反映农村社会保障保障度的指标有：①新农合次均门诊补偿比例，即次均门诊补偿费用/次均门诊费用×100%；②新农合次均住院补偿比例，即次均住院补偿费用/次均住院费用×100%；③新农保基础养老金发放率，即新农保基础养老金实际发放人数/应发放人数×100%；④新农保基础养老金替代率，即新农保基础养老金/农村居民人均纯收入×100%；⑤农村低保替代率，即农村低保金/农村居民人均纯收入×100%；⑥农村低保生活救助系数，即农村低保金/农村居民人均生活消费×100%。

第三类，农村社会保障持续性指标。社会保障持续性主要是指社会保障基金的适度充足性。反映农村社会保障持续性的指标有：①新农合人均筹资；②新农保人均基金结余；③农村低保财政补贴占财政支出比重。

农村社会保障发展水平指标体系设计如图 1-1 所示。

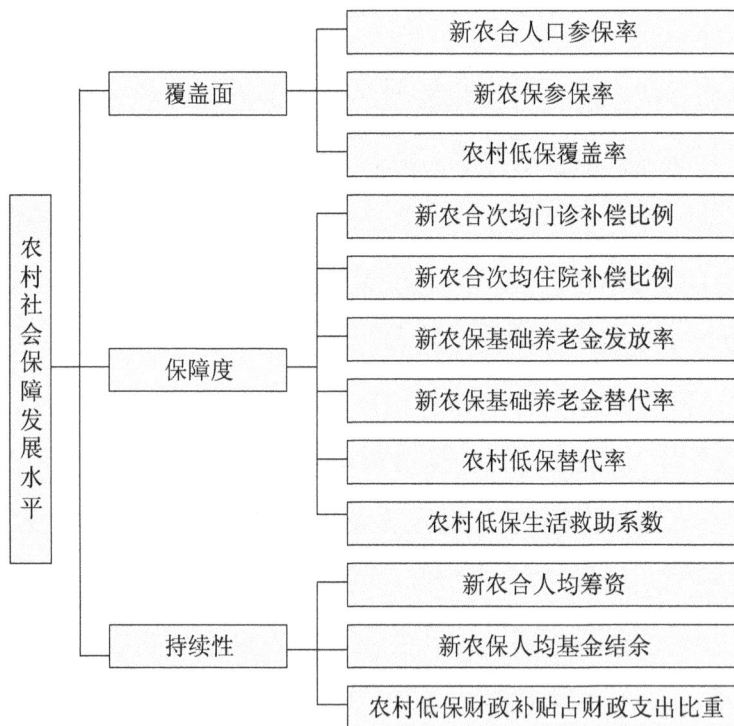

图 1-1　农村社会保障发展水平评价指标体系

（2）基础数据与评价方法

本研究的数据资料主要来源于 2012 年江苏省统计年鉴，以及江苏省卫生厅、江苏省财政厅、江苏省人力资源和社会保障厅等相关部门。具体原始数据见表 1-4。

表 1-4　指标原始数据

	覆盖面			保障度						持续性		
	新农合人口参合率	新农保参保率	低保覆盖率	次均门诊补偿比例	次均住院补偿比例	新农保基础养老金发放率	新农保基础养老金替代率	农村低保替代率	农村低保生活救助系数	新农合人均筹资	新农保人均基金结余	农村低保财政补贴占财政支出比重
南京	100.00	98.71	4.03	29.76	50.05	100.00	20.15	37.99	50.02	356	378.56	0.16
无锡	100.00	99.00	2.31	36.04	45.05	100.00	16.79	31.54	46.13	401	448.45	0.10
徐州	99.48	98.75	6.40	30.52	51.72	100.00	8.85	27.31	43.40	230	179.09	0.56
常州	100.00	99.47	2.24	14.27	52.83	100.00	8.89	26.77	35.44	306	886.71	0.12
苏州	99.90	100.00	1.38	31.89	52.33	100.00	18.11	34.97	48.25	475	-448.26	0.08
南通	99.29	99.71	4.37	22.92	47.77	99.19	7.16	30.49	42.02	259	535.46	0.32
连云港	99.53	99.84	6.41	31.68	53.6	100.00	9.96	29.88	45.83	230	133.67	0.47
淮安	99.85	100.00	7.11	24.26	49.8	100.00	9.72	29.15	42.68	230	210.72	0.46
盐城	99.87	99.52	5.69	23.54	52.13	99.96	7.99	25.57	43.76	236	236.21	0.41
扬州	99.63	98.49	3.73	16.69	51.00	99.82	7.49	32.31	46.52	254	287.41	0.21
镇江	100.00	99.41	2.49	30.53	51.14	99.87	6.55	29.94	42.03	290	603.18	0.15
泰州	99.88	99.31	4.83	18.14	47.87	100.00	7.60	30.31	41.61	252	333.42	0.45
宿迁	99.43	99.23	7.39	38.2	49.46	100.00	10.07	30.20	43.17	230	141.44	0.86

　　由于农村社会保障发展水平的评价指标体系是多层次而且较为复杂，尤其是在指标权重的确定方面，会因不同研究者对同一研究对象设置不同权重，而使得研究结果不一致。基于此，为尽量避免主观因素的影响或者力求主观因素的客观量化，本研究采用熵权法，再配合 TOPSIS 法，以达到客观准确评价的要求。研究方法实施步骤如下：

　　第一，评价矩阵构建。设有 n 个评价单元，每个单元有 p 个评价指标，则评价矩阵为

$$X = \left(x_{ij}\right)_{n \times p}$$

其中，x_{ij} (i=1，2，…，n；j=1，2，…，p)指标表示第 i 个评价单元中的第 j 项指标值。

第二，无量纲化处理。考虑到同一评价对象的不同指标及不同评价对象的同一指标往往具有不同的量纲和量纲单位，为了消除由此产生的指标的不可公度性，应用功效系数变换法对指标值进行无量纲化处理。建立规范矩阵 $X' = \left(x'_{ij}\right)_{n \times p}$，通过运用公式（1-1）进行处理：

$$\left(X_{ij} - X_{\min(j)}\right) \big/ \left(X_{\max(j)} - X_{\min(j)}\right) \qquad （1\text{-}1）$$

其中，$x_{\max(j)} = \max\left\{x_{ij}\right\}$，$x_{\min(j)} = \min\left\{x_{ij}\right\}$。由于文中不涉及逆指标，所以此处只给出了正指标的无量纲化处理公式。

第三，指标权重的确定——熵权法。在有 p 个评价对象和 n 个评价指标的评价问题中，第 i 个指标的熵值可以通过公式（1-2）计算得到。

$$E_i = -k \sum_{i=1}^{n} f_{ij} \ln f_{ij} \qquad （1\text{-}2）$$

其中，$f_{ij} = x''_{ij} \sum_{i=1}^{n} x''_{ij}$，$k = 1/\ln n$，计算第 h 个评价指标 x_i 的熵权 w_j，$w_j = \left(1 - E_i\right) \big/ \left[p - \sum_{i=1}^{n} E_j\right]$，$0 \leqslant w_j \leqslant 1$（$j$=1，2，$p$）。加权的规范评价矩阵为 $X'' = \left(x''_{ij}\right)_{n \times p}$，其中 $x''_{ij} = x''_{ij} w_j$（i=1，2，…，n；j=1，2，…，p），如果某个指标的信息熵越小，就表明其指标值的变异程度越大，提供的信息量就越大，在综合评价中所起的作用就越大，其权重也就应该越大，反之则越小。

第四，TOPSIS 法排序。TOPSIS 评价方法的实质主要在于确定一个理想解和一个负理想解，再找出与理想解距离最近且与负理想解距离最远的解作为最优解。通常要找到一个最优解比较困难。为此，引入优属度的概念来权衡两种距离的大小，判断解的优劣。首先，确定矩阵 Z_{ij} 的正理想解向量 Z^+ 和负理想解向量 Z^-，$Z^+ = \max\left\{z_{1j}, z_{2j}, z_{3j} \cdots z_{nj}\right\}$，$Z^- = \min\left\{z_{1j}, z_{2j}, z_{3j} \cdots z_{nj}\right\}$（$j$=1，2，…，$p$），然后，计算各评价单元与正理想解和负理想解的距离，

即 $D^+ = \sqrt{\sum\limits_{j=1}^{p}\left(z_{ij}-z_j^+\right)^2}$ ，$D^- = \sqrt{\sum\limits_{j=1}^{p}\left(z_{ij}-z_j^-\right)^2}$ （$i=1$，2，$\cdots$，n; $j=1$，2，$\cdots$，p）。最后，计算各评价单元与最优值的相对接近度 C_j，$C_j = D^+ \big/ \left(D^+ + D^-\right)$ $\times 100\%$（$i=1$，2，$\cdots$，n），根据相对接近度对评价对象进行排序，值越大，表明该评价对象的综合评价越好，反之，综合评价就越差。

（3）评价与分析

首先，对指标的原始数据应用公式（1-1）进行无量纲化处理。表1-5列出了各子类指标的无量纲化结果。

表 1-5　经无量纲化处理后的指标值

	覆盖面			保障度						持续性		
	新农合人口参合率	新农保参保率	低保覆盖率	次均门诊补偿比例	次均住院补偿比例	新农保基础养老金发放率	新农保基础养老金替代率	农村低保替代率	农村低保生活救助系数	新农保人均筹资	新农保人均基金结余	农村低保财政补贴占财政支出比重
南京	1.0000	0.1457	0.4409	0.6473	0.5848	1.0000	1.0000	1.0000	1.0000	0.5143	0.6194	0.1074
无锡	1.0000	0.3377	0.1547	0.9097	0.0000	1.0000	0.7530	0.4807	0.7332	0.6980	0.6717	0.0353
徐州	0.2676	0.1722	0.8353	0.6791	0.7801	1.0000	0.1692	0.1401	0.5460	0.0000	0.4699	0.6211
常州	1.0000	0.6490	0.1431	0.0000	0.9099	1.0000	0.1724	0.0966	0.0000	0.3102	1.0000	0.0602
苏州	0.8592	1.0000	0.0000	0.7363	0.8515	1.0000	0.8499	0.7568	0.8786	1.0000	0.0000	0.0000
南通	0.0000	0.8079	0.4975	0.3615	0.3181	0.0000	0.0448	0.3961	0.4513	0.1184	0.7369	0.3143
连云港	0.3380	0.8940	0.8369	0.7275	1.0000	1.0000	0.2507	0.3470	0.7126	0.0000	0.4359	0.5045
淮安	0.7887	1.0000	0.9534	0.4175	0.5556	1.0000	0.2334	0.2882	0.4966	0.0000	0.4936	0.4895
盐城	0.8169	0.6821	0.7171	0.3874	0.8386	0.9563	0.1061	0.0000	0.5706	0.0245	0.5127	0.4264
扬州	0.4789	0.0000	0.3910	0.1011	0.6959	0.7756	0.0690	0.5427	0.7599	0.0980	0.5511	0.1690
镇江	1.0000	0.6093	0.1847	0.6795	0.7123	0.8390	0.0000	0.3519	0.4520	0.2449	0.7876	0.0968
泰州	0.8310	0.5430	0.5740	0.1617	0.3298	1.0000	0.0774	0.3816	0.4232	0.0898	0.5855	0.4756
宿迁	0.1972	0.4901	1.0000	1.0000	0.5158	1.0000	0.2591	0.3728	0.5302	0.0000	0.4417	1.0000

其次，应用公式（1-2）和无量纲化指标值计算得到熵权矩阵，具体熵值、熵权结果见表1-6。

表 1-6　指标权重计算结果

一级指标	二级指标	熵值	熵权
覆盖面	新农合人口参合率	0.9301	0.0573
	新农保参保率	0.9228	0.0634
	农村低保覆盖率	0.9087	0.0749
保障度	新农合次均门诊补偿比例	0.9183	0.0671
	新农合次均住院补偿比例	0.9486	0.0421
	新农保基础养老金发放率	0.9676	0.0265
	新农保基础养老金替代率	0.8082	0.1573
	农村低保替代率	0.9110	0.0730
	农村低保生活救助系数	0.9539	0.0378
持续性	新农合人均筹资	0.7036	0.2431
	新农保人均基金结余	0.9561	0.0360
	农村低保财政补贴占财政支出比重	0.8520	0.1214

结合熵值赋权法确定指标权重，利用 TOPSIS 综合评价，具体评价结果见表1-7。

表 1-7　2011 年江苏 13 市农村社会保障发展水平综合评价

区域	D_i^+	D_i^-	C_i	排序
苏州	0.1122	0.1948	0.6344	1
无锡	0.1249	0.1448	0.5369	2
南京	0.1306	0.1411	0.5192	3
宿迁	0.1865	0.1189	0.3893	4
连云港	0.1904	0.0854	0.3096	5
淮安	0.1936	0.0784	0.2883	6
常州	0.1823	0.0658	0.2652	7
徐州	0.1999	0.0657	0.2473	8
镇江	0.1922	0.0589	0.2345	9
盐城	0.2018	0.0588	0.2257	10
泰州	0.1961	0.0513	0.2074	11
南通	0.1988	0.0462	0.1887	12
扬州	0.2054	0.0401	0.1632	13

通过表 1-7 可以直观地看出江苏 13 个地级市农村社会保障发展水平的排序情况，进一步运用聚类分析方法中的均值聚类，可以将 13 个地级市划分成四个区域等级，快速聚类结果见表 1-8。

表 1-8 区域内农村社会保障发展水平聚类结果

类别	地区
第一类	苏州
第二类	无锡、南京
第三类	宿迁、连云港、淮安
第四类	常州、徐州、镇江、盐城、泰州、南通、扬州

第一类地区是苏州市，农村社会保障水平位居全省首位。苏州是江苏经济最发达的省辖市，其 2011 年地方财政一般预算收入为 1100.88 亿元，远远高于其他地区，且苏州市已逐步实现城乡社会保障一体化，养老保障、医疗保障和最低生活保障的待遇水平在全省乃至全国都处于领先水平。

第二类地区包括无锡、南京，排名分别为第二和第三。无锡、南京均属苏南经济发达地区。通过表 1-9 江苏各区域人均 GDP 情况可以发现，无锡市、南京市在江苏分别为第二和第四，均处省内领先水平，经济水平较高，相应的农村社会保障发展水平也较高。

表 1-9 江苏各省辖市人均 GDP

区域	人均 GDP/元	排序
苏州	166845.5	1
无锡	147024.3	2
南京	96573.01	4
宿迁	23796.59	13
连云港	27921.14	12
淮安	31109.64	11
常州	98687.92	3
徐州	36365.27	9
镇江	85023.54	5
盐城	33768.29	10
泰州	47771.93	8
南通	53344.58	7
扬州	57174.22	6

资料来源：由《江苏统计年鉴 2012》整理而得。

值得注意的是，第三类地区是地处苏北的宿迁、连云港和淮安，三个市的农村社会保障发展水平处于省内中上，分列第四至第六名，而表 1-9 显示，这三个市的人均 GDP 为全省末尾三名。分析这一结果的原因，可能是：首先，在新农合方面，苏北地区获得的省级财政补贴最高，约占全省财政补贴的72%，门诊、体检及其他补偿总人次和人均体检补偿受益人次数也是苏北最多；其次，在新农保方面，由于苏北地区农民人均收入较低，因此新农保的替代率较高；第三，在农村低保方面，由于宿迁、淮安、连云港等市财政能力较弱，农村低保财政补贴占财政支出比重这一指标也居全省前列。总之，苏北地区农村社会保障水平相对较高的结果说明财政转移支付制度对区域农村社会保障发展发挥了积极作用，起到了拉平效应，苏北地区的农村社会保障发展势头良好。

第四类地区为常州、徐州、镇江、盐城、泰州、南通、扬州七个市。其中常州和镇江属于苏南地区，其 GDP 排名为全省第三和第五，但其农村社会保障发展水平为第七和第九，农村社会保障水平与其经济实力存在不匹配。排名在最后三位的分别为泰州、南通和扬州，这三个市均为苏中地区。可能的原因是：在制度参保率方面，这三个市的新农合参合率、新农保参保率均为省内最低；在制度补偿方面，新农合人均补偿次数约为 1.91 人次，低于苏南 3.55 人次、苏北 2.35 人次；另外，补偿受益方面亦是苏中地区受益率最低，为 190.4%，低于苏南地区的 354.4%及苏北地区的 235.4%。因此，苏中地区的社会保障发展水平在省内较为落后。

总体来看，江苏省区域农村社会保障发展水平呈现出苏南地区、苏北地区皆好于苏中地区的态势。

四、农村社会保障发展面临的形势和挑战

"十二五"时期是江苏全面建成更高水平小康社会并向基本实现现代化迈

进的关键阶段，保障和改善民生的任务将更加突出，农村社会保障事业发展所面临的形势总体上非常有利，但现实困难与挑战也比较严峻。

1. 当前形势

（1）政府部门高度重视

党的十六大以来，党中央、国务院多次强调要更加注重以民生为重点的社会建设，提出将"社会保障体系比较健全"作为全面建设小康社会的重要内容，使全体人民"学有所教、劳有所得、病有所医、老有所养、住有所居"、人人享有基本社会保障，并将"覆盖城乡居民的社会保障体系基本建立"列入了构建社会主义和谐社会的目标任务。党的十八大进一步提出要坚持全覆盖、保基本、多层次、可持续方针，以增强公平性、适应流动性、保证可持续性为重点，全面建成覆盖城乡居民的社会保障体系。江苏省委、省政府在《江苏省国民经济和社会发展第十二个五年规划纲要》中明确提出"惠民优先"将成为"十二五"时期主要特征。这一时期，保障和改善民生的任务更加突出，社会事业全面发展，基本公共服务均等化积极推进，共享发展成果的体制机制加快建立；提出要加强和完善社会保障，扩大社会保障覆盖面、完善各项社会保障制度、稳步提高社会保障水平。总之，在坚持科学发展观、构建和谐社会的目标指引下，各级政府高度重视社会保障工作，为农村社会保障发展和完善提供了制度保障和组织基础。

（2）经济持续高速增长

江苏省经济持续高速增长，为农村社会保障事业可持续发展提供了内在动力和经济基础。2000年以来，江苏省经济实现了稳定高速增长，特别是2003年以后连续五年经济都在高位运行。尽管2008年和2009年受到国际金融危机的影响，江苏省经济仍保持了12.5%和12.4%的增长率；尤为引人注目的是，自2002年开始，江苏省经济增长速度高出全国增速3个百分点以上。经济的持续高速增长推动了地方财政收入的大幅度增加和公共财政体系的建设，为进一步将财力保障的重点向社会保障特别是农村社会保障等民生领域倾斜创造了重要条件。长远来看，尽管未来江苏经济建设难免会面临这样那样的风险或出现这样那样的波动，但只要加快全省转变经济发展方式，坚持又好又快、好中求快地发展，经济增长仍然将会领跑全国主要经济体，维持在一个相对较高的水平上，从而推动社会保障事业的可持续发展。

（3）既有体制机制建设成效显著并深得群众认同

江苏农村社会保障体制机制建设的成效及广大农村居民社会保障理念的转变，将进一步推进新时期江苏农村社会保障事业的健康发展。目前，江苏已经基本形成符合省内农村发展实际的农村社会保障制度框架，保障项目逐步健全，保障待遇稳步增长，管理服务机制进一步完善，所有这些为加强和完善农村社会保障奠定了坚实的工作基础；与此同时，广大农村居民对农村社会保障事业发展的认同感不断增强，农村社会保障参与意愿迫切、参与积极性高且参与程度稳中提升，所有这些则为加强和完善农村社会保障奠定了深厚的群众基础。

2. 面临的挑战

（1）农村居民对社会保障的需求日益增长

随着江苏经济持续健康发展，广大农村居民生活水平将不断提高。与此相适应，在扩大和巩固农村社会保障覆盖范围的基础上，农村养老保险、医疗保险以及最低生活保障水平有待进一步提升；就业方式的日趋多样化、人口的大规模流动等使得广大农村居民面临诸多区别于传统的新型的生存和生活风险，也对农村社会保障体系的进一步完善提出了新的要求。因此，在进一步加快农村社会保障事业发展的基础上，合理调整国民收入分配格局，努力提高广大农村居民收入水平和社会保障参与能力，更好地满足农村居民日益增长的社会保障需求，努力使全省人民共享社会发展成果，已成为江苏率先构建社会主义和谐社会的关键所在。

（2）农村人口老龄化进一步发展

江苏一直是全国人口老龄化最严重的省份之一。近年来，在社会经济高速发展的同时，人口老龄化趋势日趋明显。2000 年全国第五次人口普查结果显示，江苏 65 岁及以上的人口为 651 万、占总人口的 8.76%，高出全国 1.8 个百分点；2010 年全国第六次人口普查结果显示，全省 65 岁及以上人口为 857 万、占总人口的 10.89%，高出全国 2.02 个百分点。老年人口绝对数量大、老年人口比例大、老龄化程度高于全国平均水平是江苏人口老龄化的基本特征。进一步，考虑到人口基数大、农业人口多、人口密度大的现实国情和省情，特别是近年来农村少儿人口比例的下降、大量农村青壮年求学或就业外迁以及农村人口平均预期寿命的大幅度延长造成了农村老年人口的相对增加，农村老龄化问题更加严重。江苏省人口老龄化的上述趋势特征，不仅将对农村基本养老、医疗等社会保险基金的支付带来巨大压力，而且也将对全省农村养老服务事业的发展提出更高要求。

（3）城乡与地区发展差距仍然存在

虽然多年来江苏一直致力于城乡统筹和区域协调发展并取得较大成效，但受制于经济、社会、自然、文化因素及一些根深蒂固的制度安排（如户籍政策），城乡差距和地区差距仍然非短期内可以完全改变。在区域协调发展方面，从 1994 年江苏省委提出"区域共同发展"至今，江苏区域经济实力相对差距持续缩小。省"十二五"规划《建议》明确提出："把区域共同发展战略深化为区域协调发展战略，构建三大区域优势互补、互动发展机制，逐步缩小区域发展差距，全面提升区域协调发展水平"，标志着江苏区域发展进入一个全新的阶段：由区域共同发展转向协调发展。在城乡协调发展方面，按照建设社会主义新农村的总体要求，"十一五"期间，江苏省始终坚持工业反哺农业、城市支持农村和"多予、少取、放活"的基本方针，不断加快农村改革创新步伐，在解决"三农"问题、实现城乡统筹发展、破除城乡二元结构上始终走在前列并取得了初步的成效，成为全国城乡发展差距最小的地区之一，并且苏州等地城乡一体化的经验也为全国提供了示范样本。尽管如此，构建城乡、区域协调发展的、一体化的社会保障体系，逐步缩小城乡社会保障水平的差异，不断增强社会保障的公平性，仍将是新时期江苏农村社会保障事业发展中要努力解决的重大问题。

五、农村社会保障进一步发展的思路和对策

"十二五"时期，是江苏全面建成小康社会并向率先基本实现现代化迈进的重要阶段。农村社会保障的进一步发展对于深入贯彻落实科学发展观，又好又快推进"两个率先"，全面实施"民生幸福工程"，促进经济发展和社会和谐稳定，让人民群众共享改革发展成果具有重大意义。同时，农村社会保障发展也面临难得的机遇和严峻的挑战。因此，要将加强和完善农村社会保障、推进社会保障城乡一体化作为当前和今后较长一段时期内农村工作和社会保障工作的重点。

1. 总体思路

以科学发展观为战略指导，适应又好又快推进"两个率先"的新要求，顺应人民群众过上更加美好生活的新期待，坚持"深层次、可持续"的基本方针，以"扩面、提标、完善、整合"为基本要求，立足发展与改革并重、城市与农村统筹以及区域间适度均衡，以新型农村合作医疗制度、新型农村社会养老保险制度、最低生活保障制度为基础，以扩展层次性、增加公平性、增强衔接性、保证可持续性为工作重点，注重效率与公平、统一性与灵活性相结合，循序渐进加快推进制度完善、多个层次、保障有力、服务优质的农村社会保障体系建设，并最终实现待遇均等、福利适度的城乡、区域社会保障均等化目标。具体而言，主要包括以下 4 方面核心内涵：

第一，以保障项目和保障水平的"低标准、广覆盖"为基本特征的农村社会保障体系在全省已经建立并基本实现了应保尽保，因而，下一步农村社会保障体系建设应转入保障项目和保障水平的"深层次、可持续"发展阶段。该阶段，"扩面、提标、完善、整合"是农村社会保障发展建设的基本要求，即在既有新型农村合作医疗制度、新型农村社会养老保险制度、最低生活保障制度基础上，继续巩固和扩大保障覆盖范围、提高保障待遇水平、完善多层次保障项目、逐步整合城乡社会保障制度并最终消除城乡制度碎片化现状。

第二，农村社会保障制度建设不应在现有基础上停滞不前，不应孤立于城镇社会保障单独发展，也不应是经济发达区域的独立发展，而是要始终坚持发展与改革并重、城市与农村统筹以及区域间适度均衡。即：一方面，要不断完善既有制度，使所有农村居民都能得到与发展水平相适应的基本保障，同时也要积极把握体制转轨、社会结构变迁等因素的挑战和冲击，改革和完善社会保障制度模式和管理体制，增强社会保障制度应对不利冲击的能力。另一方面，农村社会保障建设发展必须立足当前、着眼长远、统筹城乡、整体设计，着眼于提高农村社会保障普惠水平，逐步缩小城乡群体间社会保障水平差距。此外，农村社会保障建设必须考虑到省内区域经济发展不均衡现状，着眼于区域经济社会协调发展，努力构建区域均衡的农村社会保障体系。

第三，当前农村社会保障建设的工作重点：一是扩展层次性，即在既有农村社会保障制度基础上，着手构建保障项目完备的农村社会保障体系，特别是加强农村社会福利事业建设和发展；二是增加公平性，即从区域均衡、城乡协调大局出发，提高农村社会保障普惠水平，努力构建全体共享、适度普惠型的农村社会保障体系；三是增强衔接性，即加强城乡相关社会保障制度的衔接整合以及农村社会保障各项制度内部的衔接整合，并最终消除城乡社会保障制度碎片化问题；四是保证可持续性，主要包括制度安排和保障水平可持续性两方面内容。所谓制度安排可持续性强调的是制度的稳定性和发展性；保障水平可持续性则强调在合理确定保障水平的基础上，根据经济社会发展水平，不断实现稳中有升的自然增长。特别需要指出的是，在当前农村社会保障建设工作开展过程中，必须时刻注重效率与公平、统一性与灵活性相结合。

第四，社会保障一体化发展是最终目标，城乡、区域统筹只是一个阶段性的措施、手段。同时，城乡和区域发展不平衡的现实省情，决定了社会保障一体化的实现不是一蹴而就的，必须坚持适度普惠和渐进改革的路径。近期目标是要加快推进制度完善、多个层次、保障有力、服务优质的农村社会保障体系建设，即在不断完善农村既有基本保障制度基础上，还需构建多层次农村保障体系；中期目标是一个制度、两个标准、覆盖全体，即先实现基本保障制度的统一，但允许城乡待遇存在差别；远期目标是实现待遇均等、福利适度的城乡、区域社会保障一体化。

2. 基本原则

一是健全制度。目前农村社会保障体系构建主要依靠各级政府部门出台的"意见"、"办法"、"规定"等行政文件引导和规范，缺乏相应强制性约束，导致相关制度贯彻上缺乏规范性、统一性、稳定性和连续性，进而可能引发参保人产生制度信任危机，终将严重影响我国农村社会保障制度的健康发展。因此，农村社会保障建设必须健全制度。在指导思想上，要充分认识到当代社会保障制度已经成为国家社会经济制度中的重要组成部分，必须通过完善的制度和法规对各种弱势群体基本生存权利进行有效保障；制度和法规要兼顾效率与公平公正，且当效率和公平公正发生冲突时，必须坚持公平公正优先的价值取向。

二是量力而行。农村社会保障水平必须与经济发展阶段及经济和财政承受能力相适应，如果脱离经济发展阶段及经济和财政承受能力的现实约束，过高提高保障标准、过多增加保障项目，反而会加重社会成本和农民负担，影响农民劳动就业的积极性，影响农村经济和国民经济的发展以及农村社会保障制度的可持续性。现阶段，虽然江苏总体经济发展水平较高，但是还没有能力建立全面的、高水平的农村社会保障体系。省、市、县（区）、镇(乡)各级政府在调整保障标准的过程中要科学把握好政策出台的节奏、力度、时机，确保可持续性，警惕好高骛远、急功近利和不切实际，在做到应保尽保的同时，也应当量入为出，即农村社会保障资金以收定支，确保社保资金的有效利用。

三是城乡统筹。突破既有城乡分割格局，从社会经济发展全局的战略高度出发统筹安排、科学指导。一方面，要准确把握城乡统筹不是简单等同于城乡一致，而是制度上的可递进、可发展，为最终纳入同一轨道创造条件。也就是说城乡社会保障体系应一脉相承，社会保障项目要基本一致，资金管理原则要基本一致，规定互相衔接立法要基本一致。在总的管理原则上，目前农村社会保障应与城镇社会保障有所区别，不能一步到位、不能互相攀比、不能顾此失彼。另一方面，要加强城乡相关社会保障制度的衔接整合以及农村社会保障各项制度内部的衔接整合，解决制度和资金碎片化问题，切实发挥好制度合力，进一步提高农村社会保障资金使用效益。

四是因地制宜。由于多种原因，省内区域经济发展呈现不平衡性，苏南、苏中、苏北分别处于发达、次发达和欠发达三个发展层次，而且这种态势在相当长时间内都不可能得到根本改变。因此，社会保障一体化建设必须从省内三大区域经济发展差异性出发，循序渐进、稳步推进。具体而言：现阶段，苏南地区全面推进社会保障城乡一体化的条件已基本成熟，可以一步到位、直接探索实行城乡统一的社会保障体系；苏中和苏北地区宜在重点抓好最低生活保障制度、合作医疗制度、农村养老保险等基本制度的建设基础上，主要立足于建立覆盖面广、保障项目完备、保障水平逐步提高的农村社会保障体系。

3. 对策措施

（1）不断健全和完善农村社会保障各项制度

进一步发展农村社会保障必须首先健全和完善农村社会保障现行各项制

度：一是逐步完善新型农村合作医疗制度。要继续加强新农合筹资、补偿、报销等相关政策宣传和引导，巩固、提高参合率；要继续探索和完善稳定的筹资机制，进一步规范和完善财政补助资金拨付办法；要逐步形成科学规范的补偿方案，提高农村新农合定点医疗卫生机构的服务质量，并有效开展农村卫生机构及其服务行为的外部监管。二是在全面加强新农保制度建设的同时，加快推进农村社会养老服务体系制度建设。要继续加强新农保政策宣传和引导，巩固、提高参保率；要根据农村经济发展的实际，进一步研究制定养老保险出资办法，建立参保缴费的激励约束机制。要加快构建农村社会养老服务体系，建立和完善农村社会养老服务政策规范，积极整合农村资源，增加养老服务供给。三是统筹农村各项社会救助制度，逐步完善农村最低生活保障。要多渠道深入调查、科学界定低保对象，坚持公开、公平、公正原则，规范申请、审核和审批程序，实行民主评议、社会公示；要根据农村经济的发展，实行动态管理，做到保障对象有进有出。

（2）稳步提高农村社会保障待遇水平

充足的社会保障资金是实现农村社会保障待遇水平稳步提高的前提和基础。首先，政府应按照公共财政的要求加大农村社会保障财政支持力度，提高社会保障支出在财政支出中的比例，并在总量增加的基础上把增加投入部分重点用于农村社会保障发展。与此同时，要不断规范和完善公平合理、科学规范的财政转移支付制度，有效缓解农村社会保障发展中的区域差异。现阶段，省级财政要在持续加大对苏北地区农村社会保障转移支付力度的同时，适度加大对苏中地区的支持力度。另外，各级政府还应按照农村社会保障发展要求，使投入资金按照一定比例增长。其次，应不断完善个人、集体、政府共同负担、共尽责任的多主体、多元化的农村社会保障基金筹集机制，积极鼓励社会各种力量为农村社会保障事业发展提供资金支持。在综合考虑经济发展水平、财政能力和社会各方面承受能力的基础上，现阶段稳步提高农村社会保障待遇水平的重点是：在完善新农保筹资缴费机制的前提下，逐步提高基础养老金水平；通过适当提高新农合筹资标准，提升新农合补偿水平、扩大受益面，特别是进一步提高苏北、苏中地区的新农合补偿受益水平；考虑收入水平、物价变化等因素，建立农村低保标准和"五保"供养标准自然增长机制，使广大农村居民充分分享经济社会发展成果。

（3）适时推进城乡社会保障一体化发展

在不断加强农村社会保障体系建设，有效保证广大农村居民基本生活的基础上，要适时推进城乡社会保障一体化发展。一方面，要从根本上消除城乡社会保障一体化的制度性障碍。城乡二元社会结构是造成城乡社会保障差距较大的制度性障碍。打破城乡二元社会结构，本质就是要消除农业户口和非农业户口的身份区别，逐步使户籍管理恢复到其本来只承担民事登记的社会管理功能，而不再与划分享受社会保障待遇与福利相关联，还农民以平等的"国民待遇"，实现城乡居民都获得同等的社会利益，从而保证城乡居民在同一起跑线上公平竞争，进而实现城乡一体化发展。另一方面，要构建城乡之间相互沟通、相互连接和相互转化的社会保障制度体系。首先，推进基本医疗、基本养老和救助制度的城乡整合。要研究制定城镇居民基本医疗保险、新农合、医疗救助制度之间的衔接办法，尽快整合新农保和城镇居民社会养老保险，实现城乡居民社会养老保险制度的统一，将城乡低保制度纳入一体化。其次，探索城乡居民基本医疗保险、基本养老保险与城镇职工基本医疗保险、基本养老保险之间的衔接转换办法，为最终实现城乡居民平等享受社会保障创造条件。

（4）促进区域经济协调发展

区域经济发展不平衡是导致农村社会保障区域性差异的直接原因。进入"十一五"以后，苏北和苏中地区占全省经济总量的比重持续增加，但江苏三大区域经济实力的绝对差距依然高位运行，苏南占全省经济的比重仍超过60%。因此，应继续大力促进全省区域经济协调发展，省政府应从总体上制定区域协调发展的政策，逐步发挥各区域的比较优势，促进区域经济合作和生产要素的大规模区际流动，最终带动苏北、苏中地区乃至全省整体发展水平进一步提高，为区域社会保障支出提供充裕的财力支持。目前，我省区域协调发展战略及加大支持苏北振兴目标的提出，必将极大地促进三大区域经济协调发展，有利于缩小区域间经济差距，也终将会促进社会保障区域差异的合理调整。

（5）健全完善农民增收长效机制

农民收入水平影响着社会保障有效需求的实现和供给水平的高低。农民收入增加有利于提高农村社会保障水平，有助于缩小城乡社会保障差距，最终促进城乡社会保障一体化的有效实现。因而，不能简单地就农村社保而论农村社保，而应着力于切实增加农民收入。具体而言，要完善对种粮农民的直接补贴政策，加大补贴力度；积极拓展农业功能，延长农业产业链，增加农民经营性收入；支持农业基础设施建设和农业科技进步，努力改造传统的小农经济生产方式，加快现代农业建设和提高农业综合生产能力，促进农民增收；完善城乡一体的劳动就业服务体系，大力促进非农就业；积极推进乡镇企业转型升级，发展农村劳动密集型产业，优化乡镇工业发展环境，使乡镇企业在农民增收中发挥更大作用；以农民合作经济组织为载体，提高农业生产组织化、规模化、产业化水平，多渠道发展村级集体经济，促进农民收入倍增；促进农民创业，并在财政奖补、税收优惠、规费减免、贷款贴息等方面采取一系列扶持政策等。

第二章 江苏新型农村社会养老保险发展报告

一、新型农村社会养老保险发展历程

人口老龄化一直以来都是一个全球性的难题，受到联合国以及世界各国的普遍关注。随着全球经济的发展以及世界老龄化社会的到来，拥有13亿多人口的中国，其老年人口比例迅速增加，老龄化进程明显加快。根据第六次全国人口普查的结果，到2010年年底，中国60岁以上的老人已接近1.8亿，约占总人口的13.53%；65岁以上的老人有1.18亿，比例达到8.87%。中国成为世界上唯一一个老年人口过亿的国家，其老龄化趋势和老龄人口数量都相当可观①。

同时，更细致地来看，目前中国已有26个省市进入老龄化状态②，其中重庆、四川和江苏是人口老龄化最为严重的省市③。由此可见，中国人口老龄化已经从抽象概念变为横亘在眼前的一道现实难题。在这道难题中，尤为关键的是占总人口一半以上的农民的养老问题。而关于农民的养老保障体系正在经历着一场重要的改革与创新：2009年9月初，国务院出台了《新型农村社会养老保险试点的指导意见》，按照中央有关部署，2009年新型农村社会养老保险的试点范围为全国10%的县（市、区），以后逐步扩大，到2020年

---

① 潘莹，刘素云. 中国老年人口过亿，老龄化成为严峻挑战[EB/OL]. 凤凰网，http://news.ifeng.com/gundong/detail_2012_04/06/13700878_0.shtml.
② 欧阳开宇. 中国亟待破解人口老龄化现实困局[EB/OL]. 中国新闻网，http://news.sohu.com/20120407/n339993268.shtml.
③ 曾亚莉. 南师大人口专家研究发现，江苏人口老龄化排名第三[EB/OL]. 龙虎网，http://city.ifeng.com/cshz/nj/20120217/218524.shtml.

基本实现对农村适龄人口的全覆盖。

作为一项重要的社会制度，农村社会养老保险关系到所有农村人口的老年生活问题。为了寻找合适的解决方法，中国政府从 20 世纪 90 年代初就开始探索建立农村社会养老保险制度。到目前为止，农村社会养老保险已有 20 多年的历史，其发展过程大致经历了四个阶段。

1. 探索起步阶段（1992~1997）

1992 年，民政部在张家港市召开了"全国农村养老保险工作会议"，颁布了《县级农保基本方案（试行）》，提出农村社会养老保险以"个人交费为主，集体补助为辅，国家予以政策扶持"的基本原则，采取"政府引导和农民自愿相结合"的工作方式，以县为统筹单位平衡基金核算，实现完全个人账户基金积累模式。根据会议要求，江苏在全国率先推广农村社会养老保险，95%的县建立了农保机构，适时开展了参保工作。1997 年 8 月，省政府以省长令的形式，签发了《江苏省农村养老保险办法》，以期更好地规范和指导全省的农保工作。同时该《办法》的出台，也标志着江苏农村社会养老保险走上了法制化的轨道。在省委和省政府的重视和鼓励之下，该制度在江苏取得了迅速的发展，产生了积极的社会影响，江苏在当时也成为全国起步拓展较快的地区之一。

2. 整顿规范阶段（1998~2001）

1998 年国务院实行政府机构改革，决定将农保工作从民政部移交到劳动与社会保障部。同时，国务院开始整顿金融秩序，并于 1999 年下发 14 号文件（《国务院批转整顿保险业工作小组保险业整顿与改革方案的通知》），将农村社会养老保险列入了清理整顿范围，要求停止开展新业务，有条件的地区可以逐步过渡为商业保险。这给农村社会养老保险带来了极大的震动，农保工作实际上处于整体萎缩滑坡状态，业务陷入停顿、半停顿。值得庆幸的是，虽然在整顿规范阶段，全国许多地区的农保机构被撤并，但江苏农保的组织体系、管理模式和业务骨干却得以保留，并整建制从民政系统划转到劳动与社会保障系统。此后，江苏劳动保障部门仍然进行了摸清参保底数、清理不良基金、规范业务管理等工作，为制度改革做好了充分的准备。

3. 改革发展阶段（2002~2007）

2002 年党的十六大报告明确提出"有条件的地方，探索建立农村养老、医疗保险和最低生活保障制度"，以此为标志，中国农村社会养老保险进入了改革发展的新阶段。2003 年劳动和社会保障部下发了《关于认真做好当前农村社会养老保险的通知》，指出需要"高度重视农民的养老保障，立足当前，着眼长远，因地制宜，分类指导，积极稳妥地推进农村养老保险工作"。为了响应这一要求，江苏苏州在 2003 年率先开始积极探索建立与经济发展水平相适应、与其他保障措施相配套的新农保制度。在试点过程中，形成了独具特色的"苏州模式"，为新农保的制度建设提供了宝贵的经验。随后，无锡、南通、扬州等其他地区也相继推出新农保的试点，其共同点在于各级财政的大力投入，为这项制度的发展注入了新的活力。2006 年，中央一号文件要求推进"社会主义新农村"建设，其中明确加大公共财政对农村社会保障的投入，并把建立新农保制度作为推进社会主义新农村建设的重要内容，为进一步改革这项制度提供了新的思路指导和财政保障。

4. 全面推进阶段（2008 年至今）

自从 2008 年以来，党中央、国务院对农保工作高度重视，制度改革进入全面推进阶段。2008 年中央一号文件提出"探索建立农村养老保险制度，鼓励各地开展农村社会养老保险试点"，为新农保明确了基本方向和指导原则。同年，党的十七届三中全会《中共中央关于推进农村改革发展若干重大问题的决定》中确立了新农保的具体框架："按照个人缴费、集体补助、政府补贴相结合的要求，建立新型农村社会养老保险制度，并创造条件探索城乡养老保险制度的有效衔接办法"。2009 年 9 月 4 日，国务院正式发布《关于开展新型农村社会养老保险试点的指导意见》（以下简称《指导意见》），详细规定了该项制度的基本原则、参保范围、基金筹集和经办管理等方面的内容。2010年中央一号文件再次强调"继续抓好新型农村社会养老保险试点,有条件的地方可加快试点步伐。积极引导试点地区适龄农村居民参保,确保符合规定条件的老年居民按时足额领取养老金"。至此,中国新农保制度全面展开,呈现出良好的发展态势。2011年3月十一届全国人大四次会议审查通过的《国民经济和社会发展第十二个五年规划纲要》明确指出:到2015年年底"实现新型农村社会养老保险制度全覆盖",新农保制度实现全覆盖的建设进程大大提前。

作为人口老龄化排名第三的经济大省,江苏早在2008年12月就颁布了《关于建立新型农村社会养老保险制度的指导意见》,要求在全省范围内逐步建立新型农村社会养老保险制度(以下简称"新农保")。目前全省已实现13个地级市中涉农90个县(市)建立了新农保制度,各地基本实现新农保参保全覆盖。到2012年9月底,全省参加新农保的人数已达到1493.7万人,参保率达到99%;另外基础养老金发放785.3万人,发放率达到99%,这两个99%充分体现了新农保在江苏的"全覆盖"。

二、新型农村社会养老保险发展现状

本节首先根据相应的制度规定,归纳出江苏新农保的基本特点;其次,重点分析制度发展的现实状况,分别从参保缴费、待遇发放、政府补贴和基金收支等角度对江苏新农保的运行情况进行客观评价。

1. 基本特点

2009年12月29日,江苏根据国务院的《指导意见》和省委十一届七次全会关于"加快实现新型农村社会养老保险全覆盖"的部署,结合《省政府关于建立新型农村社会养老保险制度的指导意见》有关规定,以及各地开展新农保的工作实际,制定了《江苏省新型农村社会养老保险制度实施办法》

（以下简称《实施办法》）。基本特点概括为以下几个方面。

（1）明确和强化了政府的补贴责任

政府的财政补贴责任体现在两个方面：一是补贴"入口"，即补贴缴费，地方政府一般对参保对象采取定额方式给予补贴，对个人缴费每人每年补助30~50元。一些经济较发达地区提高了补助标准，例如苏州县级市（区）政府的补贴标准达到每人每年不低于60元，并全部计入个人账户。为鼓励参保农民多缴费，地方政府还按照"多缴多补"的原则，对选择较高档次标准缴费的，适当增加补贴给予鼓励。对于重度残疾人等缴费困难农民，地方政府为其代缴部分或全部最低标准的养老保险费。二是补贴"出口"，即补贴待遇，基础养老金由财政全额补贴。江苏确定的2010年基础养老金最低标准为60元（2012年调整为70元），省财政根据各统筹地区的财力状况，分别给予每人每月40元、30元、20元和10元不等的补贴，其余由地方财政承担。2010年全省各级财政在新农保上的总投入达50亿元。

（2）多个缴费档次易于农民选择

在个人缴费方面，国务院《指导意见》规定，目前设每年100~500元5个缴费档次。江苏《实施办法》保持最低缴费档次不变，并增设了600元的缴费档次，共计6个缴费档次，并鼓励有条件的地区设立更高档次的缴费标准。淮安、徐州等地除了以上6个档次之外，还增设了800元、1000元两个档次供参保对象选择。

（3）"统账结合"模式利于制度整合

江苏新农保待遇由"基础养老金+个人账户养老金"组成，属于社会统筹和个人账户相结合的模式。这样的制度设计充分考虑到未来建立城乡统筹的社会养老保障体系的长远目标，与城镇基本养老保险制度的"统账结合"模式相同，为社会保险关系在城乡间的转移接续打下了制度基础。

2. 现状分析

以下从农村居民的参保缴费、基础养老金的待遇发放、政府投入的财政补贴和新农保的基金收支等四个方面来分析和评价这项制度的现实状况。需要说明的是，本部分所用数据均来源于江苏省人力资源和社会保障厅，数据截止时间为 2012 年 9 月。

（1）参保缴费

从制度依据来看，根据省统一规定的实施办法，江苏 13 个地级市均参照此办法出台了结合当地实际情况的具体操作办法。在参保缴费方面，表 2-1 不仅列出了全省的参保情况，而且根据苏南、苏中、苏北的地区划分，把相应的地级市归类。如表 2-1 所示，全省累计参保人数达到 1493.7 万人，占应参保人数的 99.33%，参保率这项指标说明江苏新农保已经达到"全覆盖"。同时，截止到 2012 年 9 月，已有超过 1251 万人续保缴费，占累计参保人数的 83.75%，但是各地的续保率存在较大差异，南京、常州、宿迁、盐城和连云港等地的续保率均超过 90%，而扬州、泰州和镇江等地的续保率则较低（苏州除外），可见这项制度在参保持续性方面的总体表现是值得肯定的，但也需要特别关注续保率较低的地区，尽最大可能保证这项制度的可持续发展。

另一方面，人社厅的相关资料中显示：88.9% 的参保居民选择了 100 元的最低缴费标准，尤其集中在经济欠发达地区。而缴费档次越低，基金风险则越大，按照现行办法，以 100 元标准和人均寿命 75 岁测算，缴费 15 年，参保农民年满 60 岁后不到两年即可领完个人账户全部储存额，政府财政将负担 13 年的后续保障。因此较低的缴费档次不仅会影响农村居民的晚年生活保障程度，而且也会给各级政府的财政支出造成很大的压力，需要鼓励有条件参保的农民尽量选择较高的缴费档次以提高其老年生活的经济保障力度。

表 2-1 江苏新农保的参保缴费情况

地区	应参保人数/人	累计参保人数/人	缴费人数/人	参保率/%	续保率/%
全省	15038800	14937312	12510115	99.33	83.75
苏州*	766265	766457	203669	100.00	26.57
无锡	333821	331888	260105	99.00	78.37
常州	482003	479445	478025	99.47	99.70
镇江	357501	355407	230910	99.41	64.97
南京	795481	785216	785216	98.71	100.00
南通	1750840	1745760	1463615	99.71	83.84
泰州	1272783	1264055	857907	99.31	67.87
扬州	1017238	1001834	586098	98.49	58.50
宿迁	1860086	1845756	1788592	99.23	96.90
淮安	1390032	1390032	1124132	100.00	80.87
盐城	2213232	2202502	2016222	99.52	91.54
连云港	1305783	1303737	1223644	99.84	93.86
徐州	2260000	2231680	1695649	98.75	75.98

*注：从2012年1月起，苏州将新农保与城镇居民社会养老保险整合为一个系统运行，统称城乡居民社会养老保险，因此2012年开始苏州没有单独对新农保进行统计，表中为苏州2011年年底的数据。

参保率=累计参保人数/应参保人数×100%；续保率=缴费人数/累计参保人数×100%。

（2）待遇发放

表2-2分别列出了全省和各市的新农保待遇发放情况。首先，在全省范围内，60岁以上的农村老人共有786.5万人，其中获得新农保养老金的有785.3万人，基础养老金发放率达到99.85%，同时江苏各地的发放率均达到99%以上，这意味着新农保的"阳光"已经普照江苏几乎所有60岁以上的农村老人。其次，南通、盐城和徐州领取养老金的人数均超过100万，而南京、镇江、常州和连云港的领取人数还不到50万。显然，各地农村的养老压力不一，而苏北、苏中地区的压力偏大。第三，全省所有领取养老金的农村老人中有个人账户的仅占28.69%，其中最低的为苏北的徐州（9.68%），同时苏北的大多

数地区这一比例在 10%左右,最高的为苏中的泰州(45.41%)。这项指标表明由于新农保制度实施时间不长,农村老人所获得的养老金中个人账户的贡献度较低,特别是苏北地区。第四,各地老人领到的基础养老金待遇存在一定差别,苏南地区除了镇江执行的是省统一标准之外,其他地区均高于这一标准,其中苏州为全省最高每月 260 元,苏中和苏北地区都是每月 70 元。

表 2-2 江苏新农保的待遇发放情况

地区	60岁以上农村居民人数/人	领取总人数/人	领取养老金人数(有个人账户)/人	有个人账户的领取人数占总人数比例/%	基础养老金发放率/%	基础养老金标准/(元/月)
全省	7864942	7852879	2252980	28.69	99.85	70
苏州*	605166	605166	185173	30.60	100.00	260
无锡	560715	560715	69804	12.45	100.00	230
常州	415577	415577	76923	18.51	100.00	110
镇江	307135	306747	82786	26.99	99.87	70
南京	299336	299336	57401	19.18	100.00	220
南通	1273636	1263353	415890	32.92	99.19	70
泰州	716022	716022	325179	45.41	100.00	70
扬州	564105	563083	81307	14.44	99.82	70
宿迁	614941	614941	76454	12.43	100.00	70
淮安	601935	601935	62983	10.46	100.00	70
盐城	1048743	1048373	229095	21.85	99.96	70
连云港	435875	435875	47502	10.90	100.00	70
徐州	1026922	1026922	99456	9.68	100.00	70

*注:从 2012 年 1 月起,苏州将新农保与城镇居民社会养老保险整合为一个系统运行,统称城乡居民社会养老保险,因此 2012 年开始苏州没有单独对新农保进行统计,表中为苏州 2011 年年底的数据。

(3)政府补贴

表 2-3 显示了地方政府对参保对象的"入口补贴"情况,其中全省各地县财政补贴参保对象合计 3.34 亿元。南京的县级"入口补贴"金额最大(超

过 1.1 亿元），其次为南通（5759 万元）、宿迁（3755 万元）等地。无锡地区的县级补贴最少，其原因在于其市级财政已经承担了很大的比例，县级补贴的支出需求较小。另外，在县财政人均参保补贴这项指标上，南京和镇江的补贴力度最大，分别达到每人每年 149.03 元和 108.08 元。而由于经济发展程度的差异，某些苏北地区的县财力薄弱，人均参保补贴较低：5 个苏北地级市中，3 个地区的县财政补贴金额均少于每人每年 10 元。从各地的数据对比可以发现，在补贴数额上，一方面参保缴费人数越多需要的"入口补贴"就越多，另一方面，"入口补贴"在市县两级财政责任分配的设计，会对县级地方财政产生不同的影响，尤其是经济欠发达地区，若市财政的分担比例偏小，则县财政的"入口补贴"压力会很大。

表 2-3 江苏新农保的"入口补贴"情况

地区	累计参保人数/人	缴费人数/人	县财政参保补贴金额/万元	县财政人均参保补贴/（元/人）
全省	14937312	12510115	33377.172	26.68
苏州*	766457	203669	--	--
无锡	331888	260105	15.6	0.60
常州	479445	478025	802.6	16.79
镇江	355407	230910	2495.58	108.08
南京	785216	785216	11701.72	149.03
南通	1745760	1463615	5759.08	39.35
泰州	1264055	857907	1945.78	22.68
扬州	1001834	586098	1630.4	27.82
宿迁	1845756	1788592	3754.91	20.99
淮安	1390032	1124132	1581.512	14.07
盐城	2202502	2016222	1430	7.09
连云港	1303737	1223644	746.51	6.10
徐州	2231680	1695649	1513.48	8.93

*注：从 2012 年 1 月起，苏州将新农保与城镇居民社会养老保险整合为一个系统运行，统称城乡居民社会养老保险，因此 2012 年开始苏州没有单独对新农保进行统计，表中为苏州 2011 年年底的数据。

　　结合表 2-4 和表 2-5 可以发现,截至 2012 年 9 月,省财政用于新农保"出口补贴"高达 17.68 亿元,占新农保省财政补贴总量的 82.31%,同样各市县财政补贴总额近 34 亿元,占其财政补贴总量的 67.54%,可见各级财政补贴的大多数均用于基础养老金待遇的发放,或者可以理解为江苏新农保(特别是目前的养老金发放)对各级财政的依赖程度非常高。另外,表 2-4 中还显示了"出口补贴"中省与市县的财政分担比例,全省范围内省与市县两级的平均分担比例为 0.52:1,其中由于南通、盐城和徐州的总领取人数较多,两级财政分担比例均接近或超过 1:1,盐城地区更是超过 2:1。同时,虽然领取人数不是最多,但由于经济发展程度的限制,连云港地区分担比例也超过了 1:1。显而易见,省财政已经向养老压力较大和经济欠发达的地区倾斜,从而保证这项制度在各地的有效实施。

表 2-4　江苏新农保的"出口补贴"情况

地区	总领取人数 /人	基础养老金 /(元/月)	省财政补贴金额/万元	市、县财政补贴金额/万元	省与市县的分担比例(n:1)
全省	7852879	70	176811.49	339972.755	0.52
苏州*	605166	260	—	—	—
无锡	560715	230	5135	101745.72	0.05
常州	415577	110	3964	40430.5	0.10
镇江	306747	70	3490	11300.87	0.30
南京	299336	220	3429.86	12753.12	0.27
南通	1263353	70	25807	24866.22	1.04
泰州	716022	70	18233.41	21176.79	0.86
扬州	563083	70	10585	21473.56	0.49
宿迁	614941	70	13420.55	23076.79	0.58
淮安	601935	70	12407	18454.47502	0.67
盐城	1048373	70	34613	16720.4	2.07
连云港	435875	70	14471	13677.29	1.06
徐州	1026922	70	31255.67	34297.02	0.91

*注:从 2012 年 1 月起,苏州将新农保与城镇居民社会养老保险整合为一个系统运行,统称城乡居民社会养老保险,因此 2012 年开始苏州没有单独对新农保进行统计,存在数据缺失。

表 2-5　江苏新农保财政补贴的总体分担情况

地区	2011年省财政补贴/万元	2011年市县财政补贴/万元	省与市县的分担比例（n∶1）	2011年各地财政收入/亿元	市县财政补贴占其财政收入的比例/%
全省	214812.56	503334.04	0.43	5148.92	0.98
苏州	10215	129643.49	0.08	1100.88	1.18
无锡	4673	66150.68	0.07	615	1.08
常州	2991	34945.91	0.09	350.88	1.00
镇江	3778	14721.39	0.26	181.9	0.81
南京	4217.25	24439.6	0.17	635	0.38
南通	36165.69	45395.39	0.80	373.69	1.21
泰州	19413.88	32324.31	0.60	218	1.48
扬州	16867	25688.34	0.66	218.08	1.18
宿迁	19607.74	22296.73	0.88	120.98	1.84
淮安	17580	20030.96	0.88	204.63	0.98
盐城	25539	34970.97	0.73	269.04	1.30
连云港	17063	16501.57	1.03	180.08	0.92
徐州	36702	36224.7	1.01	318.42	1.14

表 2-5 呈现了江苏新农保两级财政投入的总体情况。通过"省与市县的分担比例"这项指标，同样发现：在苏南地区，尤其是苏锡常三地，市县级承担了绝大部分的财政责任；在苏中和苏北地区，省级财政的支持力度逐渐加大。所以经济较发达的苏南地区主要是由自己承担财政补贴的需求，而苏北等经济欠发达地区主要由省级财政帮扶，这一点充分体现了江苏新农保财政分担的公平性。与此同时，将市县财政补贴与各地财政收入做对比看出，新农保的市县级补贴占各地财政收入的比例均在 1% 左右，在现阶段市县财政对新农保的投入在完全可以承受的范围之内。

（4）基金收支

在个人账户的基金收支方面（如表 2-6），2011 年全省基金收入为 140.87 亿元，基金支出为 100.53 亿元，结余 40.34 亿元。由于苏州地区把新农保与城镇居民社会养老保险整合在一起，将基金结余全部转出，因而其 2011 年的结余为负。除此之外，其他地区的基金结余均超过 1 亿元，其中南通最高，累计结余 9 亿多元。如果参照累计参保人数来计算人均基金结余可知，苏南地区的人均基金结余较高，常州最高达到每人 886.71 元，而苏北地区的这项指标普遍偏低，均在 100~250 元。人均基金结余的多少与参保对象所选择的缴费档次密切相关。苏北地区绝大多数农民选择最低的 100 元缴费档次，因此个

表 2-6　江苏新农保的基金收支情况

地区	累计参保人数/人	2011年基金收入/万元	2011年基金支出/万元	2011年基金结余/万元	人均基金结余/（元/人）
全省	14937312	1408760.62	1005323.46	403437.16	270.09
苏州	766457	167339.83	201697.39	-34357.56	-448.26
无锡	331888	92355.33	77471.89	14883.44	448.45
常州	479445	112313.30	69800.59	42512.71	886.71
镇江	355407	55962.12	34524.58	21437.54	603.18
南京	785216	75550.72	45825.34	29725.38	378.56
南通	1745760	238172.92	144694.13	93478.79	535.46
泰州	1264055	127961.57	85815.28	42146.29	333.42
扬州	1001834	81083.10	52289.15	28793.95	287.41
宿迁	1845756	68697.73	42592.13	26105.60	141.44
淮安	1390032	73002.15	43711.52	29290.64	210.72
盐城	2202502	140236.61	88210.84	52025.77	236.21
连云港	1303737	59774.43	42347.62	17426.81	133.67
徐州	2231680	116310.81	76343.00	39967.81	179.09

人账户的基金结余就相对较少，其消极影响一方面对于参保个体来说，由于基金账户的积累较少，到退休年龄领取的个人账户养老金就很少；另一方面，对于基金整体来说，由于基金结余的总量偏小，基金整体的抗风险能力和投资效益都会明显下降，从而在一定程度上不利于这项制度的发展与完善。

三、新型农村社会养老保险的主观评价

前一节对江苏新农保制度的发展现状进行了客观分析，本节将以问卷调查数据为基础，考察农村中青年人和老人对新农保的养老待遇、政府补贴、经办服务等方面的感受和对制度的整体评价，从而进一步判断这项制度的实施效果。

1. 调查的基本情况

（1）样本选取、问卷设计与分析方法

在样本选取方面，由于江苏共有 13 个地级市，首先采用配额抽样的方法，分别在 13 个市各抽取 2 个县，每个县随机选取 1 个乡镇，同时结合预先规定的样本比例，如性别、年龄、文化程度和个人收入等比例，最后确定每个乡镇 30 名老人和 60 名中青年人，共 90 名调查对象，所有调查地区合计 1560 名中青年人和 780 名老人。

在问卷设计方面，分别针对不同类型的调查对象（即 A 类为 18~59 周岁的农村中青年人，B 类为 60 周岁以上的农村老人），设计了两份"江苏农村社会保障调查问卷"，两份问卷的主要内容都包括调查对象的基本信息、新农合、新农保、养老服务和农村救助四个部分。其中，调查对象的基本信息分为家庭情况、土地情况、个人情况等；同时 A 类问卷的新农保部分分为中青年人的参保情况和政策评价，而 B 类问卷的新农保部分分为老人的待遇享受和政策评价。

在数理统计方面，使用 SPSS 19.0 社会科学统计软件对问卷数据进行数理

分析，使用到的分析方法包括描述性统计、交互分析和回归分析等。针对调查对象的基本情况，采用描述性统计分析；对于江苏新农保实施效果，采用描述性统计和交互分析相结合的方法；在新农保满意度考察中，运用计量经济学中的多元线性回归模型，分析显著性较大的变量权重，并采用平均法与里克特量表的测量步骤，对各项指标进行赋值计算，得到江苏新农保满意度的总体分值。

（2）样本基本信息

调查对象的区域分布。本次调查的两类对象均为农村常住人口，调查的样本框为江苏省的农村地区，主要覆盖南京、苏州、无锡、扬州、盐城等 13 个地级市，共发放 A 类问卷 1560 份，合格问卷 1543 份，合格率为 98.9%；B 类问卷 780 份，合格问卷 768 份，合格率为 98.5%。本次调查分布在江苏的 13 个市、26 个县、68 个镇、89 个村，由于抽样方法上使用了配额抽样，调查对象的地域分布较为均衡，分析结果比较能够全面反映各个地区的基本情况。

调查对象的人口学特征。统计结果显示：调查对象的性别分布 A 类为男性 47.3%、女性 52.7%，B 类为男性 51.5%、女性 48.5%，基本符合 1:1 的配比要求。在年龄结构上，农村中青年人的年龄分布比较均匀，各年龄段在 20%~30%之间，其中 40~49 岁（35.7%）和 50~59 岁（25.8%）较多；农村老人的年龄分布中 60~69 岁所占比例超过一半（55.2%），70~79 岁约占三成，80~89 岁占一成，比重最小的是 90~99 岁的老人（0.7%）。在文化程度上，A 类初中占 46.7%、小学及以下占 19.9%、高中占 17.9%，农村中青年人整体的文化程度偏低；而农村老人中没上过学的约占一半（43.2%），其次是小学（36%）和初中（16%），多数老人的文化程度很低。

调查对象的社会学特征。婚姻状况方面，87.5%的中青年人已婚，11.1%的未婚；78.7%的老人已婚，19.9%的丧偶。共同生活的家庭人口数中，A 类基本为 3 人（28.3%）、4 人（24.3%）、5 人（28.1%）和 6 人（9.7%），典型三代同堂（中青年人与子女、父母一起居住）的情况约占一半左右；B 类共同生活家庭人数为 2 人的最多（30.6%），其中另一位家庭成员主要是配偶，其余与老人共同生活人数分布在 4 人（13.2%）、5 人（27.6%）和 6 人（10.9%），另有 5.9% 的老人属于独居状态。另外，A 类家庭中平均有孩子 1.25 个，最多的一户家庭有 5 个孩子；B 类家庭中平均有 2.64 个孩子，有 1、2、3 个孩子的家庭均在 20%~30%，最多的一户有 8 个孩子。与老人相比，中青年人的子女数量明显减少，分布趋势更为集中。

2. 制度效果的具体分析

（1）对新农保制度的了解程度

了解新农保制度是开展新农保工作的基础和前提。如图 2-1 所示，仅有 13% 的中青年人认为自己对于制度内容很了解，68% 的调查对象对新农保的了解一般，而五分之一的调查对象依然很不了解这项制度。可见，在制度宣传与普及方面，还存在一些漏洞和问题。同时，在所有调查结果中，农民了解新农保的主要渠道是村组干部的家访宣传（45.8%）和村委会宣传栏（44.5%），同时新闻媒体（24.5%）和亲戚邻里（21%）对制度宣传也有一定的积极效果。

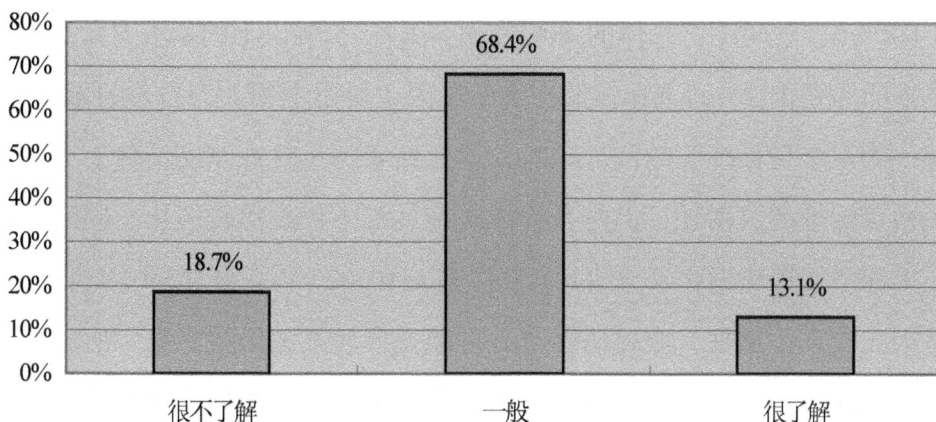

图 2-1　农村中青年人对新农保的了解程度

（2）参保情况

"是否已经参保"是衡量这项制度实施情况的最直接指标。表 2-7 显示：已经参加新农保的占 76.2%，其中自愿参加的占到六成以上，一成左右的调查对象是在村干部动员下参加的，还有 1.3%是村里强制参加的，而没有参加新农保的有 365 人，占样本总体的 23.8%。对所有参加新农保的调查对象进行深入分析，他们的平均参保时间为 3.05 年，参保 2 年（24.6%）与 3 年（27.2%）的比例之和约占一半左右，可见这项制度在未来发展上具有一定的持续性。

表 2-7　农村中青年人参加新农保的基本情况

	频数	百分比/%	有效百分比/%	累计百分比/%
1是，完全自愿参加	966	62.6	63.1	63.1
2是，本不想参加，在村干部动员下参加	181	11.7	11.8	74.9
3是，本不想参加，但村里强制参加	20	1.3	1.3	76.2
4没有参加	365	23.7	23.8	100
总计	1532	99.3	100	

在参保对象的缴费档次选择方面，从表 2-8 可知主要是 300 元以下和 301~600 元，这两项占总体的 80%左右，其中 50%以上的调查对象选择 300 元以下的缴费档次。而选择较低档次的原因主要是受到人为因素的影响，"村里统一确定缴费标准"的占 76.8%，显然新农保虽然在制度设计上充分考虑到了缴费标准的灵活性，但是在具体实施过程中仍然比较僵化。同时，将个人收入和缴费档次做交互分析（卡方检验 $p=0.002$，两者显著相关）可以看出，随着个人收入的增加，农村居民更有可能选择较高的缴费标准。所以，在参保缴费方面，需要地方相关部门的工作人员把参保工作做得更加精细化，充分反映农村居民自己的意愿选择。

表 2-8 农村中青年人参加新农保的缴费档次

	频数	百分比/%	有效百分比/%	累计百分比/%
0~300元	559	36.2	49.9	49.9
301~600元	336	21.8	30	79.9
601~900元	130	8.4	11.6	91.5
901~1200元	46	3.0	4.1	95.6
1201~1500元	25	1.6	2.2	97.9
1501~1800元	3	0.2	0.3	98.1
1801~2100元	0	0.0	0.0	98.1
2100元以上	21	1.4	1.9	100
总计	1120	72.6	100	

另一方面，在没有参加新农保的这部分群体中，参加商业养老保险的有130人，参加城镇企业职工基本养老保险的有220人，参加城镇居民基本养老保险的有72人，其中有50多人参加了上述三种养老保险中的两种，而完全没有参加任何养老保险的仅有3人。在"今后是否愿意参加新农保"这一问题的回答中，80.6%的调查对象表示愿意继续参保。显而易见，绝大多数江苏农村居民拥有一份社会养老保险，其中新农保在整个农村社会养老保障体系中所占比重最大。

（3）政府补贴

农民参保不仅能够促使个人养老账户有所积累，另外还能够获得相应的政府补贴，这是新农保制度的一大"亮点"。不过，本次调查结果表明：30.7%的调查对象并不知道自己参保能够获得政府补贴，这在一定程度上影响了农村居民对这项制度的理解和他们的参保积极性。此外，如表2-9所示，感觉政府补贴对于鼓励自己参保作用较大和很大的占22.3%，感觉这种鼓励作用很小和较小的占15.3%，七成多的调查对象对于政府补贴而产生的激励作用感觉一般。因此，政府补贴对于农民参加新农保具有一定程度的激励，但这种激励作用并没有预想的明显，一方面是由于政府补贴的金额相对较少，另一方面是由于在很大程度上农民受到自身养老需求的刺激而选择参保，而并不完全是制度环境的鼓励。

表 2-9　农村中青年人对政府补贴激励自己参保的主观评价

	频数	百分比/%	有效百分比/%	累计百分比/%
1很小	84	5.4	7.1	7.1
2较小	96	6.2	8.2	15.3
3一般	734	47.6	62.4	77.7
4较大	197	12.8	16.7	94.4
5很大	66	4.3	5.6	100
总计	1177	76.3	100	

（4）保费缴纳

就新农保的缴费方式而言，四成左右的调查对象是到村委会、社保站或农保中心办理的，三成是村干部上门收取的，而到银行办理的占 25.2%，到银联刷卡机上自主操作的不到 3%（详见表 2-10）。显然，新农保的缴费方式主要有两种：一种是村委会、社保站或农保中心集中办理，另一种是村干部上门收取。同时，将缴费方式与文化程度做交互分析（卡方检验 $p=0.001$，两者显著相关），结果说明：文化程度越高越容易采用信息化的参保手段，特别是文化程度在大专及以上的调查对象。今后随着农村居民文化程度的提高，结合信息化参保方式的普及，越来越多的参保对象会使用更为便捷的现代化缴费手段。

表 2-10　农村中青年人参加新农保的缴费方式

	频数	百分比/%	有效百分比/%	累计百分比/%
1村干部上门收取	361	23.4	30.7	30.7
2到村委会、社保站或农保中心办理	485	31.4	41.2	71.9
3到银行办理	296	19.2	25.2	97.1
4到银联刷卡机上自主操作	32	2.1	2.7	100
总计	1174	76.3	100	

除此之外，为了了解农村中青年人对新农保基金安全的主观评价，问卷设置了"您是否放心自己缴纳给新农保的参保费用？"这个问题，同时配合里克特量表列出了"很不放心"、"较不放心"、"一般"、"较放心"和"很放心"等五个选项。调查结果显示（图 2-2），对新农保基金很放心和比较放心的占一半以上，近 40%的调查对象对基金安全问题感觉一般，还有 5%左右对自己缴纳的保费不放心。所以总体而言，大多数农村居民信任新农保基金。并且当被问及"将来是否愿意多缴费，多拿钱"时，68.6%的对象选择愿意，这部分群体主要是家庭收入较高、子女较少，经济负担较轻的农村居民，他们迫切的养老需求更容易通过提高缴费水平来体现。

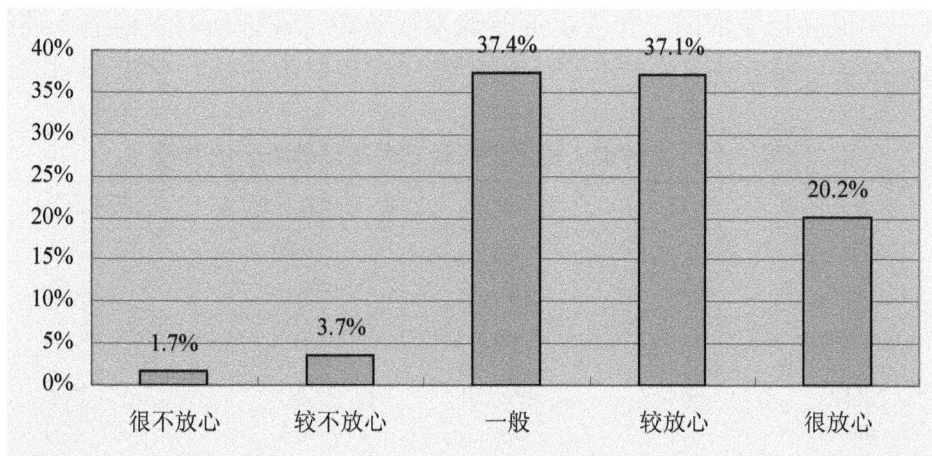

图 2-2　农村中青年人对新农保基金安全的主观评价

（5）待遇享受

新农保基础养老金的制度设计，其目的在于一定程度上改善农村老人的晚年生活，提高他们的基本生活水平。在本次调查中，90%的老人享有这种养老金，而另外 10%的老人表示没有领到。没有领到的原因大致可以归结为三种：第一种是小部分老人虽然住在农村，但并不是农村户籍，享有其他形式的养老金，不在新农保的保障范围之内；第二种是新农保在制度执行上的"时滞效应"，一小部分刚刚达到领取年龄的老人还未领到养老金；第三种是主观因素导致养老金发放中的一些障碍。但无论是何种原因，都需要尽快让符合条件而尚未享受新农保的农村老人得到这项制度的保障。

另外，所有享有养老金待遇的农村老人中，每月 1~60 元待遇标准的老人占总体的 72%，61~100 元和 101~200 元的比例均在 10% 左右（表 2-11），这些超过 60 元基础养老金标准线的地区主要分布在苏南、苏中地区，如苏州、无锡、南京、南通等地。因此，经济较发达地区由于其相对雄厚的财政实力，对农村老人基本生活的保障程度也较高。在发放时间方面，93% 以上的老人能够准时收到养老金，也有一小部分老人反映未能准时收到。由此可知，需要进一步提高相关部门工作人员的待遇发放效率，保证所有农村老人能够按时足额享有养老待遇。

表 2-11　农村老人每月领取新农保基础养老金的数额

	频数	百分比/%	有效百分比/%	累计百分比/%
1~60元	511	72.0	72.0	72.0
61~100元	72	10.1	10.1	82.1
101~200元	84	11.8	11.8	93.9
201~300元	26	3.7	3.7	97.6
301~400元	2	0.3	0.3	97.9
401~500元	8	1.1	1.1	99.0
500元以上	7	1.0	1.0	100.0
总计	710	100.0	100.0	

当农村老人被问道："参加新农保之后，领到的养老金对您基本生活有多大程度的改善？"，50% 多的回答者感觉一般，感觉新农保养老金对生活改善的作用较大和很大占 23.2%，而认为这种改善作用很小和较小的占 21.9%（表 2-12）。把这种主观感受与个人收入情况作交互分析（卡方检验 $p=0.000$，两者显著相关）得到，年收入低于 2000 元的老人觉得新农保养老金在很大程度

上改善了他们的生活，而年收入高于 10000 元的老人认为基础养老金较少，其生活上的帮助作用较小。

表 2-12 农村老人对新农保待遇在改善生活方面的主观评价

	频数	百分比/%	有效百分比/%	累计百分比/%
1很小	42	5.4	7.2	7.2
2较小	86	11	14.7	21.9
3一般	320	41	54.8	76.7
4较大	127	16.3	21.7	98.5
5很大	9	1.2	1.5	100
总计	584	74.9	100	

（6）服务水平评价

当农村居民对新农保存在一些疑问时，无论是老人还是中青年人选择向村干部咨询的均占六成左右，其次是向亲属询问有关情况的约占二成，而向邻居、朋友咨询的均不到一成。这充分说明：村干部对新农保的相关解释会直接影响农民的政策掌握程度，所以需要村干部加深对新农保工作的了解，特别是实际操作过程中容易产生疑问的环节。

在对新农保工作人员服务态度的主观评价中（图 2-3），感觉一般的农村居民超过半数，另有约三分之一的农村居民感觉比较满意和很满意，感觉很不满意和较不满意的约 10%。这项结果表明一部分工作人员的服务态度得到了参保农民的认可，但也有一小部分人员的态度需要改善。

对于新农保工作人员解决农村居民疑问的主观评价中（如图 2-4），感觉较大和很大程度上解决疑问的均占 30%左右，感觉一般的约占 60%，还有 10%感觉较小和很小。显然，就工作人员解决问题的实际效果来说，大部分农村居民感觉一般，还有一小部分感觉这种解决问题的实际效果小，所以需要进一步提高新农保工作人员的经办服务效果。

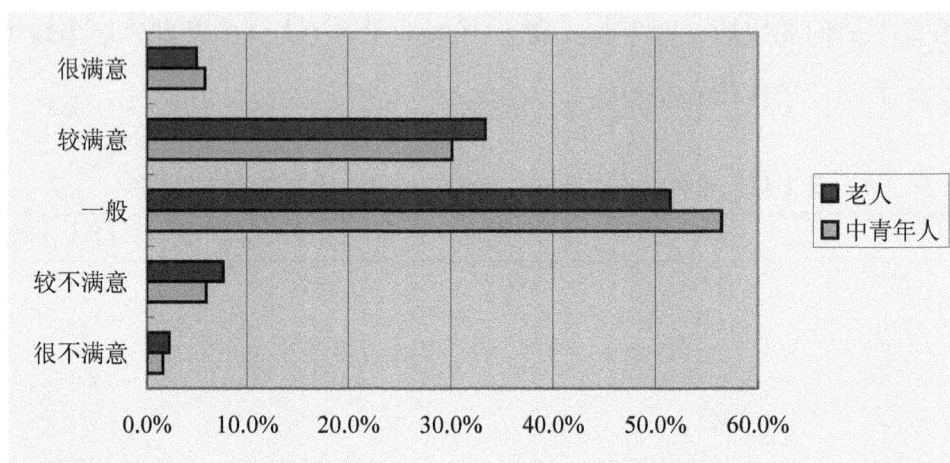

图 2-3　农村居民对新农保工作人员服务态度的主观评价

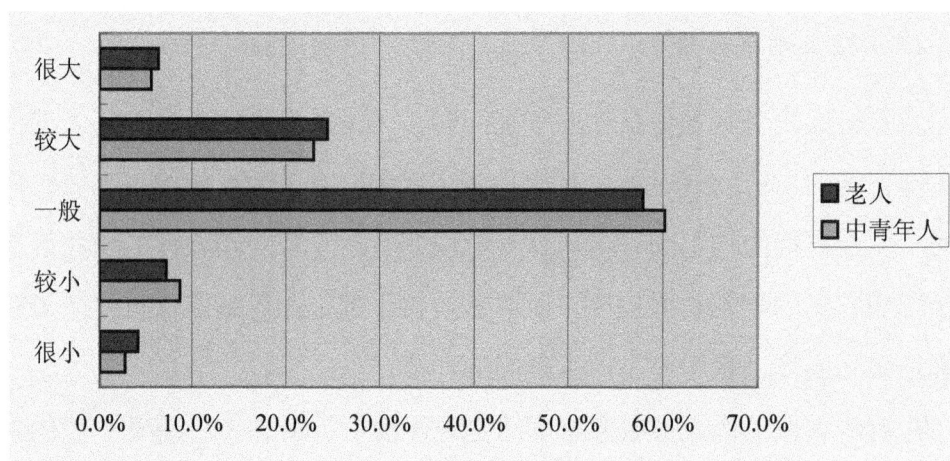

图 2-4　农村居民对新农保工作人员解决问题的主观评价

（7）金融服务

调查数据所示，51.4%的农村中青年人有养老保险卡（或者是社会保障卡、参加新农保的银行卡），在所有持卡中青年人中，可以通过这张卡查询自己缴费情况的占 71.5%；同时，66.9%的农村老人也有这种卡，65.7%的老人知道能用卡查询自己的新农保养老金。可见江苏新农保的电子信息化水平较高，为农民享有新农保的金融服务提供了便捷的渠道。

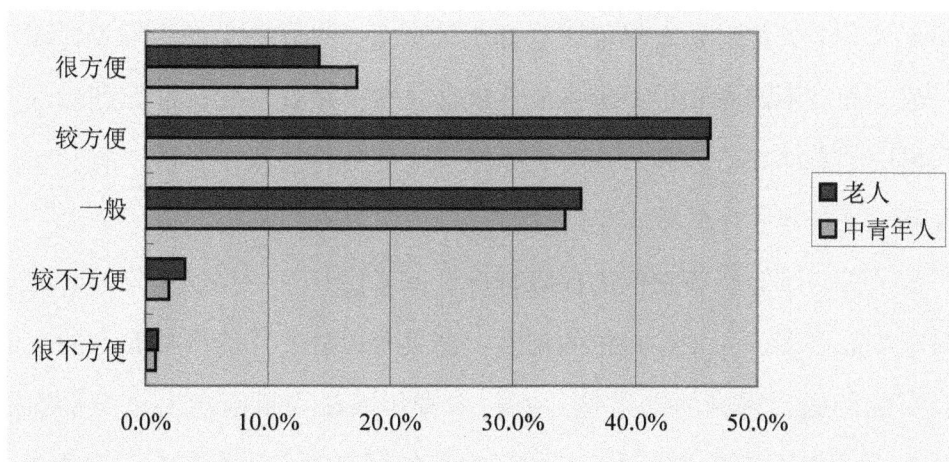

图 2-5 农村居民对新农保信息化参保领金的主观评价

当农民使用养老保险卡参保缴费或领取养老金时（如图 2-5），感觉这种现代金融手段很方便和比较方便超过半数，感觉一般的占三分之一左右，而觉得较不方便和很不方便的不到 10%，这表明绝大多数农民对新农保的金融服务评价较高，充分接受并认可了信息化的参保缴费和领取养老金的方式。

（8）总体评价

"农村居民对新农保制度的总体评价"结果如图 2-6 显示：近半数以上的

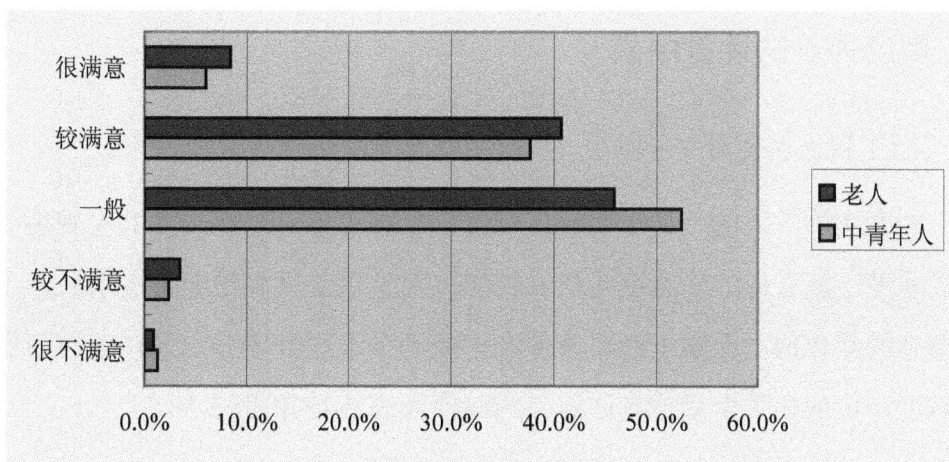

图 2-6 农村居民对新农保制度效果的总体评价

中青年人和老人都对新农保很满意和比较满意，另外一半左右的农村居民感觉一般，而较不满意和很不满意的比例非常少。由此可知，江苏新农保在农村居民中的总体评价较高，这有利于该项工作的持续稳定发展，有利于改善现在和未来老年农民的基本生活。

为了进一步分析新农保的保障程度，问卷设计了"您认为目前农村老人每月至少需要多少元（除自种的粮食、蔬菜等以外）才能维持基本的生活需要？"的问题，得到的结果是：农村中青年人认为目前老人至少平均需要674.23 元才能维持基本生活，其中 53.2%的调查对象认为基本生活费在 500 元以下，40.8%的调查对象认为501~1000 元才能维持基本生活，其余 6.1%需要的生活费高于 1000 元。同时，农村老人对生活费用的评价为至少平均需要538.41元才够基本生活，其中500元以下的占67.3%，501元~1000元的占29%，1000 元以上的占 3.8%。可以发现，无论是老人还是中青年人对基本生活费用的主观评价均远高于基础养老金标准，而且调查结果还表明经济发达程度越高的地区，维持老人基本生活的费用需求也越高。所以，江苏新农保未来需要重点考虑在财政能力允许的条件下，逐步提高基础养老金待遇，提高新农保对农村老人经济需求的满足程度。

3. 制度评价的计量结果

（1）概念界定与变量选取

制度实施效果的一个重要评价标准是受惠对象对这项制度的主观感受，即满意度。新农保的满意度是指农村居民对这项制度满足养老需求后产生的满意感的量化值。课题组针对参保和享受两个不同群体分别设计了对新农保满意度评价的相关变量，具体定义与赋值如表 2-13 和表 2-14。

表 2-13 农村中青年人对新农保满意度评价的相关变量与赋值

变量	变量解释及赋值
X_1 政府补贴的鼓励作用	虚拟变量：很小=1；较小=2；一般=3；较大=4；很大=5
X_2 参保费用的安全评价	虚拟变量：很不放心=1；较不放心=2；一般=3；较放心=4；很放心=5
X_3 工作人员的服务态度	虚拟变量：很不满意=1；较不满意=2；一般=3；较满意=4；很满意=5
X_4 工作人员的服务效果	虚拟变量：很小=1；较小=2；一般=3；较大=4；很大=5
X_5 参加保险的缴费方式	虚拟变量：很不方便=1；较不方便=2；一般=3；较方便=4；很方便=5
Y 新农保的总体感受	虚拟变量：很不满意=1；较不满意=2；一般=3；较满意=4；很满意=5

表 2-14 农村老人对新农保满意度评价的相关变量与赋值

变量	变量解释及赋值
X_1 养老金改善基本生活	虚拟变量：很小=1；较小=2；一般=3；较大=4；很大=5
X_2 工作人员的服务态度	虚拟变量：很不满意=1；较不满意=2；一般=3；较满意=4；很满意=5
X_3 工作人员的服务效果	虚拟变量：很小=1；较小=2；一般=3；较大=4；很大=5
X_4 养老金的领取方式	虚拟变量：很不方便=1；较不方便=2；一般=3；较方便=4；很方便=5
Y 新农保的总体感受	虚拟变量：很不满意=1；较不满意=2；一般=3；较满意=4；很满意=5

（2）模型构建与计量检验

将表 2-13 与表 2-14 中的"新农保的总体感受"作为因变量，采用多元线性回归的方法构建式(2-1)的计量模型，揭示新农保满意度与政府补贴、服务态度等自变量之间的线性关系。

$$Y = \beta_0 + \beta_1 X_1 + \beta_2 X_2 + \cdots + \beta_p X_p \tag{2-1}$$

式中，X_i 为影响因素向量，β_i 为系数向量，表示当其他解释变量保持不变时，X_i 每变动一个单位所引起的被解释变量 Y 的变化情况。使用 SPSS 19.0 中的强制进入法（Enter）对式(2-1)进行计量分析，具体结果如表 2-15 和表 2-16。

表 2-15　　农村中青年人对新农保满意度的回归结果

回归结果	系数	标准误	T 值	Sig.
X_1 政府补贴的鼓励作用	0.102	0.020	5.172	0.000
X_2 参保费用的安全评价	0.123	0.019	6.378	0.000
X_3 工作人员的服务态度	0.101	0.027	3.781	0.000
X_4 工作人员的服务效果	0.167	0.025	6.588	0.000
X_5 参加保险的缴费方式	0.334	0.023	14.477	0.000
常数项	0.683	0.102	6.702	0.000
模型摘要	F 值	Sig.	调整的 R^2	DW 检验
	156.991	0.000	0.337	1.675

表 2-16　　农村老人对新农保满意度的回归结果

回归结果	系数	标准误	T 值	Sig.
X_1 养老金改善基本生活	0.118	0.03	3.893	0.000
X_2 工作人员的服务态度	0.161	0.041	3.922	0.000
X_3 工作人员的服务效果	0.157	0.039	4.027	0.000
X_4 养老金的领取方式	0.408	0.032	12.671	0.000
常数项	0.708	0.137	5.169	0.000
模型摘要	F 值	Sig.	调整的 R^2	DW 检验
	114.054	0.000	0.370	1.821

　　由于直接选择 Enter 法构建回归模型,统计软件系统根据不同的自变量输入,建立两个模型。它们的方差分别是 156.991 和 114.054,调整的判定系数都超过 0.3,模型均达到非常显著,而且 DW 检验中两者均近似于 2,残差与自变量相互独立,回归模型的估计和假设所得出的结论是较为可靠的。因此,据表中的多元线性回归结果,可得回归方程式(2-2)和式(2-3):

$$Y=0.102 \times X_1 + 0.123 \times X_2 + 0.101 \times X_3 + 0.167 \times X_4 + 0.334 \times X_5 + 0.683 \qquad （2\text{-}2）$$

$$Y=0.118 \times X_1 + 0.161 \times X_2 + 0.157 \times X_3 + 0.408 \times X_4 + 0.708 \qquad （2\text{-}3）$$

　　在农村中青年人对新农保满意度的回归结果中,五个指标权重最大的是参加保险的缴费方式（X_5）,其余四个指标的权重均在 0.1 左右。同时,在农村老人对新农保满意度的回归结果中，指标权重最大的是养老金的领取方式（X_4），其余三个指标的权重没有超过 0.2。显而易见，信息化的参保缴费和待遇享受方式，既对农村老人也对中青年人的新农保评价产生了重要的积极影响。究其原因，通过农保卡、社保卡或银行卡等信息化的缴费和领取方式，能够让农村居民最为便捷地参与到新农保制度中来，最为直观地感受到新农保的好处，因而其重要性得以凸显。

（3）新农保满意度的分值计算

为了计算新农保满意度的具体分值，根据平均法结合里克特量表，将指标的不同评价等级赋予相应的分数，最低等级为 0 分，最高等级为 1 分，每 0.25 分为一个等级，共 5 个等级（表 2-17）。

表 2-17 新农保满意度评价的赋分表

中青年人部分	0 分	0.25 分	0.5 分	0.75 分	1 分
X_1 政府补贴的鼓励作用	很小	较小	一般	较大	很大
X_2 参保费用的安全评价	很不放心	较不放心	一般	较放心	很放心
X_3 工作人员的服务态度	很不满意	较不满意	一般	较满意	很满意
X_4 工作人员的服务效果	很小	较小	一般	较大	很大
X_5 参加保险的缴费方式	很不方便	较不方便	一般	较方便	很方便
老人部分	0 分	0.25 分	0.5 分	0.75 分	1 分
X_1 养老金改善基本生活	很小	较小	一般	较大	很大
X_2 工作人员的服务态度	很不满意	较不满意	一般	较满意	很满意
X_3 工作人员的服务效果	很小	较小	一般	较大	很大
X_4 养老金的领取方式	很不方便	较不方便	一般	较方便	很方便

各项指标的满意度主要根据该项指标不同选项的百分比乘以相应的分值，再进行加总而得（表 2-18），最后得分满 60 分为合格。由表 2-18 可知，中青年人对参保缴费方式的满意度最高（69.30 分），其次是参保费用的安全评价（67.65 分），而对政府补贴的鼓励作用的满意度最低（51.38 分）。同时，老人对养老金领取方式的满意度最高（67.33 分），而对养老金改善基本生活

的评价最低（48.85 分）。由此可见，基金安全与缴费领取方式等三项指标的主观评价达到合格，而政府补贴力度、养老待遇标准和工作人员服务态度与效果需要进一步改善。把上述指标的满意度得分代入式(2-2)和式(2-3)，通过计算可得农村中青年人对新农保的满意度为 52.46 分，农村老人对新农保的满意度为 51.96 分，两者距离 60 分合格水平仍有一定的差距。

表 2-18　新农保满意度评价的统计表

中青年人部分	各指标占各项所有回答人数的比例/%					满意度
X_1 政府补贴的鼓励作用	7.1	8.2	62.4	16.7	5.6	51.38
X_2 参保费用的安全评价	1.7	3.7	37.4	37.1	20.2	67.65
X_3 工作人员的服务态度	1.6	6.0	56.5	30.1	5.9	58.23
X_4 工作人员的服务效果	2.7	8.7	60.2	23	5.5	55.03
X_5 参加保险的缴费方式	0.8	1.9	34.2	45.9	17.3	69.30
老人部分	各指标占各项所有回答人数的比例/%					满意度
X_1 养老金改善基本生活	7.2	14.7	54.8	21.7	1.5	48.85
X_2 工作人员的服务态度	2.3	7.7	51.5	33.4	5.1	57.83
X_3 工作人员的服务效果	4.1	7.2	57.9	24.5	6.3	55.43
X_4 养老金的领取方式	1.0	3.2	35.5	46.1	14.2	67.33

四、新型农村社会养老保险存在的问题

结合宏观分析与微观调查的结果，新农保存在的一些主要问题总结如下。

1. 宣传工作存在漏洞，影响农民的制度认识水平

江苏新农保之所以能够在短时间之内全面覆盖，离不开地方相关工作人员的大力宣传，某农保中心主任的访谈材料也进一步证实了这一点，同时他还强调各级政府的重视，使得新农保能够在某种程度上借助行政力量的推动，从而在短短三年内做到覆盖面超过 98%以上。但是在农户层面的调查发现：仍然有五分之一的调查对象很不了解这项制度，三成参保对象不知道自己参保可以获得政府补贴。这些都是宣传工作中存在的漏洞，会直接影响农民对

新农保的认知与理解。另外，就参保对象的年龄结构而言，主要以 35 周岁以上的农民为主，年轻的农民通常没有把养老当成一个当前需要面对的重要问题，因此新农保的宣传需要持续关注年轻农民，让他们看清未来社会养老的发展趋势，激发他们持续参加新农保的积极性。

2. 参保对象缴费标准偏低，财政支付风险逐步增强

全省新农保的宏观数据分析表明：大多数农民选择较低的缴费标准，特别是经济欠发达地区，这严重妨碍了个人账户的基金积累。而个人账户的基金积累越少，则政府财政支付的风险就越大。产生这一问题的原因，一方面是客观条件的限制，一些地区由于农民的人均纯收入较低，仅能负担较低档次的缴费；另一方面是主观条件的制约，农户调查显示：部分地区"村里统一确定缴费标准"，这在一定程度上阻碍了农民对缴费标准的自由选择。农户调查还发现：家庭收入较高、子女较少、经济负担较轻的农民愿意"多缴费，多拿钱"。但是若村里统一规定缴费标准，则这部分群体的参保意愿无法得到充分体现。因此，要降低新农保个人账户的基金支付风险，提高农民今后的养老待遇，需要从"源头"开始，细化参保缴费工作，真实反映农民的参保意愿，鼓励他们在自身经济条件允许的情况下提高缴费标准，以更好地满足其老年生活的经济需求。

3. 基础养老金水平偏低，待遇增长机制不明确

根据 2012 年江苏的实际情况，大多数老年农民每月领取的基础养老金标准为 70 元，2011 年和 2010 年均为 60 元，相比 2011 年江苏企业职工基本养老保险人均月养老金水平 1622 元，江苏农村低保标准人均每月 253 元，新农保的保障水平是偏低的。在实地调查中，绝大多数农村老人认为这一标准太低，只够几日的生活费，养老功能很难体现出来。而且农户调查还表明：农村中青年人认为目前老人至少平均需要 674.23 元才能维持基本生活，农村老

人对生活费用的评价为至少平均需要 538.41 元才够基本生活，现有的基础养老金与这两个基本生活标准差距甚远。就算今后算上个人账户养老金，农村老人最终享有的新农保养老待遇未必能达到其基本生活的要求。另外，三年之中基础养老金仅调整了一次，相比江苏企业职工基本养老保险的连续八次调整，新农保的养老待遇增长机制尚未建立。

4. 对政府财政的依赖较高，地方财政的配套压力很大

无论是对参保对象缴纳保费给予的"入口补贴"，还是对享受对象养老待遇发放的"出口补贴"，都源于中央、省、市县等各级政府的财政投入，所以新农保对政府财政的依赖程度可见一斑。宏观数据分析也可以看出财政补贴能否到位直接影响着新农保的持续性问题。在中央给予财政支持的同时，地方财政也必须提供相应的配套资金。当参保人数较少和领取养老金基数较小时，各地方财政都能承受，随着覆盖面扩大和领取养老金人数不断增加，各地方财政将会不同程度地出现压力，尤其是经济欠发达地区所要承担的压力更为明显。目前省财政已经向经济发展相对薄弱的地区倾斜，如苏北、苏中地区。不过，根据对苏北某地农保处副主任的访谈可知，尽管已经有省财政的大力支持，但是县财政的负担依然较大。再加上农村人口老龄化的加剧和人均寿命的延长，县财政将会因为更长时间的养老金支出而形成巨大的隐性财政压力。

5. 基金监管缺乏有效方式，保值增值面临挑战

江苏新农保基金主要实行以县为单位的管理模式，全省的基金运行管理处于比较分散的状态，缺乏有效的监督管理手段：有些地区因财政困难等原因，其基础养老金是从个人缴费中支付的，这显然对新农保的基金安全构成了重大威胁。如何保证基金不被挤占、挪用，是新农保基金管理的基础问题。同时对于基金筹集和支付等信息，尚未做到公开透明，缺乏社会监督管理。

另一方面，通过何种渠道实现基金的保值增值也是一个非常棘手的问题。

现在的新农保基金大部分是存入银行或者用于购买国债，不直接进行投资，保值增值方式单一。存入银行的大部分新农保基金与企业职工基本养老保险基金在计息方面存在较大差异：企业职工基本养老保险基金执行优惠利率，2012 年 7 月 1 日至 2013 年 6 月 30 日期间，江苏企业职工基本养老保险个人账户储存额记账利率为 4.10%，而新农保个人账户储存额按照不低于人民银行公布的一年期银行定期存款利率计息（2012 年 7 月 6 日起，一年期存款利率为 3%），这是制度设计中的不公平问题。而且单就新农保基金而言，随着银行利率的不断调整，再加上通货膨胀、物价指数上涨等因素的影响，较低的收益率已经造成新农保基金的隐形损失。随着新农保的深入持续开展，基金的安全管理、有效运行和保值增值等问题将会成为这项制度未来必须面对的严峻挑战。

6. 经办管理机构人员缺乏，基层服务平台建设相对滞后

新农保涉及面广、参保人数多，虽然是按年度一次性缴纳费用，但基础工作量大，经办机构能力明显不足。部分地区的县级经办机构人员 4~6 名，却要面对当地几十万农业人口，其经办力量仍然十分薄弱。虽然村一级的劳动与社会保障所大多已经建立，但是每个所只配备 1~2 名工作人员，负责所有人力资源和社会保障事务，还要服从乡镇政府日常和阶段性的工作安排，可见其工作任务相当繁重。很多地区的访谈材料均显示：村级社会保障服务平台的建设滞后于整个社会保障事业发展的要求：一是村级社会保障协理员的待遇较低（主要是最低工资标准），导致其人员构成的流动性较大；二是工作人员的经费缺乏保障，致使很多工作的推进比较缓慢，例如为每个参保对象寄送对账单等工作。在经办管理服务中，新农保面临的问题，本质上是庞大的服务需求与微弱的服务体系之间的矛盾。如何实现新农保制度的长期有效管理，包括缴费管理、账户管理、资格审查、档案管理、信息维护等，是新农保制度在发展过程中需要面对的难题。

7. 与其他保障制度的衔接并不顺畅，存在制度盲区

新农保制度在运行过程中不可避免地涉及与老农保、城镇职工基本养老保险、农民工养老保险等养老保险制度的衔接，以及与被征地农民社会保障、农村计划生育家庭奖励扶助政策、农村五保供养、社会优抚、农村最低生活保障等政策制度的配套衔接。但目前国务院和江苏省相关部门尚未出台相关衔接政策，存在制度盲区，不利于新农保的跨区域、跨制度衔接。以企业职工基本养老保险制度为例，一些地区的访谈材料集中反映这两项制度衔接转换上的难度在于，两种制度的统筹部分出资方、缴费标准等有所不同，需要精算，转换成本较大。假如进行制度转换，那么农民基础养老金的资金供给是由当地城镇统筹账户出资还是继续由中央财政承担，目前还没得到明确规定。如果基础养老金由当地城镇统筹账户出资，势必会使城镇参保人群的部分养老基金利益受到损害；如果基础养老金继续由财政承担，新农保则没有得到实质性的转化。因此，迫切需要出台新农保制度与其他社会保障制度之间的衔接政策，解决当前制度衔接困难的问题，为城乡统一的养老保险制度的建立奠定基础。

五、新型农村社会养老保险的发展趋势

考察江苏新农保的发展趋势，需要重点分析这项新制度的可持续性问题，既需要考虑到目前农村居民的缴费能力和政府的财政补贴能力，又要考虑到农村居民的养老金基本需求水平，要在三者间寻找一个合适的平衡点，才能确保这项制度的可持续运行。因此，以下从个人缴费能力、政府财政负担和基础养老金的待遇调整等角度，分析江苏新农保的可持续性，以期揭示这项制度未来发展的趋势。

1. 个人缴费能力

新农保基金由个人缴费、集体补助和政府补贴构成，其中个人参保缴费

是新农保基金的重要筹资渠道之一。本节暂不考虑集体和政府两个方面的基金来源，同时也排除农民的参保意愿、年龄、受教育程度、养老方式的偏好和预期收益水平等因素的影响，单独分析江苏农民的经济条件、筹资水平和缴费额度，以判断其新农保的参保缴费能力。

（1）个人参保的经济基础

人均纯收入是反映农民经济状况的主要指标，江苏农村居民人均纯收入从 2001 年 3785 元到 2011 年 10805 元，扣除物价水平的影响，每年实际增长率均达到 4%以上，2011 年实际增长率更是超过 10%（表 2-19）。整体而言，经过这十年的发展，江苏农民的人均纯收入已突破万元，农民个人的经济状况充分改善，这为新农保制度的广泛覆盖和有效实施奠定了坚实的基础。

表 2-19 江苏农村居民人均纯收入及其增长率

年　份	人均纯收入/元	名义增长/%	实际增长/%
2001	3785	5.3	4.0
2002	3996	5.6	5.9
2003	4239	6.1	5.2
2004	4754	12.1	7.2
2005	5276	11.0	8.4
2006	5813	10.2	8.4
2007	6561	12.9	7.7
2008	7357	12.1	6.2
2009	8004	8.8	9.4
2010	9118	13.9	9.2
2011	10805	18.5	11.9

资料来源：江苏统计年鉴 2012。

（2）个人参保的筹资水平

在个人具备充分经济实力的同时，新农保的制度设计也是影响个人筹资水平的客观因素。江苏新农保在缴费标准方面规定："每人每年 100 元、200

元、300 元、400 元、500 元、600 元 6 个档次，鼓励有条件的地区设定更高档次的缴费标准。参保人自主选择档次缴费，多缴多得"。13 个地级市根据这项规定，分别结合自身的发展水平与实际情况，设计了略有不同的缴费标准，详见表 2-20。

表 2-20　江苏各地级市新农保的个人缴费标准

地区	个人缴费标准
全省	每人每年 100~600 元 6 个档次
南京	个人缴纳上一年度人均纯收入 4%，还可以选择多缴，多缴比例为 1%-6%
无锡	每人每年 100 元、300 元、500 元、700 元、900 元、1100 元 6 个档次
徐州	每人每年 100 元、200 元、300 元、400 元、500 元、600 元、800 元、1000 元 8 个档次
常州	每人每年 100~600 元 6 个档次
苏州	每人每年 100~600 元 6 个档次
南通	基准档：100~600 元 6 个档次；较高档：个人缴纳上一年度人均纯收入 10%以上，缴费上不封顶
连云港	每人每年 100~600 元 6 个档次
淮安	每人每年 100 元、200 元、300 元、400 元、500 元、600 元、800 元、1000 元 8 个档次
盐城	每人每年 100~600 元 6 个档次
扬州	每人每年 100~600 元 6 个档次
镇江	定额缴费：100~600 元 6 个档次；比例缴费：个人缴纳上一年度人均纯收入 12%
泰州	每人每年 100~600 元及 600 元以上档次，市区确定的最高缴费标准为 6000 元/（人·年）
宿迁	每人每年 100~600 元 6 个档次

在个人缴费标准的设计中，主要有三种思路：第一种是定额制，例如常州、苏州、连云港、盐城、扬州和宿迁均采用了全省统一的定额标准，而无锡、徐州、淮安和泰州分别在 600 元缴费档次之外，增设了更高的档次以便满足当地农民更高水平的养老需求；第二种是比例制，例如南京将缴费标准与上一年度农民人均纯收入挂钩，其优势在于缴费标准可以与收入的增长相互协调，同时也设置了最低 4%、最高 10%的多个层次以供不同养老需求水平的农民选择；第三种是混合制，例如南通和镇江，既有 100~600 元 6 个较低的档次，又考虑到个人缴费标准随经济发展的调整要求，设立了"个人缴纳占上一年度人均纯收入一定比例"的较高档次，使得个人缴费标准更加多样

化，进一步体现出新农保的制度设计在各地实践中的灵活性。

参照各地区的缴费标准，初步测算各地区的最低、最高的缴费比例（表 2-21），并引入人均生活消费支出和人均纯收入等指标，合成"收支比"和"1 减收支比"两个指标。通过比较缴费比例和"1 减收支比"来衡量江苏新农保的个人筹资水平和未来发展趋势。

表 2-21　江苏各地级市新农保的个人缴费比重（2011 年）

地区	人均纯收入/元	人均生活消费支出/元	收支比/%	1-收支比/%	最低缴费档次占人均纯收入比重/%	最高缴费档次占人均纯收入比重/%
全省	10805	7693	71.20	28.80	0.93	5.55
南京	11128	8477	76.18	23.82	4.00	10.00
无锡	14002	9790	69.92	30.08	0.71	7.86
徐州	7955	5216	65.57	34.43	1.26	12.57
常州	12637	9924	78.53	21.47	0.79	4.75
苏州	14657	10397	70.94	29.06	0.68	4.09
南通	9914	7240	73.03	26.97	1.01	10.00
连云港	7039	4766	67.71	32.29	1.42	8.52
淮安	7233	5216	72.11	27.89	1.38	13.83
盐城	8751	5074	57.98	42.02	1.14	6.86
扬州	9462	6782	71.68	28.32	1.06	6.34
镇江	10874	7848	72.17	27.83	0.92	12.00
泰州	9324	6476	69.46	30.54	1.07	6.44
宿迁	6975	4684	67.15	32.85	1.43	8.60

注：收支比=人均生活消费支出/人均纯收入；1-收支比=1-人均生活消费支出/人均纯收入。
资料来源：江苏统计年鉴 2012。

在分析表 2-21 之前，需要明确一个假设条件，即农民人均纯收入在扣除生活消费支出之后的余额为实际余额，并且可以自由支配。首先，新农保的最低缴费档次占人均纯收入的比重最低的是苏州，仅为 0.68%，最高的是南京，缴费比例为 4%。整体上看，最低缴费比例均在 1% 左右，而"1 减收支比"这项指标各地均在 20% 以上，部分地区达到 30%~40%，这意味着各地农民其收入在除去生活消费支出之后，均有能力踏入到新农保制度的最低"门槛"，被纳入制度保障的范围之内，同时这也在很大程度上保证了个人缴费的可持续性。其次，由于各地设立的最高缴费档次存在较大差异，其占人均纯收入的比重差别较明显，最高的是淮安（13.83%）、最低的是苏州（4.09%）。而超过 10% 的地区有 5 个，分别是南京、徐州、南通、淮安和镇江。而与"1 减收支比"相比较，可以发现最高缴费比例依然在各地农民完全可以承受的范围之内。由此可见，就未来的制度发展而言，新农保的个人筹资水平还可以有进一步的提升空间。

（3）个人参保的缴费额度

新农保的保费来源于农民的纯收入扣除生活消费支出和应缴费用后的部分，其中应缴费用主要为国家规定的合理负担费用，如基本建设支出、民办教师工资、村干部报酬、敬老院老人生活费用等集体提留。按照国务院 1990 年 12 号文件《关于切实减轻农民负担的通知》规定：农民的各种缴费负担之和不应超过本地区上一年农村居民人均纯收入的 5%。因此，农民参加新农保所能承担的最高缴费额度为：

$$P_t = \overline{F_t} - \overline{C_t} - 5\% \times \overline{F}_{t-1} \qquad (2\text{-}4)$$

其中，P_t 为参保农民第 t 年度缴费最高额，$\overline{F_t}$ 为第 t 年度农民的平均纯收入，$\overline{C_t}$ 为第 t 年度农民的平均生活消费支出。

在明确了具体的计算公式之后，若要预测农民个人未来的最高缴费额度，首先要测算人均纯收入和人均生活消费支出的未来趋势。根据《江苏统计年鉴》（1992~2012）中的相关数据（详见表 2-22），运用 SPSS 软件中的时间序列预测模块建立 ARIMA 模型，对两组数据进行预测。两个预测模型的拟合度较好，预测值也比较切合实际情况。具体预测结果如表 2-23 所示，三项指标的预测值均呈现快速上升的趋势，其中江苏新农保的个人最高缴费额度将从 2012 年的 3189 元大幅提高到 2030 年的 26022 元，这项数据充分说明江苏农民个人的缴费能力将会迅速提升，个人筹资部分的未来发展趋势则是一个持续、稳定的过程。同时，短期内，不能为了提升新农保的保障度、增加预期的养老金待遇，盲目、过度提高最低缴费档次（或是缴费基数和缴费比例），而需要慎重考虑农民的经济承受能力，从而促进江苏新农保制度的适度、有效、健康发展。

表2-22　江苏农村居民人均纯收入和人均生活消费支出（1991~2011）

年份	人均纯收入/元	人均生活消费支出/元	年份	人均纯收入/元	人均生活消费支出/元
1991	921	878	2002	3996	2625
1992	1061	953	2003	4239	2704
1993	1267	1059	2004	4754	3035
1994	1832	1501	2005	5276	3567
1995	2457	1938	2006	5813	4135
1996	3029	2414	2007	6561	4792
1997	3270	2488	2008	7357	5328
1998	3377	2337	2009	8004	5805
1999	3495	2294	2010	9118	6543
2000	3595	2338	2011	10805	7693
2001	3785	2375			

资料来源：江苏统计年鉴2012。

表2-23　江苏农村居民人均纯收入、人均生活消费支出和最高缴费额度（2012~2030）

年份	人均纯收入/元	人均生活消费支出/元	最高缴费额度/元	年份	人均纯收入/元	人均生活消费支出/元	最高缴费额度/元
2012	12573	8844	3189	2022	34736	20348	12780
2013	14423	9994	3800	2023	37400	21498	14165
2014	16355	11144	4490	2024	40145	22648	15627
2015	18367	12295	5254	2025	42972	23799	17166
2016	20461	13445	6098	2026	45881	24949	18783
2017	22637	14596	7018	2027	48870	26100	20476
2018	24894	15746	8016	2028	51941	27250	22248
2019	27232	16896	9091	2029	55094	28400	24097
2020	29652	18047	10243	2030	58328	29551	26022
2021	32153	19197	11473				

2. 财政负担

各级政府的财政收支状况如何、未来是否具有充分的财政补贴能力、各地新农保的财政负担是否均衡，是影响新农保制度可持续发展的主要问题。

（1）财政收支状况

江苏整体的经济实力不断增强。由表 2-24 可知，单就地区生产总值而言，从 2006 年的 6.8 万亿增长到 2011 年的 15.7 万亿，年平均增速为 22.07%；同时，财政收入和支出也大幅增加，分别从 2006 年的 1657 亿和 2013 亿提高到 2011 年的 5149 亿和 6222 亿。另外，财政支出中社会保障支出所占比重基本保持在 7%~8.5%之间，不过由于江苏财政支出近年来的快速上升，社会保障支出的绝对数额也随之提高，到 2011 年这项支出达到 481.65 亿元，比 2006 年增加了 319.34 亿元，是 2006 年社保支出的 2.97 倍。

表 2-24　江苏地区生产总值和财政收支状况（2006~2011）

年份	地区生产总值 /亿元	财政收入 /亿元	财政支出 /亿元	社保支出 /亿元	社保支出占财 政支出比重/%
2006	67730.81	1656.68	2013.25	162.31	8.06
2007	83861.75	2237.73	2553.72	212.53	8.32
2008	99579.13	2731.41	3247.49	231.52	7.13
2009	107849.20	3228.78	4017.36	299.17	7.45
2010	127976.43	4079.86	4914.06	364.48	7.42
2011	157421.13	5148.92	6221.72	481.65	7.74

资料来源：江苏统计年鉴（2005~2012）。

注：依照我国统计年鉴的界定，2007 年统计年鉴中的社会保障支出主要包括抚恤和社会福利救济费、社会保障补助支出、行政事业单位离退休支出。从 2009 年开始，财政支出中的社会保障支出包括社会保障与就业、医疗卫生支出两大部分。

虽然江苏的财政实力整体上日益提升，但省内 13 个地级市的政府财力却存在较大差异。反映地方财政实力的一个重要指标就是人均财政收入[①]，表

[①] 薛惠元，王翠琴. "新农保"财政补助政策地区公平性研究——基于 2008 年数据的实证分析[J].农村经济，2010（07）：95-99

2-25根据2011年江苏各地级市的年末人口数和财政收入两个指标计算得到各地的人均财政收入。如表2-25所示，苏州、无锡、南京和常州均高于全省平均水平（6852元），其中苏州和无锡的人均财政收入超过10000元，而镇江虽略低于全省平均，但其中差距也不大，所以整个苏南地区政府的财政实力较强，属于第一层次。苏中地区（主要包括南通、扬州和泰州）的人均财政收入在4000~5000元之间，属于第二层次。其余的地级市都在苏北地区，人均财政收入均在4000元以下，属于第三层次，其中宿迁是最低的（2179元）。这种差异性会影响新农保政府补贴的持续性，尤其是苏北的一些贫困地区，因而需要省财政统筹规划，以保证新农保在各个地区的均衡发展。

表 2-25　江苏各地级市人均财政收入（2011 年）

地区	年末人口数/万人	财政收入/亿元	人均财政收入/元
苏州	642.33	1100.88	17138.85
无锡	467.96	615.00	13142.15
南京	636.36	635.00	9978.63
常州	362.86	350.88	9669.85
全省	**7514.25**	**5148.92**	**6852.21**
镇江	271.86	181.90	6690.94
南通	764.88	373.69	4885.60
扬州	460.05	218.08	4740.35
泰州	507.12	218.00	4298.79
淮安	543.24	204.63	3766.84
连云港	505.18	180.08	3564.67
盐城	820.69	269.04	3278.22
徐州	976.66	318.42	3260.30
宿迁	555.05	120.98	2179.62

资料来源：江苏统计年鉴 2012。

利用1991年~2011年的相关数据，同样通过SPSS软件时间序列预测模块中的ARIMA模型，预测2012年~2020年江苏财政收入的发展趋势。该模型拟合度良好，顺利通过平稳性检验，预测结果较为可信。如图2-7所示，江苏未来的财政收入将呈平稳增长的态势，到 2020 年财政收入总额预计将达 17281.08 亿元，年平均增长率为 21.93%。

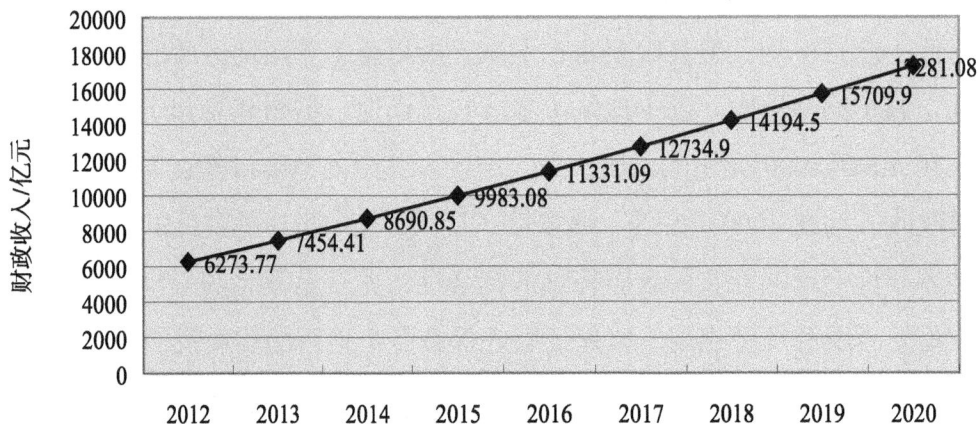

图 2-7　江苏财政收入增长趋势（2012 年~2020 年）

（2）财政补贴能力

在中央和地方财政补贴的分担中，中央财政主要负责"补出口"。国务院《关于开展新型农村社会养老保险试点的指导意见》规定："政府对符合领取条件的参保人全额支付新农保基础养老金，其中中央财政对中西部地区按中央确定的基础养老金标准给予全额补助，对东部地区给予 50% 的补助"，"中央确定的基础养老金标准为每人每月 55 元"。江苏省属于东部地区，所以能够获得中央财政每人每月 55 元补贴中的 50%，也就是每人每年 330 元。另一方面，地方财政补贴包括"补入口"和"补出口"。《江苏省新型农村社会养老保险制度实施办法》规定："地方政府对参保人参保给予补贴，补贴标准每人每年 30~50 元，有条件的地区可提高补助标准，补助水平限低不限高；对选择较高档次标准缴费的，可适当增加补贴给予鼓励"，所以每个参保人能够获得 30~50 元的"入口"补贴。另外，在"出口"中，江苏提高了国家确定的基础养老金标准，最低为每人每月 60 元，提高和加发部分的基础养老金由江苏自己负担。

　　根据上述政策规定，按现有补贴标准可得江苏财政补贴的测算公式：

江苏新农保财政补贴额=16~59 岁农村人口ד入口"补贴标准

　　　　　　　　　　+60 岁及以上农村人口×55×12×50%

　　　　　　　　　　+60 岁及以上农村人口

　　　　　　　　　　×（基础养老金地方标准-55）×12　　　　　（2-5）

　　当年财政补贴比重

　　=（当年新农保财政补贴额/当年政府财政收入额）×100%　　（2-6）

　　若要初步测算江苏新农保的未来财政补贴能力，需要考虑式(2-5)和(2-6)中几个指标的未来趋势。首先是江苏 16~59 岁和 60 岁及以上农村人口的发展速度，学者黄润龙的研究结果显示：江苏劳动年龄人口在 2010 年以后以1.2%~2.0%的速度下降，而老年人口比重以每年 0.6%的速度增加[①]。选择农村劳动力的年降幅为 1.2%，同时"入口"补贴标准为 50 元，以尽可能扩大财政补贴的数额，从而最大程度测试政府补贴能力。除此之外，2012 年江苏新农保基础养老金已从每人每月 60 元调整为 70 元（提高 16.67%），由此假定基础养老金的年增长率为 15%。而政府财政收入的增长趋势已在前一小节的最后部分进行了预测（详见图 2-7）。依据相关公式与数据，可以大致测算 2012年~2020 年江苏新农保的财政补贴能力，具体见表 2-26。

　　从表 2-26 中可以发现，在对参保人的补贴标准相对稳定的情况下，江苏新农保的"入口"补贴由于未来劳动力人口的减少，存在一定的下降趋势，不过如果逐年提高对参保人的财政补贴（如每年增加 10 元"入口"补贴），这种下降趋势将变为上升，且年均增长率为 15.12%，但是由于财政收入水平也是逐年增长的，所以这种补贴方式中新农保财政补贴比重与现有方式相比变化不大，因而今后可以考虑逐步提高对于参保对象的补贴额度。同时在基

---

　　① 黄润龙. 江苏人口老龄化趋势及社会养老保险研究[J]. 河海大学学报（哲学社会科学），2009（02）：34-38

表 2-26　江苏新农保财政补贴金额和补贴比重（2011~2020）

年份	16-59 岁农村人口(万人)	60 岁以上农村人口(万人)	基础养老金/元	财政"入口"补贴/万元	财政"出口"补贴/万元	财政补贴金额/万元	财政收入水平/万元	财政补贴比重/%
2011	1521.09	748.17	60.00	76054.64	291785.21	367839.85	51489200	0.71
2012	1502.84	752.66	69.00	75141.98	374822.79	449964.77	62737700	0.72
2013	1484.81	757.17	79.35	74240.28	471112.51	545352.79	74544100	0.73
2014	1466.99	761.72	91.25	73349.40	582734.96	656084.36	86908500	0.75
2015	1449.38	766.29	104.94	72469.20	712097.20	784566.41	99830800	0.79
2016	1431.99	770.88	120.68	71599.57	861983.97	933583.55	113310900	0.82
2017	1414.81	775.51	138.78	70740.38	1035616.93	1106357.31	127349000	0.87
2018	1397.83	780.16	159.60	69891.49	1236723.22	1306614.71	141945000	0.92
2019	1381.06	784.84	183.54	69052.80	1469614.80	1538667.59	157099000	0.98
2020	1364.48	789.55	211.07	68224.16	1739280.16	1807504.32	172810800	1.05

础养老金的补贴方面，随着农村老年人口数量的增加和基础养老金待遇的提高，未来的财政补贴额度明显呈上升趋势，且上升的速度较快，但综合来看，江苏新农保财政补贴金额所占比重将来会从 2011 年 0.7%提高到 2020 年1.05%，补贴比例的增幅较缓慢。显而易见，未来一段时期内，江苏新农保的财政补贴处于政府完全有能力承担的范围之内，其较强的补贴能力为这项制度的持续发展提供了充分的财政保障。

（3）地方财政负担

由于在江苏新农保的财政补贴总量中，七成以上均投入到了基础养老金的发放中，因而此处主要分析江苏各地基础养老金的财政负担。根据江苏新农保的宏观层面数据（各地 60 岁以上农村人口数，基础养老金的省、市县财政补贴等），初步测算的省、市县财政人均财政补贴金额以及人均财政补贴总额见表 2-27。就补贴总额而言，无锡、常州两地的基础养老金补贴总额较高，均超过 1000 元，其中市县财政承担了绝大部分；而徐州、连云港虽然地处经济欠发达的苏北地区，但是人均补贴总额较高，省与市县的财政分担比例基本达到了 1：1，省财政的支持力度较大。

表 2-27　江苏各地新农保的基础养老金补贴金额和比例

地区	60岁及以上农村人口/人	省财政人均补贴金额/（元/人）	市县财政人均补贴金额/（元/人）	人均财政补贴总额/（元/人）	人均财政收入/元	人均市县财政补贴占人均财政收入的比重/%	人均省财政补贴占基础养老金财政补贴的比重/%
全省	7864942	224.81	432.26	657.07	6852.21	6.31	34.21
南京	299336	114.58	426.05	540.63	9978.63	4.27	21.19
无锡	560715	91.58	1814.57	1906.15	13142.15	13.81	4.80
徐州	1026922	304.36	333.98	638.34	3260.30	10.24	47.68
常州	415577	95.39	972.88	1068.26	9669.85	10.06	8.93
苏州*	605166	--	--	--	17138.85	--	--
南通	1273636	202.62	195.24	397.86	4885.60	4.00	50.93
连云港	435875	332.00	313.79	645.79	3564.67	8.80	51.41
淮安	601935	206.12	306.59	512.70	3766.84	8.14	40.20
盐城	1048743	330.04	159.43	489.48	3278.22	4.86	67.43
扬州	564105	187.64	380.67	568.31	4740.35	8.03	33.02
镇江	307135	113.63	367.94	481.58	6690.94	5.50	23.60
泰州	716022	254.65	295.76	550.40	4298.79	6.88	46.27
宿迁	614941	218.24	375.27	593.51	2179.62	17.22	36.77

*注：从 2012 年 1 月起，苏州将新农保与城镇居民社会养老保险整合为一个系统运行，统称城乡居民社会养老保险，因此 2012 年开始苏州没有单独对新农保进行统计，存在数据缺失。

若考虑各地的人均财政收入，可以得到人均市县财政补贴占人均财政收入的比重这项指标，其数值越高表明当地的财政压力越重。全省范围内，各地新农保基础养老金的财政补贴给当地的财政压力平均水平为 6.31%，其中南京、南通、盐城的财政压力在 4% 左右，宿迁、无锡、徐州、常州的财政压力则超过了 10%。由此可知，江苏新农保的各地财政负担存在一定的差距。参照基础养老金标准，无锡和常州的养老金标准远高于 70 元的省统一标准，分别达到 230 元和 110 元，所以相对较高的新农保养老待遇对当地财政造成了一定的压力。另外，宿迁、徐州由于当地的人均财政收入较低，较之其他地区，新农保的地方补贴造成了较大的财政负担。

再结合人均省财政补贴占基础养老金财政补贴比重这项指标，不难发现，宿迁的新农保财政补贴压力较大，但省财政却没有给予更多的关注，省补贴金额仅占基础养老金总额的 36.77%。人均省财政补贴比重最高的是盐城，达到 67.43%，不过其财政压力却低于全省平均水平。整体而言，省财政补贴的分配情况仍然是向经济欠发达地区倾斜，仅在个别地区存在一定的不平衡。显然，在未来的新农保省财政补贴中，不仅要考虑到各地农村老年人口的数量，而且也要考虑到各地的经济发展水平和实际财政承受能力，使得新农保的省级财政支持在公平性、均衡性和有效性方面发挥更加突出的作用。

3. 待遇调整方案

由于江苏新农保的养老金标准是从"低水平"起步的，而且伴随着物价的波动和经济的增长，适时调整养老金待遇是一种必然趋势。其目的在于保障农村老人的最基本生活水平不下降，主要方法通常采用指数化对养老金标准进行调整。然而，"保障农村老人的基本生活水平"是一个相对模糊的目标设定，因为基本生活水平的含义，可以是高、中、低的不同层次，也可以是绝对和相对的分类方法，但不论采用哪种含义，基本生活水平是存在层次性的。所以，养老金调整指数的设计与保障水平的目标定位息息相关，目标定位的差异决定了调整指数的差异[1]。（此处需要说明的是新农保养老金包括两个部分，一个是基础养老金，另一个是个人账户养老金。其中个人账户部分按照制度规定："月计发标准为个人账户全部储存额除以 139"，因而该部分取决于个人的缴费档次和缴费年限等因素，一般政策较难调整。本节重点研究的养老金调整指数及其待遇调整方案主要针对的是基础养老金部分）

（1）生活保障的目标定位

根据《江苏统计年鉴》的分类标准，农村居民的生活消费支出构成分为

---

① 穆怀中. 养老金调整指数研究[M]. 北京：中国劳动社会保障出版社，2008：112-117

八类，分别是食品（包括主食、副食及其他食品和在外饮食）、衣着、居住、家庭设备用品及服务、交通和通信、文化教育娱乐用品及服务、医疗保健和其他商品和服务。包含这八类的生活消费支出体现了农村居民的日常消费水平，反映的是最高层次的基本生活水平。相反，最低层次的基本生活水平主要反映在食品支出方面。同时生活必需品中除了食品之外，还有衣着，这两项构成了基本生存支出。另外，医疗保健支出也应列入老年生活的主要支出，因为虽然医疗保健的弹性较大，严格地说不属于必要支出范畴，但是老人区别于年轻人的最大特点是身体状况逐渐变差，医疗保健需求明显增强，而且其疾病发生率也比年轻人高出很多，所以医疗保健支出也应计入老人的基本生活需求，食品、衣着和医疗三项支出则反映了中等层次的基本生活水平。依据生活保障水平的不同目标定位，在养老金调整指数的设计之初，首先区分最基本生存需求（食品支出）、基本生存需求（食品和衣着支出）、基本消费需求（食品、衣着和医疗保健支出）、日常消费需求（八类生活消费支出）等四个层次的需求水平。

在明确不同保障层次的同时，养老金指数化调整的目标定位还需要考虑发展速度的问题。一种是始终保持已退休者退休初期的购买力水平，称为保持绝对生活水平不变；另一种是随着工作者生活水平的提高退休者的基本生活水平也随之提高，称为保持相对生活水平不变。养老金指数化调整若是仅仅保障绝对生活水平不降低，则是一种低层次的基本保障，而若是定位在相对生活水平上，则体现了高层次的制度目标。

（2）养老金的调整指数

基于上述分析，本部分着重构建江苏新农保的基础养老金调整指数。其建立依据在于经济发展使得农民人均纯收入水平发生变化，这种变化又会影响不同层次生活需要的实际消费支出，而基础养老金要保持它的相对购买力满足一定消费支出需求的话，必须适时作出调整。因此，以凯恩斯的绝对收入假说作为理论基础，结合江苏农村的实际情况，构建江苏农民的消费支出与人均纯收入的线性回归模型：

$$c_t = \alpha + \beta y_{t-1} \tag{2-7}$$

其中，c_t 为第 t 年的消费支出额，y_{t-1} 为第 $t-1$ 年的农民人均纯收入，α 为自发消费，β 为边际消费倾向。另外，模型中所涉及的相应指标及具体数据均在表 2-28 中。

表 2-28　江苏农民各层次实际消费支出和人均纯收入（1990~2011）

年份	人均食品消费支出/元	人均衣食消费支出/元	人均衣食医消费支出/元	人均生活消费支出/元	农民人均纯收入/元
1990	411.6	469.5	492.2	787	884
1991	492.8	558.9	582.8	878	921
1992	521.4	595.4	624.2	953.4	1061
1993	531.6	610	645.1	1058.8	1267
1994	822.9	922.5	966.2	1500.5	1832
1995	1061.4	1188.2	1237.3	1938	2457
1996	1235.6	1401.6	1478.4	2414.4	3029
1997	1216.5	1378	1458.9	2487.7	3270
1998	1117	1252.1	1351.7	2336.8	3377
1999	1025.3	1147	1254.8	2293.6	3495
2000	1017.6	1144.3	1273.8	2337.5	3595
2001	1011.9	1139.8	1286.8	2374.7	3785
2002	1050.4	1188	1330.5	2625.2	3996
2003	1118.6	1259.2	1401.3	2704.4	4239
2004	1341.4	1504.9	1668.1	3035.1	4754
2005	1569.3	1760.4	1958.9	3567.1	5276
2006	1729	1952.3	2184.6	4135.2	5813
2007	1994.6	2245.9	2509.8	4791.7	6561
2008	2202.6	2479	2769.9	5328.4	7357
2009	2275.3	2581.9	2904.9	5804.5	8004
2010	2491.5	2841.5	3203.8	6542.9	9118
2011	2958.2	3366.3	3810.1	7693.3	10805

据表 2-28 所列数据，建立江苏农民各层次实际消费支出和人均纯收入的线性函数式，利用 SPSS 19.0 统计分析软件进行回归分析，主要计量结果如表 2-29 所示。

表 2-29　各层次实际消费支出与人均纯收入的计量结果

模型检验	食品消费支出	衣食消费支出	衣食医消费支出	日常消费支出
回归系数	0.2500	0.2840	0.3278	0.6973
调整的 R^2	0.9679	0.9681	0.9774	0.9888
t 检验	25.1775	25.2687	30.1607	43.1583
P 值（t 检验）	0.0000	0.0000	0.0000	0.0000
F 检验	633.9045	638.5074	909.6689	1862.6393
P 值（F 检验）	0.0000	0.0000	0.0000	0.0000

从表 2-29 可知，在食品消费支出层次，当农民的人均纯收入增加 1 个单位，会使得人均食品消费支出增加 0.25 个单位。这意味着在养老金调整指数的设计中，如果要维持农村居民退休后晚年生活的最基本生存水平完全跟上社会平均水平的变化，那么在人均纯收入增长 1% 时，基础养老金应相应增加 0.25%。同时，还需要考虑通货膨胀对基础养老金带来的损失。所以，要保证农村老人最基本的食品消费完全跟上农民人均收入的变化，养老金的调整指数应该设为：$r_1 = 1 + \pi_{t-1} + 0.25 R_{y,\,t-1}$，其中 π_{t-1} 为第 $t-1$ 期的通货膨胀率，$R_{y,\,t-1}$ 为第 $t-1$ 期人均纯收入的增长率。同理可得其他三个层次的养老金调整指数：

在衣食消费支出层次，$r_2 = 1 + \pi_{t-1} + 0.28 R_{y,\,t-1}$

在衣食医消费支出层次，$r_3 = 1 + \pi_{t-1} + 0.33 R_{y,\,t-1}$

在日常消费支出层次，$r_4 = 1 + \pi_{t-1} + 0.7 R_{y,\,t-1}$

（3）养老金调整的方案设计

新农保养老金调整在方案设计上仍然针对基础养老金部分，因而未对各类人群（如"老人"、"新人"等不同群体）进行制度区分，这也是世界各国在养老金指数化调整机制建立之初所采用的方案。在此，江苏新农保基础养老金未来可以选择的调整方案有三种：

一是低方案：以通货膨胀率为主。该调整指数用公式表达为：$r_0 = 1 + \pi_{t-1} = CPI_{t-1}$。显而易见，这一方案仅仅让养老金免受通货膨胀的侵蚀，并没有体现出经济发展对农民收入的积极影响，是目前各国对养老金指数化调整中采用的最低的调整幅度。

二是中方案：以一定比例的农民人均纯收入增长率为主。为了让更多的农民分享经济发展的成果，在新农保基础养老金调整时可以以农民人均纯收入增长率的一定比例为基础，根据农民不同的消费层次，结合各地财政运行状况，选择适当的调整指数。如前所述，食品消费、衣食消费、衣食医消费和日常消费确定的比例分别为 0.25、0.28、0.33 和 0.7。养老金调整指数可简化为：$r^* = 1 + \pi_{t-1} + \mu R_{y,\,t-1}$，其中 μ 为不同消费层次所对应的比例。

三是高方案：以全部农民人均纯收入增长率为主。该方案的调整指数为：$r_f = 1 + \pi_{t-1} + R_{y,\,t-1}$，它能够使新农保基础养老金与农民人均纯收入的增长率完全一样。从 1957 年到 1992 年，德国养老金的调整使用过这种方案。从公平性的角度来看，该方案可以让"退休"农民充分享受到经济增长的成果，对他们老年生活的保障程度最高，但其对各级政府财政施加的压力也最大。

新农保在制度设计上从"低水平"起步，所以逐步提高基础养老金水平是未来的基本趋势和必然要求。而将这种调整指数化，可以使制度优化与经济发展水平相适应，有利于科学合理的提高养老金待遇。另外，多样化的方案选择，也可以使江苏各地结合自身的实际情况，提升制度发展的适应性和灵活性。

六、对 策 建 议

针对新农保制度的现有问题和发展趋势，提出以下对策建议，以供相关政府部门参考。

1. 加大基层宣传和解释力度，增强农民续保积极性

农民的参保意愿和投保水平的选择很大程度上依赖于基层政府对新农保的引导和宣传，取决于基层各项工作能否得到群众的认可。调查发现，农村居民对新农保存在一些疑问时，无论是老人还是中青年人选择向村干部咨询的均占六成左右，所以需要动员基层工作人员（特别是村干部），加深对新农保工作的了解，尤其是实际操作过程中容易产生疑问的环节，不断深入细致的加强政策的基层宣传力度。

基层宣传主要包括：一是广泛深入的开展制度宣传活动，帮助农民算一笔"养老账"，提高农民的自我保障和互助共济意识；同时要纠正完全依赖新农保制度的错误认识，新农保是对家庭养老的有益补充，还不能完全解决农村养老的社会困境；二是通过电台、电视、报纸杂志、宣传册、黑板报、村广播等各种方式让更多农民持续关注新农保制度，充分了解新农保制度的基本内容，同时不断创新制度宣传的方式方法，创造制度宣传的良好社会氛围；三是宣传范围向特殊人群转变，把未参保人员按照年龄、职业、是否参加养老保险等不同类别进行分类梳理，明确重点宣传人群（例如未参保或未续保的年轻农民）；宣传内容突出心理指导，针对养老存在的认识问题，通过心理指导提高他们对新农保的理解。

2. 适时调整缴费机制，提高老年基本生活保障

现行的新农保制度实行的是分档次的定额缴费制，其优点是缴费额为整数，便于新农保基金的征缴和管理，缺点是不能随着经济的发展而及时提高，缺乏自动调节的机制。国务院在新农保的指导意见中明确提出："国家应根据农村居民人均纯收入增长等情况适时调整缴费档次"，而100~600元的定额机制无法体现农民人均纯收入的每年持续增长，同时如果将定额缴费档次每年进行一次调整也不太现实，可行性和操作性都不强；如果几年调整一次，则个人账户基金的增长速度又会低于农民人均纯收入的增长速度，所以定额缴

费制决定了几年调整一次的个人缴费档次是比较不科学的。

在此，需要充分借鉴城镇企业职工基本养老保险的基金筹集办法，根据江苏农民人均纯收入的一定比例确定缴费标准，即比例缴费制。并且城镇企业职工基本养老保险每年都会根据人均可支配收入的增长相应调整缴费基数，江苏新农保也完全可以借鉴这一点，使保费的缴纳与物价指数、人均收入水平等动态经济指标建立关联性调节机制，以利于缴费标准和待遇享受的同步提高，防止农民年老时领取的养老金相对贬值及预期生活生活水平的过度下降。

3. 建立动态调整机制，逐步提高基础养老金水平

新农保的目的相当明确，即为农民提供老年的基本生活保障。然而过低的给付标准不能保证农民的基本生活所需，同时过高的给付标准又会给政府财政带来沉重的负担。因此，确定适度的新农保基础养老金给付水平成为至关重要的一个环节。

现阶段，新农保仍是一个相对封闭的系统，缴费水平和享受水平都有固定的模式，但这些既定模式已不能适应新农保的长远发展。随着经济的发展，物价水平的提高，基础养老金如果一直停留在一个水平，是不能够满足农民日常基本生活所需的。上文提出了基础养老金调整的方案设计，把农村居民人均纯收入和消费价格指数增长率作为调整标准，代入不同的方案设计。各地区可以根据自己的实际情况和承受能力，建立新农保的动态调整机制，以合理性和动态性原则为基础，逐步提高基础养老金的收入替代水平，切实保障农民基础养老金的实际效用。

4. 持续调整财政补贴格局，确保各级财政的稳定投入

江苏新农保现阶段所取得的成绩，离不开各级政府的大力推动与财政支持，而要建设和完善江苏新农保必须从根本上保证这种财政支持力度的持续性。需要按照以人为本的科学发展观的要求，随着财政收入的增加不断提高

基础养老金标准和对农民的参保补贴。财政加大对新农保的补贴是其应尽的职责，但各级财政承担的压力，尤其是经济欠发达地区的财政压力，也是有目共睹的。因而各级财政要按照尽力而为与量力而行相结合的原则，正确处理好两者之间的关系，通过增加财政收入和调整财政支出结构等手段化解财政压力。

在实际操作中，应结合省以下财政体制改革来考虑，明确省、市、县各级财政对新农保的筹资责任。当前正在积极推行省直管县的财政体制改革，需要重点关注的是这种体制变革对市、县之间财政纽带的弱化，可能会导致市财政对县级新农保补贴责任和意愿的减弱。为此要着力强化省财政对新农保补贴的分配，实行省财政对各县的差异化财政补贴，特别是加大对经济欠发达地区的财政转移支付力度，也为未来过渡到省级统筹奠定基础。

5. 加强基金的监督管理，拓展基金的增值渠道

以县为单位的新农保基金管理体制存在着一定的管理风险。怎样保证基金不被挪用，首先需要强化基金管理的法律依据，尽快完善与基金监管相关的法律规范，主要规范基金征缴、管理、支付、运营等行为，构建一套权责分明的法律体系，对各级保障部门、管理机构进行明确的职责分工，保证新农保基金管理和监督的效果。另一方面，还需要健全新农保基金的信息披露机制，充分发挥社会监督的作用，在一定程度上化解基金的安全风险。

在基金的保值增值方面，出于养老基金安全性考虑，现有规定使得基金的增值渠道单一，加之通货膨胀等因素的影响，新农保基金面临越来越大的养老金刚性支付与基金贬值的压力。建议改变以县级为平衡核算单位的基金管理和运作体制。同时，对新农保基金实行按比例集中存储，分级管理，在省、市两级建立新农保责任准备金和风险准备金制度，分散风险。为使新农保基金保值增值，要创新基金的运行机制：设立专门的基金运营负责机构，可以设在省一级。建议国家出台有关新农保的基金运行政策，待条件成熟时，

允许将一定比例的基金投入资本市场，购买金融债券和企业债券；也可以将一定比例的基金委托给专业的基金管理机构运行，在确保基金安全的前提下实现保值增值。

6. 完善基层经办服务平台，提高管理服务能力

首先，需要完善经办服务平台。新农保是一项政策性很强的长期工作，要加强市、区县、乡镇、村四级新农保经办机构，特别是乡镇和村级基层服务平台的建设，实现"人员、机构、经费、网络、场地、制度"等各个层面的配备；其次，新农保是一项对技术性和专业性要求较高的工作，需要有一支具有高度责任感、良好业务素质的稳定的经办管理队伍。强化新农保经办人员的培训，包括政策基本内容、计算机操作运用、财务和基金等知识的培训，不断提高这些经办人员的专业素质和工作能力；第三，将人员和工作经费纳入同级财政预算，切实增强管理能力和服务水平，这是保证经办机构提升管理服务水平的关键；第四，加快信息化管理体系建设，利用现代化的信息管理手段来统筹管理新农保的参保缴费等相关信息，提高其信息处理能力和人员工作效率。

7. 探索与其他制度的衔接机制，做好各项制度的组合配套

新农保制度在运行中不可避免会涉及与老农保的制度衔接，与农民工养老保险、农村低保、农村计划生育家庭奖励扶助政策等的衔接，在未来发展中还涉及与城镇养老保险制度的衔接。如何实现有效衔接，是新农保制度运行中必须妥善解决的问题。既要努力实现对各类参保人员的经济保障，又要尽力减少管理漏洞，尽量避免出现管理真空，防止出现衔接不当引发的不稳定因素。与其他保障制度的有效衔接是新农保可持续发展，实现其社会政策目标的重要条件。

江苏的指导意见中已经明确各地在推行新农保过程中，可采取折算、补

差等办法，处理新老农保的制度衔接问题。同时，目前江苏新农保的发展趋势中多地将其纳入了城乡居民基本养老保险的制度框架中，整合了新农保与城镇居民基本养老保险。至于与农民工养老保险、被征地农民基本生活保障、农村低保、五保供养等制度的配套衔接，关键在于制度建设、技术支撑和政策执行，可以在条件比较成熟的地区先行试点探索，总结经验，逐一解决。

第三章 江苏新型农村合作医疗发展报告

一、新型农村合作医疗发展历程

我国的农村合作医疗萌芽于 20 世纪 30 年代末，建立于 50 年代，兴盛于 60 至 70 年代，衰落于 80 年代。在计划经济时期，合作医疗制度、基层医疗预防保健网络（机构）、赤脚医生被公认为解决我国传统农村医疗卫生保障问题的三大法宝，1980 年全国农村约有 85% 的行政村实行合作医疗保健制度，覆盖了 85% 的农村人口。但随着农村家庭联产承包责任制的实行，旧的以公社为基础的农村合作医疗随之瓦解。90 年代进行农村合作医疗的恢复与重建，但未能取得如期效果。在进入新千年之际，我国的卫生事业，特别是农村卫生事业面临着巨大挑战，这些挑战引起了政府的高度重视。在促进"均衡发展"，创建"和谐社会"的大背景下，农村卫生改革被视为重要举措之一。2003 年 1 月，国务院办公厅转发了卫生部、财政部等部门《关于建立新型农村合作医疗制度的意见》，明确要求"从 2003 年起，各省、自治区、直辖市至少要选择 2~3 个县（市）先行试点，取得经验后逐步推开，到 2010 年，实现在全国建立基本覆盖农村居民的新型农村合作医疗制度的目标，减轻农民因疾病带来的经济负担，提高农民健康水平。" 至此，新型农村合作医疗制度在全国铺开，截至 2011 年年底，全国共有 2637 个县（市、区）开展了新型农村合作医疗，参合人口达到 8.32 亿，参合率为 97.5%，部分省市农村合作医疗已经覆盖所有的县（市、区），当年已筹集合作医疗资金 2047.6 亿元，人均筹资 246.2 元，补偿受益人次达到 13.15 亿人次。

江苏农村合作医疗的发展历程与全国基本一致，经历了传统的农村合作医疗阶段、新农合试点阶段、试点推广阶段和全面推广阶段。江苏合作医疗最早兴起于 1955 年常熟市，在 50 多年的发展中，虽然历经一些反复，但各时期的合作医疗覆盖率一直处于全国较高水平。1994 年江苏开始在传统合作医疗中引入保险机制，将目标定位从解决缺医少药问题逐步转到缓解因病致贫和因病返贫的矛盾上。2001 年，江苏省人大常委会颁布施行《江苏省农村初级卫生保健条例》，明确将"大额费用合作医疗保险"作为全省农村合作医疗的主导发展模式。2002 年，省政府在全国率先设立了 2000 万元的大额费用合作医疗专项扶持资金，主要对苏北经济欠发达地区和黄桥、茅山老区进行补助。2003 年起，新型农村合作医疗开始试点，2004 年进入试点推广阶段，到 2005 年年底，全省所有县（市、区）全部建立起新型农村合作医疗制度，提前实现了国家提出的新农合全覆盖的要求。

1. 试点阶段

2003 年 7 月 18 日，江苏省政府发布了《省政府关于在全省建立新型农村合作医疗制度的实施意见》（以下简称《意见》），明确了建立新型农村合作医疗制度的目标任务，要求 2003 年内在苏北五市各选择 1 个县（市、区），其他省辖市至少选择 1 个县（市、区）进行新农合试点；2004 年试点县（市、区）新农合覆盖率不低于 60%，第二年不低于 80%；到 2005 年，在全省建立基本覆盖农村居民的、以大病统筹为主的新型农村合作医疗制度，并坚持以政府引导、多方集资、以收定支、保障适度为基本原则，重点解决农民因病致贫、因病返贫问题。

2003 年 9 月 16 日，根据《意见》，确定新沂市、淮阴区、盐都县、赣榆县、沭阳县、高邮市、海安县、姜堰市、句容市、金坛市为首批新型农村合作医疗试点县（市、区）。2003 年省、市、县财政共安排新农合试点补助经费 1.09 亿元，其中省财政补助 0.546 亿元。各市成立了新型农村合作医疗管理委员会，并在参合缴费、报销补偿等方面进行了积极的探索和实践，试点工作取得了一定成效。据省新型农村合作医疗办公室的统计，2003 年，江苏新农合试点县的人口覆盖率达到 85.03%，各类基金到位率达 99%以上。

2. 试点推广阶段

2004 年新型农村合作医疗进入试点推广阶段。为及时掌握各地新型农村合作医疗的工作进展，新农合办公室发布了《关于建立新型农村合作医疗工作报表制度的通知》，在全省建立起新农合工作双月报制度。2004 年 3 月省卫生厅又发出《关于规范新型农村合作医疗双月报口径的函》，明确了新型农村合作医疗制度的认定标准、实际参保率、基金结报时间等项目的统计要求，并要求对未开展新型农村合作医疗工作的县也要做零报告。为规范全省新型农村合作医疗管理工作，提高科学化管理水平，省卫生厅组织开发了新型农村合作医疗计算机管理信息系统，经过一些县（市）的试用和完善，2004 年 3 月起在全省面上推广。

各地区在中央及省卫生厅等部门的指导下，因地制宜地制定了相关政策措施，不断改进新型农村合作医疗实施办法。例如，金湖县委托县人寿保险公司承办新型农村合作医疗支付业务，为规范补偿支付工作，县合管办强化了七个方面的制度建设，包括培训学习制度、服务承诺制、拨款审批制、定期会办制、信息报告制、补助公示制、监督检查制。盐城市为解决合作医疗筹资难问题，印发了《盐城市新型农村合作医疗实施细则》，对合作医疗机构与职责、组织实施、资金运作等作出规定，改变以往由乡村干部及乡村医生挨门逐户收取农民个人参合费用的模式，由乡（镇）农税或财税部门一次性代收，并开具由省财政厅统一监制的专用收据。泰州市积极推行定期公示制、举报奖惩制和审计报告制，严把入院关、用药关和审批关，积极推行计算机结报方式，杜绝人情。

在新型农村合作医疗试点推广时期，江苏省各试点县（市、区）加强组织领导，规范基金筹集、使用与监管，工作卓有成效。截至 2004 年年底，全省共 88 个县（市、区）启动实施了以大病统筹为主的新型农村合作医疗制度，县参合率达到 91.6%，受益人口共 3401.9 万，人口覆盖率达到 71.8%，以省辖市为单位，新农合在各市的人口覆盖率均达到 60% 以上。

3. 全面普及阶段

在经过试点阶段和试点推广阶段后，江苏新型农村合作医疗的筹资水平、补偿机制、管理模式、监管方式等各方面都不断完善，2005 年进入全面普及阶段。为进一步规范新型农村合作医疗的管理，2005 年 3 月 8 日，省财政厅、卫生厅下发了《关于进一步加强新型农村合作医疗管理的意见》，同月，为促进新农合的持续健康发展，省卫生厅在总结试点县运行情况的基础上，发布了《关于新型农村合作医疗费用补偿的指导意见》。2006 年省财政对经济薄弱地区参合人员补助标准从每人每年 15 元提高至 30 元。截至 2006 年年底，全省所有县（市、区）都启动了新型农村合作医疗，覆盖的农业人口达到 4087万，参保率达到 90.5%，位居全国首位。

2008 年，按照"增加补助、扩大受益、强化管理、巩固提高"的总体要求，省卫生厅发布了《先进新型农村合作医疗办公室评审标准》，以推进新农合规范管理，进一步加强新农合管理办公室建设。同年 10 月，为提高全省新农合管理信息系统规范化建设水平，省卫生厅制定了《江苏省新型农村合作医疗管理信息系统建设实施方案》，新农合信息平台建设是该时期新农合的工作重点之一。11 月，为落实卫生部、财政部《关于做好 2008 年新型农村合作医疗工作的通知》，省卫生厅、财政厅、民政局发布了《关于进一步加强新型农村合作医疗制度建设的通知》，要求强化制度建设和规范化管理，建立督办督查制度、年度审计制度，严格执行新农合基金财务管理办法和会计核算办法。截至 2008 年年底，江苏省参合人口 4454 万人，参合率保持在 95% 以上，全省各市、县（市、区）参合率都达到 95% 以上。共筹集新型农村合作医疗基金 54.75 亿元，最低筹资标准提高到 100 元，最高达到 300 元。

2009 年 9 月，为贯彻落实《中共中央、国务院关于深化医药卫生体制改革的意见》、《国务院关于医药卫生体制改革近期重点实施方案（2009~2011年）》，卫生厅、财政厅等部门发布了《关于完善和发展新型农村合作医疗制度的意见》，要求稳定参合率、逐步提高筹资水平，调整补偿方案使更多农民受益，加大基金监管力度，规范医疗服务行为并控制医药费用的不合理增长，健全管理经办体系，加强新农合与其他相关制度的衔接，例如农村医疗救助制度、城镇居民基本医疗保险、城镇职工基本医疗保险制度。

为推进新农合支付方式改革，2010 年 4 月，省卫生厅制定了《江苏省新型农村合作医疗支付方式改革试点方案》，提出逐步改变以往按项目付费为主体的医疗费用后付制，实行包括总额预付、定额付费、按病种付费、按人头付费等相结合的综合付费以及按病种付费两种改革试点，要求每个市选择 1 个县（市、区）开展综合付费方式改革试点，在 50%以上的县（市、区）开展按病种付费试点。同年，国务院将提高农村儿童白血病、先心病医疗保障水平作为 2010 年度医改五项重点改革工作任务之一，根据卫生部部署，江苏启动了提高农村儿童重大疾病医疗保障水平试点工作，确定六合区、江阴市、丰县等 14 个新农合统筹地区先行展开试点。当年年底，为缩小新农合地区间补偿待遇差异，加快推进异地就医即时结报工作，省卫生厅发布了《关于规范和完善新型农村合作医疗补偿方案的通知》，对新农合补偿的基本规则进行了统一，包括统一的住院和门诊统筹相结合的补偿模式、基金分配、药品报销目录、实施门诊特殊病种补偿；设定了新农合的补偿比例标准；规范了异地就医补偿；并要求推进新农合补偿方案的基本统一。

2011 年 2 月，为方便异地就医参合人员即时报销医药费用，加强统筹区域外定点医院服务监管，省卫生厅发布了《关于推进新型农村合作医疗异地就医联网即时结报工作的实施意见》，要求 2011 年各新农合统筹地区经办机构要与不少于 5 家符合联网结报条件的医院签订定点服务协议，参合人员异地就医联网即时结报率不低于 70%。同年 3 月，《江苏省新型农村合作医疗条例（草案修改稿）》（以下简称为《条例》）出台，该条例作为全国第一部新农合地方法规，构建了江苏省完整的新型农村合作医疗制度框架。《条例》明确了政府补助资金为主导的地位，规定筹资标准不低于上年度农民人均纯收入的 3%，并应高于国家最低标准，其中个人缴费比例一般不超过筹资标准的 20%；新农合基金提取的风险基金累计不得超过当年筹集基金总额的 10%，新农合基金当年基金结余（含风险基金）应不超过当年筹集基金总额的 10%，累计结余不超过当年筹集基金总额的 20%；值得一提的是，根据基金结余情况，对已获得大额医药费用补偿的参合者按规定给予再次补偿是该时期新农合制度一大亮点。

在全面提高农村儿童重大疾病和终末期肾病医疗保障水平的基础上，江苏将乳腺癌、宫颈癌、耐多药肺结核、重性精神疾病等纳入重大疾病医疗保障实施范围，并确定徐州市开展提高艾滋病机会性感染医疗保障试点，全年累计救治病例 1.3 万余例。除此之外，进一步推行支付方式改革，选择 20 个左右的病种在县级医院开展按病种付费，在基层机构实行门诊总额预付，22 个统筹地区次均住院费用实现负增长；并全面开展异地就医即时结报服务，21 家三级医院实现与省信息平台联结。

二、新型农村合作医疗发展现状

江苏新型农村合作医疗制度自 2003 年试点实行以来，取得了显著成绩，在制度设计、发展规模、运行成效等各方面均处于全国领先水平。根据江苏省财政厅提供的相关数据和历年《我国卫生事业发展统计公报》和历年《中国卫生统计提要》，本节分析 2011 年江苏新型农村合作医疗制度的发展现状。

1. 覆盖面

2011 年，江苏农户参合率已实现全覆盖，其中，贫困户参合率也实现了全覆盖；参合人数达到 4296 万人，人口参合率为 99.72%，高于全国 97.5% 的人口参合率水平。新农合基本实现农村居民全覆盖，为新农合的有效运行提供了基本保证，实现了人人享有基本医疗保障的目标。

2. 基金筹集

2007 年，新农合共筹集基金 33.7 亿元，到 2011 年筹资总额已增长达到 114.4 亿元，占当年全国新农合筹资总额的 5.6%，2007~2011 年间年均增长 35.8%（图 3-1）。

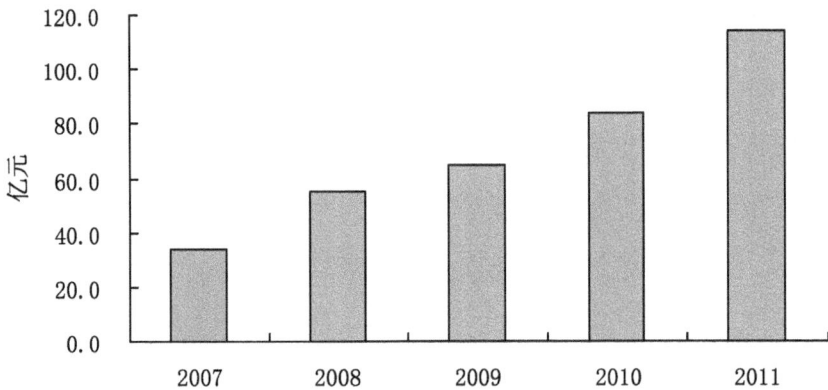

图 3-1　近五年来江苏新农合筹资总额

新农合基金来源于省级财政、市财政、县财政、乡镇财政以及农民自付，其中省级财政和县财政筹资比重所占份额最大，2011 年分别筹集资金 42.2 亿元、36.4 亿元，市和乡镇财政分别筹资 2.7 亿元、11 亿元，农民自付累计 21.7 亿元。筹资比例如图 3-2 所示。

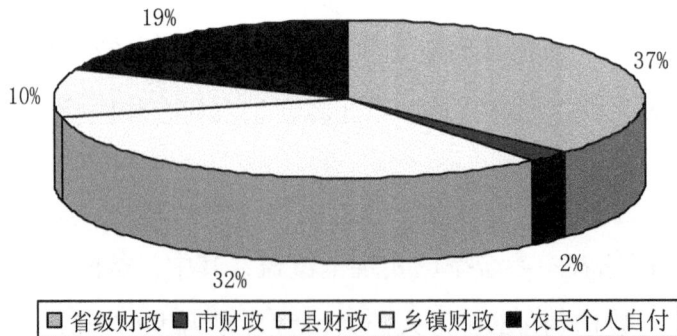

图 3-2　2011 年江苏新型农村合作医疗筹资比例

从人均筹资额来看，2011 年新农合人均筹资 267 元，高于全国 246 元的平均水平。其中，农民人均负担 50 元，省、市、县、乡镇分别筹资 99 元、6 元、85 元、26 元。

3. 补偿模式

新型农村合作医疗统一实行住院统筹和门诊统筹相结合的补偿模式，不设立家庭账户。新农合基金按照支付类别分为住院统筹基金和门诊统筹基金。住院统筹基金用于参合人员的住院医药费用补偿，一般占当年筹资总额的 70%~80%，门诊统筹基金主要用于参合人员在乡、村两级医疗卫生机构普通门诊医药费用的补偿，以及门诊特殊病种的医药费用补偿。

在新农合费用支付方面，2010 年制定了《江苏省新型农村合作医疗支付方式改革试点方案》（以下简称《方案》），目的在于推动新农合支付方式改革。《方案》要求从以往按项目付费为主体的医疗费用后付制，逐步改变为实行总额预付、按单元、按病种、按人头付费的医疗费用预付制。2011 年住院及门诊费用支付采取部分按病种付费、部分按服务项目付费的方式。

在新农合的费用报销方式上，对住院及门诊费用均实行即时结报，即参合农民在出院或就诊时可得到医疗费用的直接减免，实现即时补偿。为方便群众获得便捷的即时补偿服务，2010 年省卫生厅要求推进异地就医即时结报，将通过省、市级卫生行政部门审核并确认公布的新农合定点医疗机构纳入全省新农合管理信息系统，确保参合人员异地就医信息实现在线全过程管理。

新农合补偿比例方面，按照"以收定支、收支平衡、尽力保障、略有结余"的原则，综合考虑基金总量、医疗需求增长和医疗服务能力等因素，对门诊和住院实行不同的补偿比例（见表 3-1）。住院最高支付限额设定为当地农村居民上一年度人均纯收入的 8 倍以上，不分医疗机构级别，每人每年封顶线约为 8~21 万。

表 3-1　2011 年江苏省新农合补偿比例

住院	
在乡镇医院住院起付线/元	100~300
报销比例/%	65~90
在县医院住院起付线/元	300~500
报销比例/%	55~70
在县以上医院住院起付线/元	500~800
报销比例/%	30~50
门诊	
门诊报销起付线/元	0
报销比例/%	20~50
封顶线/元	200~2000

资料来源：根据江苏省财政厅提供的数据整理。

4. 补偿和受益水平

（1）补偿受益水平逐年提高，远高于全国平均水平

随着覆盖面以及筹资规模的不断扩大，参合人员补偿受益水平不断提高。2011 年全省共 322.75 万人次获得新农合住院补偿，9050.89 万人次获得门诊补偿，另外有 1301.7 万人次获得体检补偿，12.48 万人次获得住院分娩补偿，30.77 万人次获得特殊病种门诊补偿。补偿人次总计 10718.59 万人次，人均补偿受益次数为 2.495 次，远高于全国平均水平 1.581 次。其中，门诊住院补偿人次数、体检及其他补偿人次数均高于全国平均水平，但住院补偿受益人次数低于全国平均水平。

表 3-2　2011 年江苏及全国新农合补偿情况

2011 年	江苏		全国	
	补偿人次/万人次	人均补偿受益/次	补偿人次/万人次	人均补偿受益/次
住院	322.75	0.075	7000	0.084
门诊	9050.89	2.107	116700	1.403
体检及其他	1344.95	0.313	7800	0.094
补偿总计	10718.59	2.495	131500	1.581

资料来源：资料来源：江苏省财政厅及《2011 年我国卫生事业发展统计公报》。

图 3-3 描述了 2007~2011 年江苏新农合受益人次数以及受益率的变化情况。2007 年江苏新农合受益人次数为 5853.51 万人次，2011 年已增加至 10718.6 万人次，此时期内受益率相应由 134.7% 提高至 204.9%。江苏参合居民新农合受益率远高于全国平均水平。2007~2011 年间，全国新农合受益率由 62% 提高至 158.1%，年均增长 26.4%，同期江苏新农合受益率由 134.7% 提高至 249.5%，年均增长 16.7%。

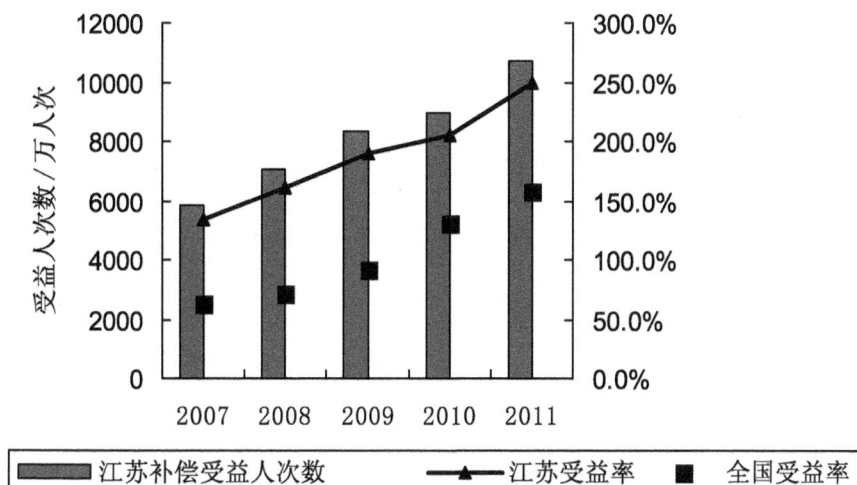

图 3-3　江苏及全国参合居民新农合受益水平

受益率=受益人次/参合人数×100%

（2）新农合门诊、体检及其他受益率高于全国平均水平，住院受益率较低

根据住院、门诊、体检补偿人次数以及参合总人口数，可以分别计算出住院受益率、门诊受益率、体检受益率。图 3-4 显示，门诊受益率最高，约为 210.7%，远高于全国 140.3% 的平均水平；住院受益率相对较低，仅有 7.5%，低于全国 8.4% 的平均水平；参合农民的体检及其他受益率优于全国平均水平，高达 31.3%。实施了住院分娩补偿和特殊病种大额门诊补偿制度，并规定统筹地区可以根据新农合基金的使用情况，选择适宜的参合对象开展健康体检，这些措施大大提高了居民的受益程度，也使新农合基金得到更有效使用。

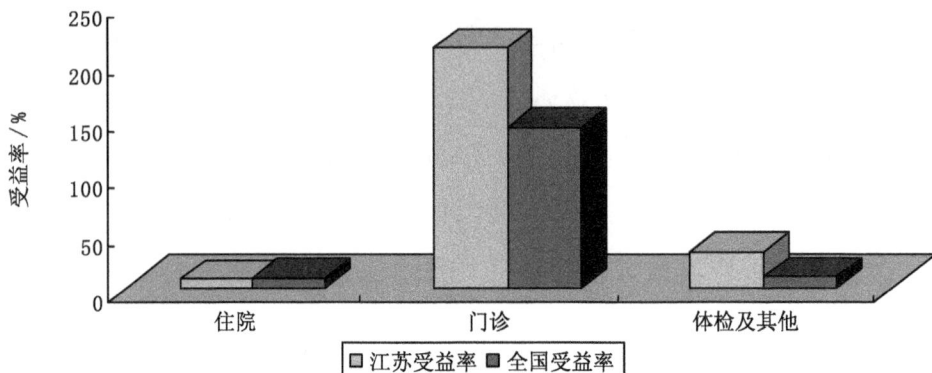

图 3-4　2011 年江苏及全国新农合受益率

（3）减轻参合居民大病经济负担的效果显著

2011 年江苏新农合基金住院补偿总额约 861116.7 万元，门诊补偿总额约 151172.91 万元，体检补偿总额约 6972.34 万元，住院分娩补偿总额约 11271.39 万元，特殊病种大额门诊补偿总额约 21589 万元，各项补偿总额共计约为 105.21 亿元。

分住院和门诊补偿两类来看，如表 3-3 统计所示，参合居民全年住院总费用约为 1708654.88 万元，住院补偿人次数为 322.75 万人次，住院补偿总额约为 861116.70 万元；参合居民门诊总费用为 58.19 亿元，门诊补偿人次数为 9050.89 万人次，门诊补偿总额约为 15.12 亿元。住院和门诊实际补偿比例分别为 50.4% 和 25.98%。除了住院医疗费用外，对经济负担影响最大的还有一些特殊重大疾病医疗费用。数据显示，江苏参合居民全年特殊病种大额门诊总费用约为 42693.65 万元，补偿 307695 人次，补偿总额约 21589 万元，补偿比例达到 50.57%。

从参合居民的门诊和住院次均费用及补偿费用来看，2011 年江苏参合居民次均住院费用为 5293.85 元，次均门诊费用为 64.29 元，与上年相比分别增长了约 7.79% 和 5.58%（如图 3-5）。

表 3-3 2011 年新农合次均住院补偿费用及次均门诊补偿费用

项目	住院	门诊
补偿人次数/万人	322.75	9050.89
总费用/万元	1708654.88	581881.89
补偿总额/万元	861116.70	151172.91
次均总费用/元	5293.85	64.29
次均补偿费用/元	2668.10	16.70
次均自付费用/元	2625.75	47.59
实际补偿比例/%	50.40	25.98

资料来源：江苏省财政厅。

注：实际补偿比等于实际补偿费用除以总费用再乘以 100%，或等于次均补偿费用除以次均总费用再乘以 100%。

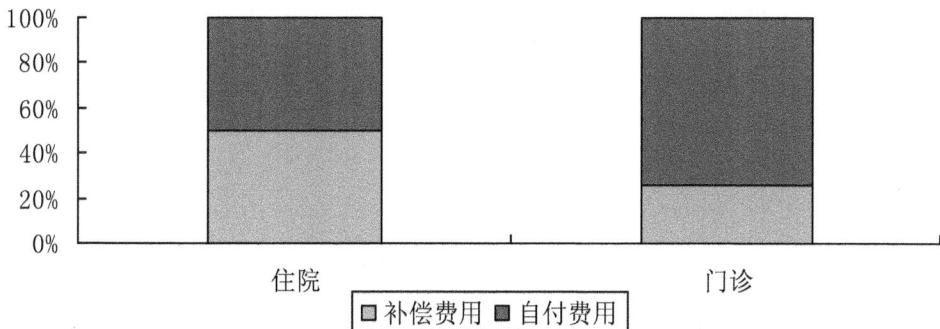

图 3-5 2011 年江苏新农合住院实际补偿比和门诊实际补偿比

　　为进一步考察新农合对缓解农民疾病负担的经济效果,图 3-6 测算了 2011 年农村居民次均住院总费用、次均自付住院费用占农民人均年消费支出, 以及占家庭人均年纯收入的比例。据江苏省统计局数据, 2011 年江苏农村居民家庭人均年纯收入为 10805 元, 人均生活消费支出为 7693 元, 计算得到江苏农村居民次均住院总费用占人均年消费支出的比例为 68.8%, 占人均年纯收入的比例为 49.0%, 表明大病将会给农村居民带来沉重的经济负担;但当农民获得新农合补偿后, 次均自付住院费用占人均年消费支出的比例降至 34.1%, 占人均年纯收入的比例降至 24.3%。

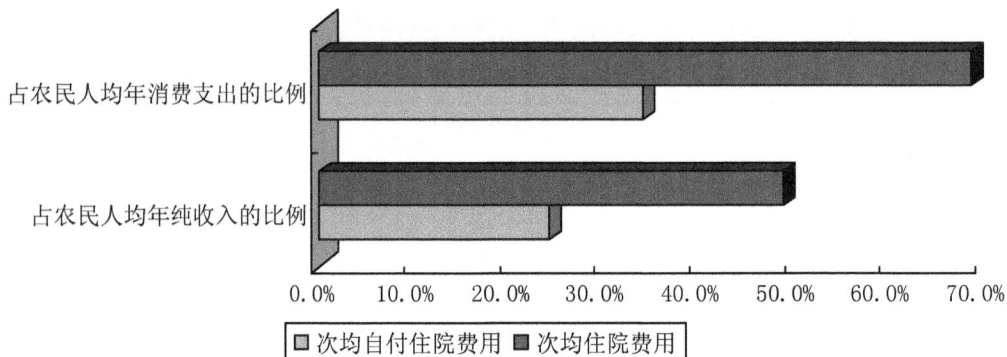

图 3-6　2011 年江苏农村居民住院费用的负担比例

从以上分析可以看出，大病及住院的补偿比例均高于门诊补偿比例，并且补偿比例均在总费用的一半以上，新农合补偿后大大降低了参合农民的疾病经济负担，说明新农合对减轻参合居民经济负担的成效是显著的。

5. 管理情况

（1）管理机构人员及经费

2011 年，江苏新型农村合作医疗管理机构定编人数共 706 人，实有人数 839 人。当年实现经费收入约 9098.83 万元，其中，财政拨款 8696.3 万元；经费总支出约 9217.12 万元，主要用于人员支出、公用支出、专项支出及其他，年度基金使用率为 92.69%。

（2）管理工作概况

新型农村合作医疗管理办公室对定点医疗机构的工作行使监督职能，管理办公室内均有介绍新农合具体过程和责任的图表，以提高管理机构工作人员的职业技能，增强其责任心。为增强新农合工作的透明度，提高新农合工作的效率和农民的满意度，全省实施公示制，向参合农民公示费用支付情况，并设置投诉电话或意见箱。为让农民更好地了解新农合制度，积极采取多种措施对新农合制度进行广泛宣传，包括在乡镇卫生院、村卫生室或村委会张贴宣传，对农民发放宣传单，以及通过广播、报纸、会议宣传等。

（3）信息化管理

建立了新型农村合作医疗信息管理系统，信息化管理率在全省 13 个市（县）均达到 100%。信息管理系统功能强大，可实现参合管理、补偿管理、基金管理、会计核算、统计报告、配置维护、基线调查、方案测算、检测评价、服务评价、决策分析、健康档案管理、参合群体分析和疾病信息检测等。

三、新型农村合作医疗运行状况的区域比较

鉴于江苏省苏南、苏中和苏北地区的经济差异，本节进一步对该三大区域新型农村合作医疗的发展情况进行区域比较，以了解各区域新农合的发展状况、特征及成效。

1. 覆盖面的区域比较

图 3-7 统计了 2011 年江苏各地区新型农村合作医疗的人口参合率，各地区新农合人口参合率均在 99% 以上，高于全国 97.5% 的平均水平。其中，苏南地区人口参合率最高，达 99.94%，超过了江苏平均水平；苏中和苏北地区人口参合率略低于省平均水平，分别为 99.63% 和 99.59%。在 13 个省辖市中，南京、无锡、常州、镇江已实现了新农合的全覆盖，人口参合率达 100%。

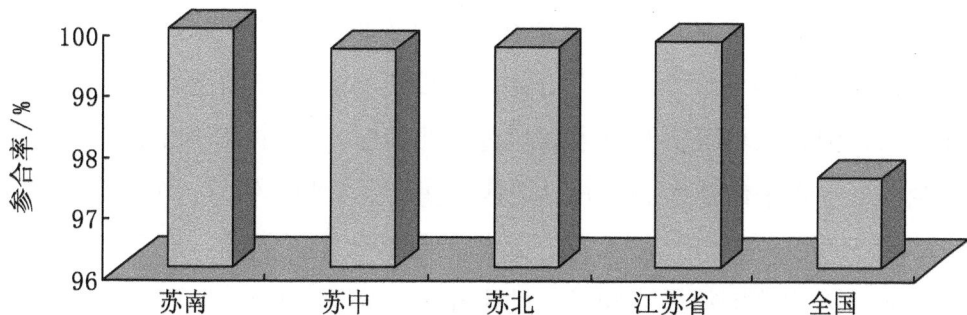

图 3-7　2011 年三大区域农村居民参合率

2. 基金筹集的区域比较

（1）新农合基金筹资总额及人均筹资总额

从新农合基金筹资总额上看，2011 年全省共筹资 1143876.04 万元，其中苏北地区筹资 529081.6 万元，所占份额最高，约为 46%；苏南地区筹资 327207 万元，约占总额的 29%；苏中地区筹资 287587.46 万元，约占总额的 25%。如图 3-8 所示，13 个省辖市中徐州筹资总额最多，共 148856.22 万元，占全省筹资总额的 13%；其次为盐城，筹资 136656.18 万元，占全省筹资总额的 12%；南通位居第三，筹资 129942.79 万元，占全省筹资总额的 11%。

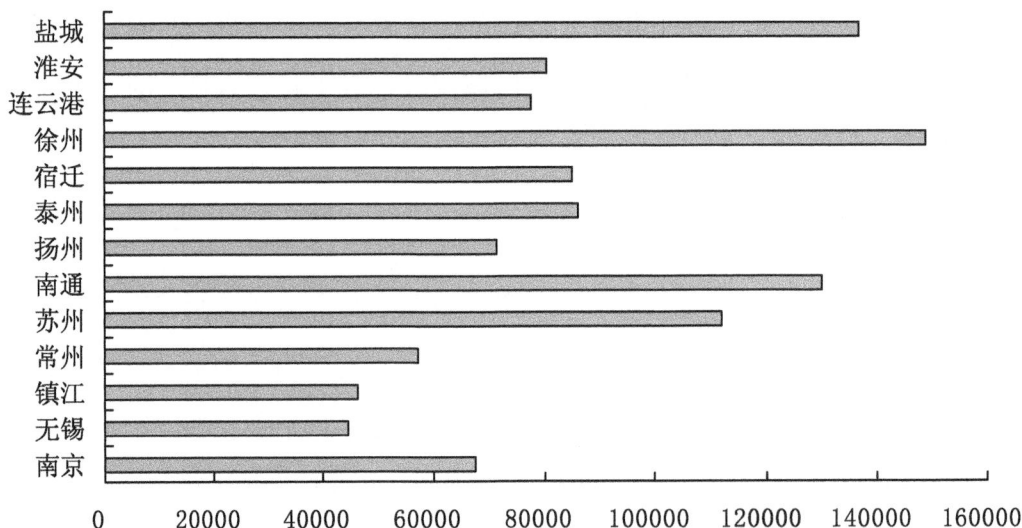

图 3-8　2011 年 13 个省辖市新农合筹资总额（单位：万元）

从人均筹资额来看，2011 年全省新农合人均筹资 267 元。其中，苏南地区 371 元，苏中地区 255 元，苏北地区 232 元。虽然苏南地区筹资总额低于苏北地区，但其人均筹资水平远远超过苏北地区。13 个省辖市中，人均筹资高于全省平均水平的依次为苏州、无锡、南京、常州、镇江，分别为 475 元、401 元、356 元，306 元、290 元；最低的是徐州、连云港、淮安、宿迁，均为 230 元，人均筹资额最高和最低的市相差一倍多。（图 3-9）

新农合筹资总额的多少与各地区参合人数密切相关，也与该地区农村居民总人口相关。例如徐州市，农村人口多，参合人数也多，筹资总额虽然最高，但人均筹资额却为各市最低，只有 230 元；筹资额相对最少的为无锡，约 4.44 亿元，人均筹资额却相对较高，达到 401 元。

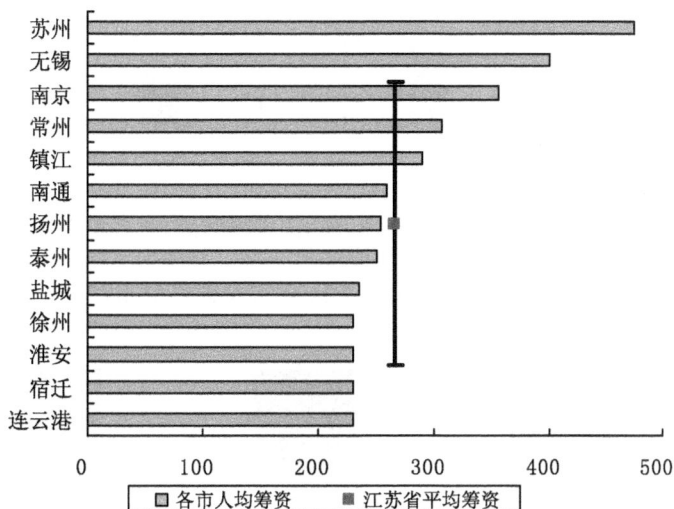

图 3-9 2011 年 13 个省辖市新农合人均筹资额（单位：元/人）

（2）新农合筹资额构成

从新农合基金筹集来源来看，从图 3-10 中清晰可见，苏北地区获得的省级财政补贴最高，约占全省财政补贴的 72%；乡镇自筹及农民自付资金最高的均为苏南地区。省级财政补贴倾向于经济不发达地区的制度设计在一定程度上体现了医疗筹资的公平性原则。

综合比较江苏三大区域新农合人均筹资的构成情况（图 3-11）可以发现，苏北地区新农合基金筹集主要依赖于省级财政，133 元/人的省财政补贴占到人均筹资总额的 57%，农民人均自付资金在全省最少，约为 31 元/人。省级财政对苏南地区补贴 32 元/人，县财政补贴 130 元/人，乡镇财政补贴 90 元/人，农民自己负担 97 元/人。苏中地区介于苏南和苏北之间，省财政给予补贴 83 元/人，市财政补贴 2 元/人，县财政补贴 91 元/人，乡镇财政补贴 26 元/人，农民自付 53 元/人。

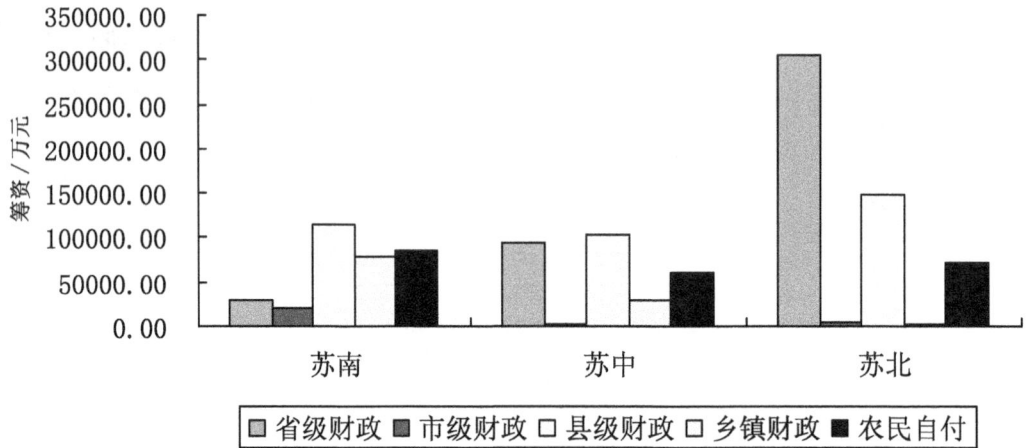

图 3-10　2011 年三大区域新农合筹资来源

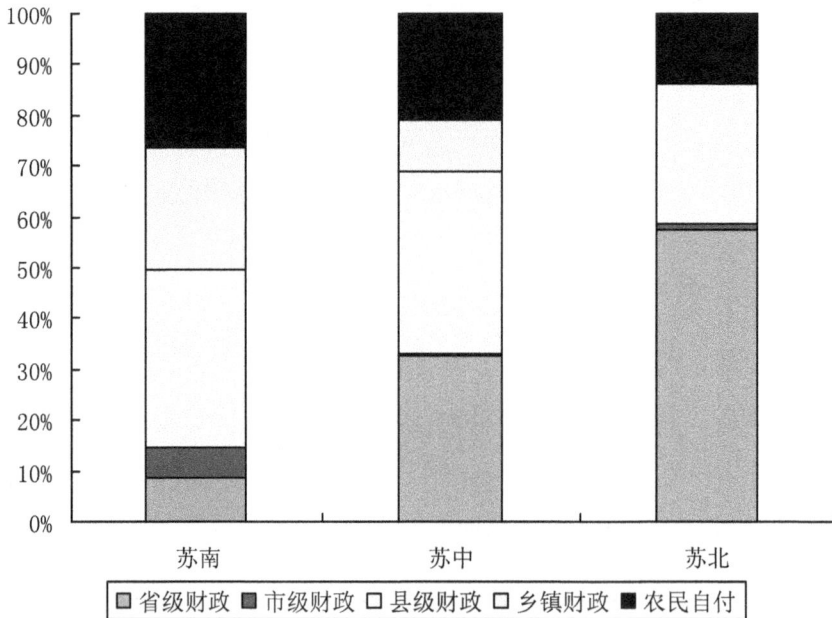

图 3-11　2011 年三大区域新农合人均筹资构成

3. 补偿受益水平的区域比较

（1）苏北新农合补偿总人次最多，苏南人均补偿次数最高

2011 年，在全省获得新农合补偿的 10655.6 万人次中，苏北补偿总人次

最高，共 5367.7 万人次，苏南补偿总人次最少，共 3135.4 万人次，苏中居中。各地区补偿总人次数的多少在一定程度上与地区农村人口和参合人口的多少有关，因而比较各地区的人均补偿次数更有意义。如表 3-4 所示，2011 年苏南人均补偿次数最高，约为 3.55 人次，苏中人均补偿次数最低，约为 1.91 人次。再观察新农合各种补偿项目的补偿情况，与住院医疗服务相比，获得门诊医疗服务补偿的人次数最多，其中以苏北最多，但苏南的人均门诊补偿人次最高；获得体检及其他补偿的人次超过了住院补偿人次，体检及其他补偿总人次和人均体检补偿受益人次最多的均为苏北，住院补偿总人次最少的为苏中。

表 3-4 2011 年三大区域新农合补偿情况

	苏南		苏中		苏北	
	人次数/万人次	人均补偿次数/次	人次数/万人次	人均补偿次数/次	人次数/万人次	人均补偿次数/次
门诊补偿	2792.5	3.16	1906.0	1.69	4321.7	1.89
住院补偿	85.6	0.10	82.2	0.07	157.7	0.07
体检及其他补偿	257.3	0.29	164.4	0.15	888.3	0.39
补偿总计	3135.4	3.55	2152.5	1.91	5367.7	2.35

资料来源：根据江苏省财政厅数据整理。

（2）苏南农村居民新农合受益率最高，苏中最低

2011 年全省农村居民新农合受益率为 249.5%，高于全国新农合补偿受益率 158.1% 的平均水平。从三大区域的平均水平来看，苏南地区受益率最高，为 354.4%，苏中地区受益率最低，为 190.4%，苏北地区居中，受益率为 235.4%。三个地区补偿受益率均高于全国平均水平。

进一步考察 13 个省辖市农村居民新农合受益率（图 3-12）的情况，受益率高于省平均水平的依次为苏州、南京、徐州、盐城、镇江，分别为 530.76%、417.42%、327.52%、302.48%、300.11%；低于全国平均水平的有宿迁、淮安、泰州，分别为 66.78%、130.27%、133.67%。

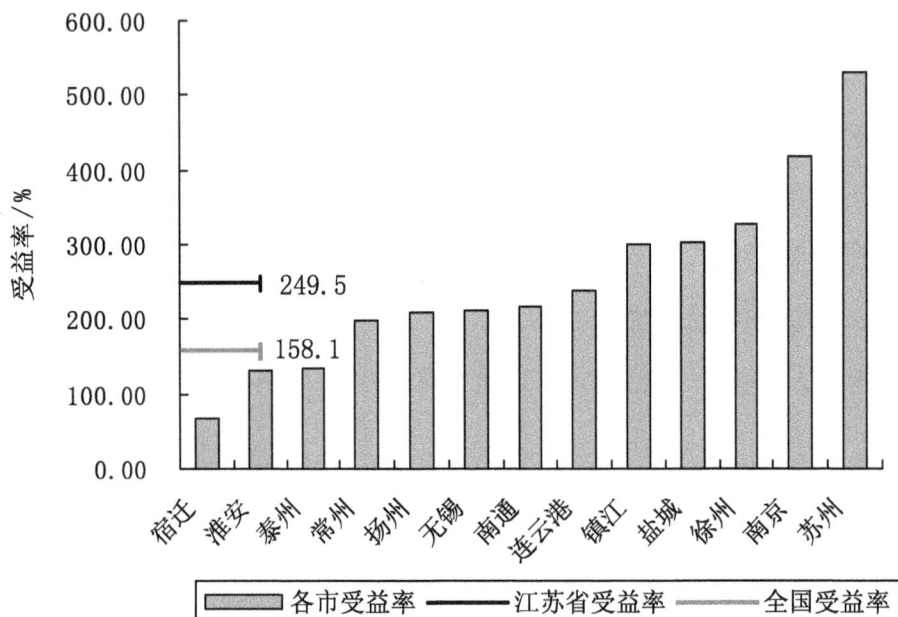

图 3-12　2011 年各市农村居民新农合受益率

（3）新农合门诊受益率最高，住院受益率最低

图 3-13 按照新农合的补偿项目区分，描述了 2011 年苏南、苏中、苏北

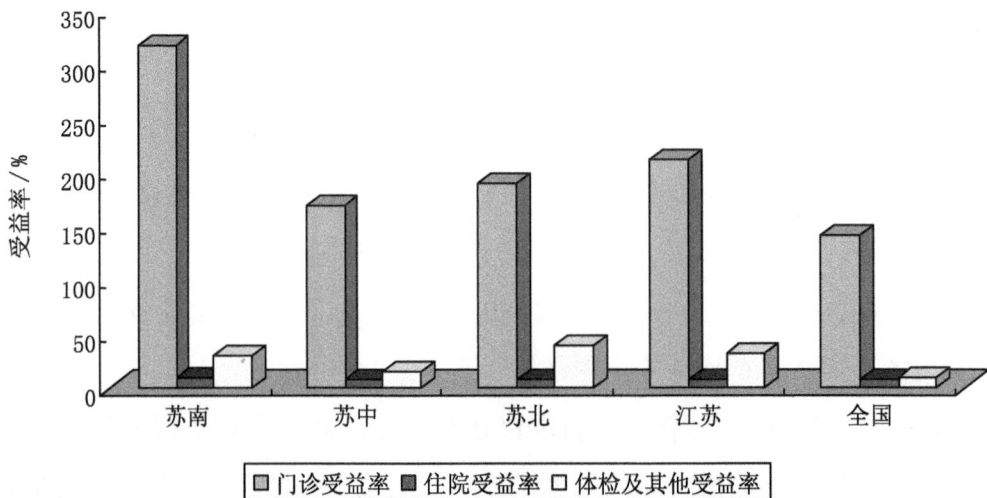

图 3-13　2011 年三大区域农村居民新农合受益率

各地区农村居民新农合的受益率。从图3-13中可见,各地区均为门诊受益率最高,远远超过住院受益率和体检及其他受益率,并且,各地区的住院受益率均低于体检及其他受益率。与全国平均水平相比,苏南、苏中、苏北的门诊受益率和体检受益率均处于较高水平,但苏中和苏北的住院受益率相对较低,导致江苏住院受益率低于全国平均水平。

4. 新农合补偿费用的区域比较

（1）各地区住院补偿费用最多,苏北地区新农合补偿总额最高

2011年三大区域新农合的住院补偿费用中,苏北最高,共补偿364074.81万元;苏中最低,共补偿223650.60万元;苏南居中,共补偿278647.62万元。门诊补偿费用中,苏北居于首位,共补偿62575.04万元;苏南略低,补偿60233.57万元;苏中最低,仅29385.68万元。全省住院分娩补偿费用中,苏南补偿费用最高,为43562.96万元;苏北其次,为16640.32万元;苏中最低,为9493.98万元。特殊病种门诊补偿费用中,苏南最高,苏北其次,苏中最低,三大区域分别补偿55022.93万元、24365.71万元、5864.21万元。由此可见,尽管各地区新农合均为门诊受益率最高,住院受益率最低,但由于住院费用高,各地的住院补偿费用都占据了补偿总额的较大比例。

（2）苏北农村居民的次均医疗费用较苏南和苏中低,但苏北农村居民新

农合次均补偿费用也最低

2011年苏南地区共发生住院费用549876.23万元,门诊费用20879.42万元;苏中地区发生住院费用460352.41万元,门诊费用143555.55万元;苏北地区发生住院费用709430.72万元,门诊费用220041.31万元。从各地区的次均住院费用和次均门诊费用来看（表3-5）,次均住院费用苏南最高,苏北最低;次均门诊费用苏中最高,苏南和苏中差异不大,苏北最低。

表 3-5　2011 年三大区域农村居民次均医疗费用

地区	次均住院费用/元	次均门诊费用/元
苏南	6424.33	74.76
苏中	5601.80	75.32
苏北	4499.96	50.92

资料来源：根据江苏省财政厅数据整理。

三大区域的次均住院补偿和次均门诊补偿费用方面，2011 年苏南次均住院补偿 3255.55 元，次均门诊补偿 21.57 元；苏中次均住院补偿 2722.49 元，次均门诊补偿 15.42 元；苏北次均住院补偿 2309.35 元，次均门诊补偿 14.48 元。苏南的次均住院补偿及次均门诊补偿水平均为最高，苏中其次，苏北相对最低。

（3）苏中农村居民新农合住院及门诊补偿比相对最低

根据全省各地区的住院费用、门诊费用，以及住院补偿费用、门诊补偿费用，可以计算得出各区域的住院补偿比和门诊补偿比（表 3-6）。2011 年，苏南和苏北新农合农村居民住院补偿比分别为 50.7%和 51.3%，较为接近，苏中最低，为 48.6%；苏南和苏北新农合农村居民门诊补偿比分别为 28.9%和 28.4%，也较为接近，苏中仍最低，为 20.5%。

表 3-6　2011 年三大区域新农合住院补偿比及门诊补偿比

地区	住院补偿比/%	门诊补偿比/%
苏南	50.7	28.9
苏中	48.6	20.5
苏北	51.3	28.4

资料来源：根据江苏省财政厅数据整理。

（4）苏南农村居民疾病经济负担相对最轻，苏中最重

次均医疗费用占农民人均纯收入的比重能够较好地反映农村居民的疾病经济负担，图 3-14 和图 3-15 分别对江苏省各地区的次均住院费用、次均门诊费用占农民人均纯收入的比例进行了对比。

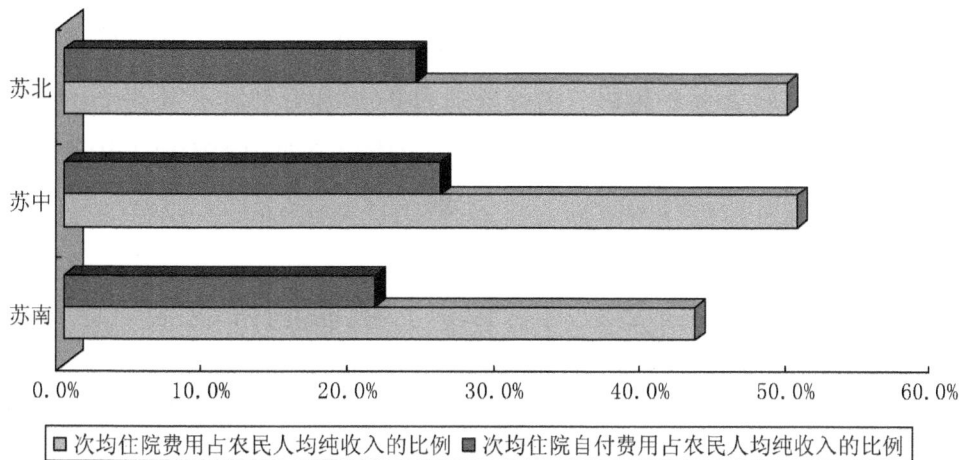

图 3-14　2011 年三大区域农村居民住院费用的负担比例

从图 3-14 可以看出，苏中地区农民的次均住院费用占人均纯收入的比重最大，约为 50.2%，在新农合补偿后，农民的次均住院自付费用占人均纯收入的比重降低至 25.8%，但该比重与苏南和苏北地区相比仍然最高。苏南地区农民的次均住院费用占人均纯收入的比重最小，约为 43.2%，在新农合补偿后，农民的次均住院自付费用占人均纯收入的比重降低至 21.3%。苏北地区农民的次均住院费用占人均纯收入的比重约为 49.5%，在新农合补偿后，农民的次均住院自付费用占人均纯收入的比重降低至24.1%。

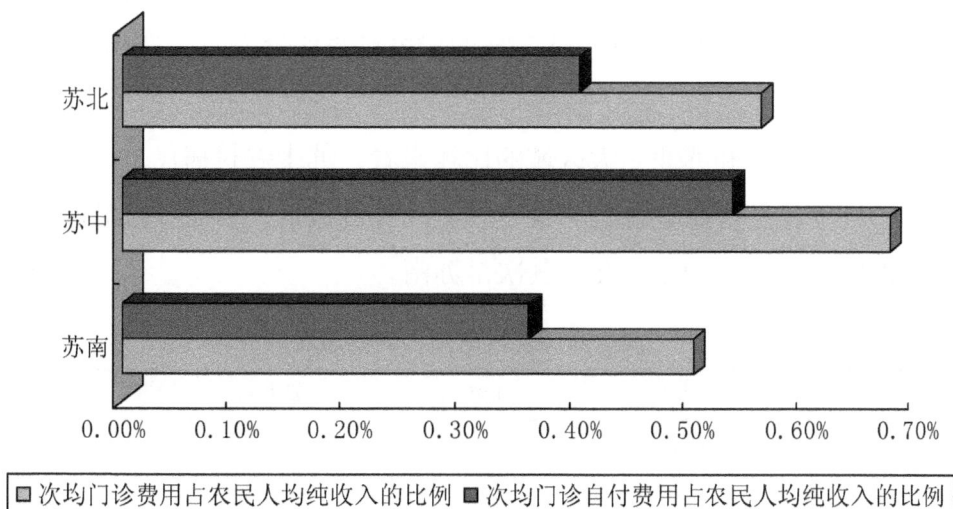

图 3-15　2011 年三大区域农村居民门诊费用的负担比例

从图 3-15 可以看出，次均门诊费用以及次均门诊自付费用占农民人均纯收入比重最大的仍为苏中地区，比重分别为 0.7%和 0.5%；比重最小的为苏南地区，分别为 0.5%和 0.36%；苏北居中，次均门诊费用占农民人均纯收入的比重为 0.6%，获得新农合补偿后，门诊费用负担比例降至 0.4%。

四、新型农村合作医疗面临的挑战

本节根据课题组 2012 年 7 月对江苏 13 个市 26 个县参合农户的问卷调查，分析现阶段江苏新农合面临的挑战和存在问题，以为决策者未来改进工作方式方法、完善实施方案提供政策建议。

1. 不同地区居民医疗服务需要存在差异，经济欠发达地区农民健康状况较差

（1）自评健康状况

自评健康状况是指与同龄人相比，对自己健康状况的总体评价，常用于对个体健康状况的主观评价。从调查结果来看（表 3-7），约 1/3 的农村居民自我评价健康状况为一般，57.7%的居民自我评价为好和非常好，有 10.21%的居民评价非常差和差，其中，8.22%的居民自我评价为差，约 2%的居民自我评价为非常差。

从苏南、苏中和苏北三大区域的比较来看，苏中农村居民自评健康状况好和非常好的比例最高，评价非常差和差的比例最低；自我评价健康状况差和非常差的比例最大的是苏北，其次是苏南。

表 3-7　调查地区农村居民自评健康状况分布

	全省/%	苏南/%	苏中/%	苏北/%
非常差和差	10.21	8.08	5.69	15.04
一般	32.07	40.18	26.38	27.44
好和非常好	57.73	51.73	67.93	57.52

（2）患病率和患病次数

用过去一年居民患病率和患病次数来反映患病情况，这是从实际（客观）角度来反映个体健康状况的指标。调查结果显示（表 3-8），在过去一年中有32.11%的人患病，其中，女性患病率比男性约高 3 个百分点；苏中农村居民患病率明显低于苏南和苏北，苏南和苏北居民患病率差异不大。

过去的一年里，调查地区农村居民人均患病 0.94 次，患病居民人均患病2.91 次。不管是以全部居民为样本还是以患病居民为样本，女性患病的次数均高于男性；苏北农村居民患病的次数高于苏中，苏中又高于苏南。

表 3-8　调查地区农村居民患病率和患病次数

	全省	苏南	苏中	苏北	男性	女性
患病率/%	32.11	34.53	17.08	38.81	30.65	33.51
全部居民患病次数	0.94	0.92	0.46	1.23	0.85	1.02
患病居民患病次数	2.91	2.68	2.72	3.17	2.76	3.05

（3）慢性病患病率

慢性病患病率在本次调查中定义为过去一年内患有慢性病的人数与调查总人数之比，它也是反映个体健康状况以及医疗服务需要的重要客观指标。结果显示（表 3-9），调查地区有 21.02%的居民在过去一年中患有慢性病，其中，苏北农村居民患慢性病的概率高于苏南，苏南又高于苏中。从个人特征来看，女性患慢性病的概率略高于男性，并且，随着年龄的增长，个体患慢性病的概率上升，65 岁以上老龄人口慢性病患病率达到 38.03%。

表 3-9　调查地区农村居民患慢性病的比例

	全省/%	苏南/%	苏中/%	苏北/%	男性/%	女性/%
患慢性病	21.02	19.05	16.32	25.83	20.90	21.16
未患慢性病	78.98	80.95	83.68	74.17	79.10	78.84
	16~25 岁/%	25~35 岁/%	35~45 岁/%	45~55 岁/%	55~65 岁/%	65 岁以上/%
患慢性病	4.55	6.48	11.40	20.21	27.09	38.03
未患慢性病	95.45	93.52	88.60	79.79	72.91	61.92

居民的健康状况和患病情况反映了居民对医疗服务的需要。以上分析结果表明，不同区域农村居民医疗服务需要存在差异，农村居民的健康状况随地区经济状况的发展而改善，相对于苏中和苏南地区，农村经济欠发达的苏北农村居民健康状况面临更为严峻的挑战，特别是苏北和苏南农村居民较高的慢性病患病率，成为新时期江苏医疗保障制度需要重视的一个问题。

2. 农民参合热情高，但新农合的受益面和受益程度还有待提高

（1）对待疾病经济风险的态度和参合情况

在调查地区，94%的居民表示会担忧生病，特别是生大病。这种担忧主要出于经济上的考虑，担心生大病没钱看，更担心如果花了钱也看不好病。另外，他们对看病不方便以及医生的业务水平、敬业水平和服务态度也存有疑虑。

对于大额的看病费用，他们最常选择的三个应对手段依次是：第一，依靠新农合报销；第二，依靠家庭或个人的存款；第三，向亲友借钱。调查地区农民参合率达到 95%以上，但除了新农合，绝大多数（77%）人没参加其他任何医疗保险，由于外出打工，有8%的人参加了城镇职工基本医疗保险，还有 8%的人参加了城镇居民医疗保险，仅有7%的人参加了商业医疗保险。农民参加新农合的原因依次是：希望能报销医药费，享受政府的补贴，同时，还包括村干部动员和宣传，政府号召，以及周围人的示范效应。参加新农合后，94%的人没有退出和中断参加的情况，93%的人表示愿意明年继续参加新农合。

（2）新农合对缓解家庭疾病经济负担的作用

对于参加新农合对缓解家庭医疗经济负担的认知，7.05%的居民认为参加新农合对缓解家庭的医疗经济负担很重要，31.44%的居民认为比较重要，51.85%的居民认为一般，而8.53%的居民认为不太重要。

在参加新农合的居民中，自参合以来，有54.77%的居民的医疗费用从新农合中得到过部分报销。除此之外，有40.18%的享受了免费体检，其中，苏南地区农村居民享受免费体检的比例高于苏中和苏北地区。另外，还有1.92%的参合居民获得过特殊病种门诊补偿，人均补偿额2895.13元；1.04%的参合居民获得过二次补偿，人均补偿额1098.61元。

虽然新农合的补偿比例逐年提高，补偿的范围和病种也在不断扩大，但对新农合在缓解家庭疾病经济负担中的作用的评价并不是非常高。究其原因，可能是农民对新农合的补偿比例、补偿程序和手续并不十分清楚造成的。调查显示，只有12.86%的人表示对新农合的报销办法很清楚，59.78%的人表示对新农合的报销办法知道一些，还有27.36%的人表示根本不清楚。

3. 经济困难仍是经济欠发达地区农村居民获得医疗服务的重要障碍

（1）就诊情况

就诊情况可以反映居民对医疗服务的可及性和可得性，从而反映居民医疗服务需求的满足程度。调查结果显示（如表3-10），29.37%的农村居民在过去一年中有前往正规医疗机构就诊的经历，人均就诊0.83次，患病居民人均就诊2.56次。苏南和苏北农村居民的就诊率及就诊次数差异不大，苏中农村居民由于患病率远低于苏南和苏北，因而就诊率和就诊次数也相对较低。女性的就诊率和就诊次数均低于男性，但实际上，女性的患病率更高，因而可以判断女性对医疗服务需求并未得到充分满足。

表 3-10 调查地区农村居民就诊率和就诊次数

	全省	苏南	苏中	苏北	男性	女性
就诊率/%	29.37	32.68	15.56	34.44	30.92	27.76
全部居民就诊次数	0.83	0.77	0.47	1.10	0.92	0.73
患病居民就诊次数	2.56	2.77	2.18	2.81	3.17	2.78

（2）未就诊情况

如上所述，调查地区有 29.37% 的农村居民在过去一年中曾有前往正规医疗机构就诊的经历，但实际上同期患病居民的比例是 32.11%，也就是说，在患病居民中还有大约 9% 的患者生了病但并未选择就医。统计结果显示（如表 3-11），调查地区农村居民患病未就诊率比例 16.31%，未住院比例为 5.44%。这一结果与全国平均水平相比，均优于全国平均水平，但存在区域差异。苏北农村居民患病未就诊比例和未住院比例高于苏中，苏中又高于苏南。但未就诊比例和未住院比例的性别差异不明显。

表 3-11　调查地区农村居民患者未就诊和未住院的比例

	全省	苏南	苏中	苏北	男性	女性
未就诊比例/%	16.31	14.1	12.75	20.58	16.85	15.8
未住院比例/%	5.44	3.33	5.82	7.3	6.13	4.79

进一步分析农村居民患病未就诊和未住院的原因（如表 3-12），可以看出，

表 3-12　调查地区农村居民患病未就诊和未住院的原因

患者未就诊原因				
	全省	苏南	苏中	苏北
经济困难/%	20.17	13.82	17.74	25.42
没时间/%	12.98	8.13	16.13	15.25
没必要/%	63.54	73.17	59.68	58.19
其他/%	3.31	4.88	6.45	1.13
患者未住院原因				
经济困难/%	41.73	29.41	44.83	46.88
没时间/%	7.09	5.88	6.9	7.81
没必要/%	38.58	44.12	31.03	39.06
服务差/%	3.94	2.94	13.79	1.56
无床位/%	3.94	8.82	3.45	4.69
其他/%	4.72	8.82	0	0

患者未就诊和未住院的原因差异很大。未就诊的首要原因是认为小病、没有必要，其次是经济困难，再次是没时间和其他。苏南患者认为没必要就诊的比例大于苏中和苏北，由于经济困难而未就诊的居民苏北多于苏中，苏中多于苏南。在患者未住院的所有原因中，经济困难是苏北和苏中患者未住院的首要原因，而在苏南，患者未住院的首要原因仍是主观判断没必要，其次才是经济困难，还包括无床位、没时间等。由此可以看出，苏南农村居民已基本告别了因经济困难而放弃医疗服务的时代，但在苏北和苏中地区，仍存在因经济困难而放弃住院和就诊的现象。

4. 欠发达地区农村居民的疾病经济负担更为严重

（1）疾病经济负担

医疗费用占家庭人均收入的比重可以反映居民疾病经济负担的情况。调查结果显示（如表 3-13），门诊患者人均医疗费用约 214.72 元，住院患者人均医疗费用约 7846.52 元。不同地区门诊医疗费用差异较大，苏北农村居民门诊费用明显低于苏南和苏中，苏中农村居民住院费用明显高于苏南和苏北。

表 3-13　调查地区农村居民医疗费用及经济负担情况

	全省	苏南	苏中	苏北
门诊费用/元	214.72	249.57	269.98	146.63
门诊经济负担/%	1.51	1.49	1.51	1.53
住院费用/元	7846.52	7616.67	9812.12	7270
住院经济负担/%	55.07	45.54	54.78	76.03

用门诊费用或住院费用占家庭人均收入的比重来表示疾病经济负担，结果显示，调查地区农村居民门诊经济负担为 1.51%，住院经济负担为 55.07%，三大区域门诊经济负担差异不大，但住院经济负担苏北高于苏中，苏中又高于苏南，特别是苏北农村居民住院经济负担高达 76.03%，如此大的支出比例将会给家庭带来巨大的损失和灾难。除此之外，就医途中还会发生交通费用等其他间接费用，调查数据表明患者就诊间接费用平均为 13 元，其中，苏南

最低（6.98元），苏北最高（24.97元）。因此，如果加上就诊的间接费用，三大区域的疾病经济负担差异将更大。

（2）对新农合补偿形式重要性的评价

从农村居民对新农合门诊补偿和住院（大额）补偿形式重要性的评价来看（如表 3-14），71.45%的人认为住院（大额）补偿更重要，28.55%的人认为门诊补偿更重要，苏北农村居民选择住院（大额）补偿更为重要的比例更高，其次是苏中，再次是苏南。

表 3-14　调查地区农村居民对新农合补偿形式重要性的评价

	全省	苏南	苏中	苏北
门诊补偿更重要/%	28.55	34.16	30.15	20.00
住院（大额）补偿更重要/%	71.45	65.84	69.85	80.00

实际上，认为门诊补偿更为重要的农村居民并不否认住院（大额）补偿重要，而是他们认为自己及家人患大病的概率低，如果在一年内缴纳了保险费而未发生住院或大额医疗费用，得不到任何补偿而感觉参加新农合不划算，所以他们寄希望于平时看小病时获得门诊费用的补偿。

5. 新农合实现了不同收入人群的受益公平，但其收入分配效应有限

（1）受益状况

调查结果显示(表3-15)，调查地区农村居民新农合的补偿比例为31.91%，苏南、苏中和苏北分别为38.18%，21.06%，32.24%，因而可以判断，苏南参合居民从新农合中受益得更多，其次是苏北，再次是苏中，新农合受益状况存在明显的地区差异。但在各地区内部，总体上低收入组、中等收入组和高收入组农村居民补偿比例分别为44.3%、28.53%和22.93%，各区域内部也同样存在类似的趋势，即区域内部低收入组更多地从新农合中受益，实现了补

偿额在不同收入组的受益公平。

表 3-15　调查地区农村居民新农合补偿比例

	全省	苏南	苏中	苏北
总体/%	31.91	38.18	21.06	32.24
低收入组/%	44.30	81.62	32.63	31.67
中等收入组/%	28.53	25.86	22.5	37.28
高收入组/%	22.93	26.21	15.6	26.27

（2）新农合的收入分配效应

考察新农合补偿前后的基尼系数，可以反映这一保障制度的收入分配效应。分别计算三种情境下的基尼系数：第一，初始基尼系数；第二，发生医疗支出后的基尼系数，反映发生医疗支出后农户的收入差距；第三，新农合补偿后的基尼系数，反映新农合补偿后农户的收入差距。

测算结果显示（表 3-16），调查地区农户初始基尼系数为 0.348，居民患病并发生医疗支出后，基尼系数上升为 0.374，医疗费用补偿后，基尼系数下降到 0.37398。可见，调查地区农户支付了医疗支出使贫富差距略有扩大，获得新农合补偿后这种差距几乎未变。苏南、苏中和苏北三个区域具有相同的趋势。这说明，新农合的收入分配效应很有限。

表 3-16　调查地区新农合补偿前后的基尼系数

	全省	苏南	苏中	苏北
初始基尼系数	0.34804	0.33123	0.34017	0.34833
医疗支出后的基尼系数	0.37400	0.35662	0.35116	0.37843
补偿后的基尼系数	0.37398	0.35660	0.35115	0.37842

6. 农民对新农合总体满意度较高，但期待报销范围和报销比例方面得到改进

（1）总体满意度

参合居民对新农合总体满意度和服务质量感知的调查结果显示（表

3-17），仅有 1.26%的人很不满意，5%的人较不满意，其余绝大多数参合居民均表示一般、较满意或很满意。这在苏南、苏中和苏北各个区域相差不大。

表 3-17　调查地区参合居民对新农合的总体满意度和质量感知

	很不满意	较不满意	一般	较满意	很满意
总体满意度/%	1.26	5.00	51.22	36.48	6.03
对服务质量的感知/%	1.83	6.01	54.15	34.35	3.66

在对新农合定点医疗机构的评价方面，与其他医疗机构相比，绝大部分人对定点医疗机构服务质量的感知满意度较高（92.16%），新农合定点医院医疗服务和药品的价格与其他医疗机构差不多（46.3%），看病效果也差不多（55.25%），其中，苏南的被调查居民认为新农合定点医疗机构服务质量较高、价格更高、效果更好的比例更高。

（2）缴费和补偿制度满意度

调查地区参合居民对缴费水平的评价，不管是苏南、苏中还是苏北，均有约 75%的人认为缴费水平适中，不会给家里带来经济负担，只有 15%左右的人认为缴费水平较高，但为了得到政府和集体补贴，以及出于对家庭疾病经济风险的保障目的，他们认为这是值得的。

表 3-18　调查地区参合居民对新农合补偿制度的满意度评价

	很不满意	较不满意	一般	较满意	很满意
门诊补偿范围/%	3.20	14.1	53.29	27.11	2.30
住院补偿范围/%	2.40	11.94	54.07	28.77	2.82
门诊补偿比例/%	2.97	14.04	53.49	27.00	2.50
住院补偿比例/%	2.44	11.94	54.30	27.69	3.62
门诊补偿程序/%	2.21	8.73	52.25	32.44	4.37
住院补偿程序/%	1.69	7.70	53.36	33.21	4.04

在对报销制度的评价方面（表 3-18），一半以上的居民认为新农合报销手续不复杂，对门诊补偿程序和住院补偿程序满意度都很高。但是，对于新农

合门诊补偿范围，虽然总体是满意占绝大多数，但有 14.1%的选择较不满意，有 3.2%的人选择很不满意；对住院补偿范围的评价，也有 2.4%的人选择不满意，11.94%的人选择较不满意。对门诊补偿比例的评价，同样总体满意占绝大多数，但也有 2.97%的人选择不满意，14.04%的人选择较不满意；对住院补偿比例的评价，仍有 2.44%的人选择不满意，11.94%的人选择较不满意。

总的来说，对于目前新农合的相关规定，参合居民认为最应当改进的方面依次是：报销比例、报销范围，其次是补贴数额、缴费数额，再次是报销手续、群众监督，最后是报销服务态度和管理水平。

五、对　策　建　议

新型农村合作医疗制度的目标是满足农村居民基本医疗服务的需要，特别是确保低收入及中低收入农户能够获得基本的医疗服务，减轻农村居民的疾病经济负担。新农合制度希望达到的最佳效果是既要满足农村居民的医疗服务需求，又要尽可能地避免医疗卫生服务资源浪费。根据上述对全省及各地区新农合运行情况的分析和比较，以及对农户微观层面的调查分析，可以得出以下结论和建议。

1. 进一步提高经济欠发达地区补偿受益水平

对江苏 13 个市 26 个县农户 2011 年医疗保障情况的抽样调查结果表明，各地区应就诊未就诊、应住院未住院的比例由高到低依次排列为苏北、苏中和苏南；在应就诊未就诊、应住院未住院的原因中，苏南地区主要是主观判断没有必要就诊或住院，可见苏南大部分农村居民已基本告别了因经济困难而放弃医疗服务需求的时代，然而苏北和苏中地区，经济困难仍是他们放弃就诊和住院医疗服务需求的首要原因。对农村居民获得住院服务的家庭成本测算表明，参合者次均自付住院费用占人均年消费支出的比例为 34%，占人均年纯收入的比例为 24%，而世界银行在对中国农村卫生改革的一项研究中指出，早在 2003 年，波兰、法国、丹麦、匈牙利、土耳其、德国、西班牙、澳大利亚、韩国、加拿大、越南、日本、中国台湾、中国香港等国和地区的居民次均住院费用占人均家庭年消费支出的比例已不足 10%，可见江苏农村居民的疾病经济负担仍然沉重。

通过对江苏各地区新农合补偿水平和受益水平的比较发现，苏中新农合补偿受益率、人均补偿受益人次最低，苏南最高，大约相当于苏中地区的 2 倍；新农合次均住院补偿和次均门诊费用苏南最高，苏北最低，苏中略高于苏北；苏中新农合的住院补偿比、门诊补偿比均为最低。特别是苏中和苏北地区参合居民的住院补偿受益率较低，最终导致全省住院补偿受益率较低。

可见，江苏新型农村合作医疗制度在三大区域间仍存在发展不均衡的现象，苏中和苏北新农合的补偿和受益水平落后于苏南地区。新型农村合作医疗制度的目的就是缓解农民的疾病经济负担，因此，未来政府应当着力于全面提高经济欠发达地区的新农合补偿和受益水平。所谓全面提高，是从补偿受益率、门诊补偿比、住院补偿比、次均门诊补偿费用、次均住院补偿费用等各方面，提高经济欠发达地区的新农合补偿受益水平。特别是要提高苏北、苏中欠发达地区农民的住院补偿受益率，切实满足农民对住院或大病医疗保障的需求，有效缓解农民的疾病经济负担。

2. 关注女性的医疗服务需求，加强对慢性病和重大疾病的政策倾斜

抽样调查数据反映，医疗资源在家庭成员之间的分配更倾向于男性。无论是以全部居民为样本还是以患病居民为样本，女性的患病率和患病次数均高于男性，女性患慢性病的概率也略高于男性。然而，从实际就诊情况来看，女性的就诊率、就诊次数却低于男性。究其原因，可能是当前男性仍为农村家庭的主要劳动力，是重要的家庭经济支柱，因此家庭成员对男性的健康状况更为重视，女性则由于经济地位处于相对的弱势，且更为勤俭节约，因而

减少就诊次数，最终导致女性患病率、慢性病患病率高于男性，而就诊次数、就诊率却低于男性。

抽样调查结果显示，调查地区有 21.02%的居民患有慢性病，其中苏北农村居民的慢性病患病率最高，达 25.83%，苏南位居其次，为 19.05%。苏北和苏南农村居民较高的慢性病患病率，是新时期江苏医疗保障制度需要重视的一个问题。另一方面，重大疾病仍然给农民造成沉重的经济负担，各地区农民住院自付费用的家庭成本是很好的印证。虽然目前儿童白血病、儿童先心病、终末期肾病透析治疗、乳腺癌、宫颈癌、重性精神疾病、耐药结核病已纳入江苏重大疾病医疗保障体系中，走在了全国的前列，但随着新农合制度的完善，纳入保障的疾病种类还有待增加，保障程度还有待提高。

因此，未来政府应当更加关注女性对医疗服务的需求，重视慢性病和重大疾病，例如适当增加女性的健康体检，增加女性特有的体检项目，有条件的地区可提高慢性病的补偿比例，增加重大疾病保障的病种，扩大慢性病和重大疾病的药物补偿目录。

3. 加强对新农合补偿比例、报销程序等相关知识宣传

增强农民对新农合工作程序、管理办法的相关了解，尤其是让参合农民知晓与自身利益密切相关的新农合补偿比例、报销程序等，有利于基层政府开展新农合工作，有利于提高参合农民对新农合的满意度，从而实现新农合的持续健康发展。然而现实情况是，虽然近年来新农合的补偿比例已逐步提高，补偿范围和病种也在不断扩大，但部分参合农民对新农合缓解疾病经济负担的作用的评价并不高。究其原因，一方面可能是部分参合居民未生过大病因而未获得过新农合补偿，或者只是生了小病，获得新农合补偿金额少，这直接影响了他们对新农合缓解疾病经济负担的作用的客观评价；另一方面，可能的原因是农民对新农合的补偿比例、报销程序和手续等并不了解。调查表明，仅有 12.86%的人表示很清楚新农合的报销办法，59.78%的人表示知道一些，还有 27.36%的人表示根本不清楚。目前江苏新农合对门诊和住院采取

即时结报的方法，参合农民的门诊和补偿费用可获得即时补偿，但调查中发现，部分农民因为对此并不了解，从而认为根本没有获得新农合补偿。

因此，未来政府应当拓宽渠道，积极宣传，使农民更为广泛地了解新农合的制度设计，包括新农合的政策目标、适用对象、筹资原则、补偿比例、报销程序等规则。具体的做法可以在每年缴纳参合费用之前通过村广播、村大会等形式加以宣传，在定点医疗机构的墙上粘贴补偿程序等示意图，在医药费用清单中列出农民自付费用和补偿费用明细等。

4. 提高异地就医与结报的便利程度

随着新农合筹资及保障水平的不断提高，农村居民的医疗需求得到有效激发，特别是近年来外出务工人员增加，或基层、就近的定点医疗机构无法满足农民的医疗需求，从而导致农民外出就医的需求明显增加，这就要求新农合尽快提高异地就医与结报的便利程度。

江苏于 2008 年启动新农合省级信息平台项目的建设，至 2010 年基本建成投入使用，包括省卫生信息专网、1 个数据中心、1 个公共服务网站和 4 个综合应用系统。通过省级信息平台，参合者可以向上级大医院预约转诊，上级医院则能够根据患者情况以及医院的收治能力及时作出答复，减少病人排队等候时间；另外，各定点医院联网，可以实现即时结报，而无需农民先行垫付费用。然而目前各地实施新农合省内异地就医联网即时结报的工作仍需进一步推进，各地应尽可能多的与省公布的联网医院签订即时结报协议，尽力提高转外预约就医率和出院即时补偿率，努力实现参合者省内医疗费用异地即时结算。同时，各市应当组织各新农合统筹地区填报"江苏省新型农村合作医疗异地转诊情况月报表"，以及时掌握异地转诊工作情况，便于统计和完善。

5. 提高新农合定点医疗机构的服务质量

对江苏农户的抽样调查结果表明，参合农民认为除了报销比例、报销范围、补贴数额、缴费数额、报销手续以外，目前新农合最需要改进的是群众监督、报销服务态度和管理水平。由此可见，除了进一步完善新农合制度设计之外，提高新农合定点医疗机构的服务质量，是提高参合农民对新农合满意度的又一关键。

南通市新农合对定点医疗机构的管理办法可以作为一个借鉴的例子。据江苏省卫生厅的相关统计资料显示，南通市卫生局已要求各新农合经办机构对定点医疗机构实行信用等级评定，对不同级别的定点医疗机构核定的床日支付标准可实行上下浮动，即医院信用等级与床日支付标准挂钩，并建立信用等级的动态长效管理机制，每年或每半年综合评定一次，具体评定需结合医疗机构的服务能力、管理水平、核心指标、群众满意度等方面进行综合评定，从而促进医疗机构加强自我管理，自我约束。全省可借鉴南通市的相关管理办法，提高各统筹地区的医疗机构服务质量，以达到高效服务于参合农民，同时又控制医疗费用不合理增长的目的。

第四章　江苏农村最低生活保障发展报告

一、农村最低生活保障发展历程

农村最低生活保障制度是国家和社会对家庭人均收入低于当地最低生活保障标准的农村居民，给予一定生活补助的一种社会救助制度。作为最低生活保障制度的一个重要组成部分，农村居民最低生活保障制度对于社会保障制度还不十分完善的我国农村来说，具有十分重要的作用。《中国农村扶贫开发纲要(2011~2020 年)》显示，从 1978 年到 2010 年，按照我国贫困标准计算，农村绝对贫困人口数量从 2.5 亿下降到 2000 年年底的 9422 万，到 2010 年年底进一步下降到 2688 万，贫困发生率也从 1978 年的 30.7%下降到 2000 年的 10.2%，2010 年进一步下降到 2.8%。中国为世界脱贫做出了重要贡献，而最低生活保障制度则为中国的农村脱贫做出了重要贡献。

江苏作为东南沿海经济发达省份，是率先建立农村居民最低生活保障制度的省份之一，也是制度建设与发展最快的省份之一，并且在城乡一体化发展方面走在全国前列。江苏农村最低生活保障制度发展历程可以分为三个阶段。

1. 探索起步阶段（1995~2002）

根据民政部统一部署，1995 年江苏在部分地区开展了农村最低生活保障工作，按照"低标准起步、小范围保障、逐步推进完善"的原则不断推进。到 1998 年 10 月，各县（市）基本制定出台了农村低保的有关政策，对低于当地农村低保标准的贫困农民实施最低生活保障。但当时的低保对象有限，主要包括传统的"三无"对象和民政部门管理的农村"特困户"，更多的低收入农民并不在低保范围之内。到 2002 年年底，全省农村低保对象 22.24 万人，年人均补差金额为 396.6 元，全年发放保障金 8597 万元，其中县（市、区）财政投入 3184 万元、乡镇财政投入 3620 万元、村级集体投入 1793 万元，当时的年保障标准一般在 600~1500 元，其中苏南 1000~1500 元、苏中 800~1200 元、苏北 600~1000 元。农村税费改革前，多数地方采取县乡村三级共同承担保障资金的方式，分担比例一般为 3∶3∶4 或 3∶4∶3。农村税费改革后，由于村级资金难以落实，有些地方调整为县乡两级财政共同负担，也有少数地方因资金困难干脆停止了实施多年的农村低保工作[①]。

2. 全面推进阶段（2003~2005）

这一时期，农村低保工作在苏南各市试点经验的基础上和省级政府的重视下取得了突破性的进展。2003 年 1 月 1 日《苏州市农村居民最低生活保障制度实施办法》正式实施。当地政府对家庭人均收入低于当地最低生活保障标准的农村贫困家庭开始实行"制度性"救助，对农村常住户口居民实行全面覆盖。在"保障待遇"上，苏州的农村低保标准由县级市、区民政部门会同农村工作、财政、统计、物价等部门制定，每年由苏州市民政部门提出保底指导标准的确定和调整，并建立了财政分担机制。苏州农村低保制度的建立，使过去由政府和集体实施的临时救济，转变成一项更加规范的社会保障制度。

2004 年 9 月，江苏省民政厅、财政厅发布《关于建立和完善农村居民最低生活保障制度实施意见》(以下简称《实施意见》)，提出在 2005 年年底前全面建立农村最低生活保障制度。《实施意见》要求：苏南地区农村要全面建立低保制度；苏中地区要健全制度，创造条件，实现"应保尽保"；苏北地区要低标准起步，重点保障特困户，逐步扩大覆盖面，量力而行，稳步推进。《实施意见》首次对农村居民申领最低生活保障补助提出了全省性的指导意

---

① 详见：嘉秀娟. 江苏省农村居民最低生活保障制度研究[M]//当代生活救助制度完善与创新. 北京:人民出版社,2012：390

见，并确定了低保标准：原则上，苏北地区符合低保条件的居民每人每年不低于 720 元，苏南地区不低于 1200 元，苏中地区由各地根据实际情况确定①。为保障农村低保制度的顺利实施，省民政厅、财政厅下发了《关于全省农村居民最低生活保障工作实行目标管理的通知》，把应保尽保的目标任务分解到市，落实到县，从工作进度和实施步骤等方面进行了明确部署。2005 年省委省政府增列 1.4 亿元专项资金，对苏北、苏中 39 个经济薄弱地区农村低保给予补助，补助比例最高达 90%，客观上成为"十五"期末民政工作重大突破的标志工程之一。

3. 巩固完善阶段（2006 年至今）

2006 年之后，江苏各地农村最低生活保障得到快速发展，并将工作重心从面上量的扩张转向了质的提高。2006 年，省民政厅、财政厅出台了《关于进一步加强农村居民最低生活保障工作的意见》，按照"巩固成果、完善机制、规范管理、提高效能"的工作思路，大力推进农村低保规范化建设。2006 年 11 月，江苏省政府出台《关于完善城乡居民最低生活保障标准增长机制进一步加强社会救助工作的通知》，在全国率先建立了与居民收入直接挂钩的低保标准增长机制。2010 年 3 月，省民政厅、财政厅下发了《关于进一步做好城乡最低生活保障工作的通知》，就严格低保制度、大力规范基础管理、切实加强资金监管、积极推进能力建设等问题提出了进一步要求，并在全省部署开展了低保对象复审工作，当年退出 19.85 万人次，低保只进不退的问题得到一定纠正。

苏南部分富裕地区的最低生活保障城乡一体化走在全省前列。1998 年起，苏州市就着力推进城乡一体的最低生活保障制度，在操作程序、资金保障、动态管理等方面，城镇、农村完全一致，且不断缩小低保标准之间的差距。2005 年，苏州工业园区在全省率先实现低保标准城乡并轨。2008 年之后，昆

---

① 详见：《关于建立和完善农村居民最低生活保障制度实施意见》。

山市、江阴市、宜兴市、吴江市、吴中区、相城区、高新区也先后实现低保标准城乡并轨。2012 年 7 月 1 日以后,苏州市、无锡市、常州市已基本实现城乡居民最低生活保障制度的一体化。

最低生活保障的水平不断提高,保障水平的自然增长机制也逐步建立。部分地区城乡低保标准根据本市经济发展水平、财政承受能力、物价上涨指数、最低工资、城镇居民人均可支配收入、农民人均纯收入和城乡低保家庭基本生活实际支出指数等因素的变化适时调整,建立了自然调整机制。按照江苏省政府的要求,城市以省辖市为单位,保障标准应不低于当地上年度城市居民人均可支配收入的 20%,保障标准增长幅度应不低于当地上年度城市居民人均可支配收入的增长幅度。农村以县(市、区)为单位,保障标准增长幅度应不低于当地上年度农民人均纯收入的增长幅度,并与江苏省新一轮扶贫工程时序进度要求相衔接,最低标准不得低于每人每月 240 元。2007 年,徐州建立农村最低生活保障标准自然增长机制,确保最低生活保障标准随农民收入的提高相应增长,并原则上不低于农民人均纯收入的增长幅度。2007 年,昆山市城乡低保标准在全省率先突破人均日均消费 1 美元的国际贫困线标准。2012 年 7 月 1 日起,苏州的昆山市城乡最低生活保障的标准为 590 元/月,持续保持全省低保的最高标准。

二、农村最低生活保障发展现状

1. 覆盖面

农村最低生活保障对象是具有当地户籍、家庭人均纯收入低于户籍所在县(市、区)农村最低生活保障标准的农村居民,主要是因疾病、残疾、年老体弱、丧失劳动能力和生存条件恶劣等原因造成家庭生活常年困难的人员。2004 年以来江苏农村最低生活保障发展迅速,保障人数快速增加,截至 2012 年 6 月底,全省农村低保对象为 72.3 万户,共 136.5 万人(图 4-1)。

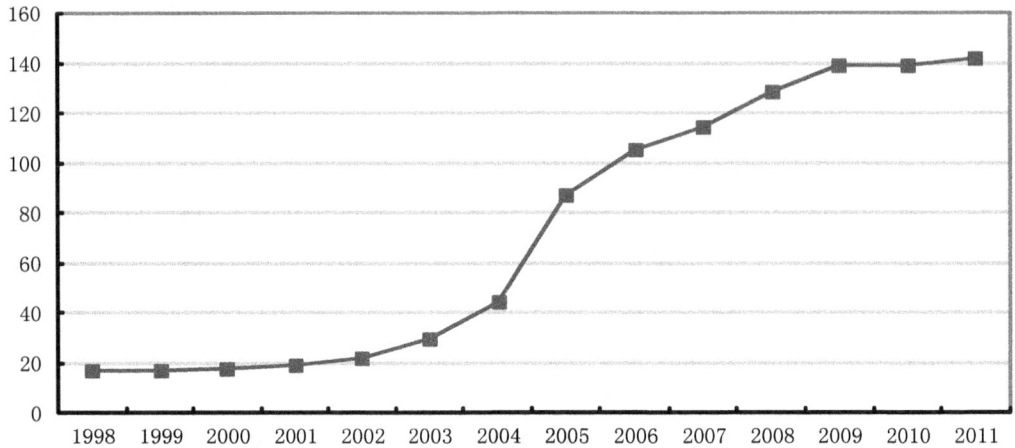

图 4-1　江苏省农村最低生活保障制度保障人数（单位：万人）

在受保障总人数快速增加的同时，农村最低生活保障的覆盖率也得到较快的提高。如表 4-1 所示，2011 年达到 4.73%，比城市低保覆盖率高出 5 倍。

表 4-1　2011 年江苏城乡最低生活保障覆盖率

行政区划	城市低保人口/万人	城镇常住总人口/万人	覆盖率/%	农村低保人口/万人	农村常住总人口/万人	覆盖率/%
南京市	6.40	646.54	0.99	6.63	164.37	4.03
无锡市	2.39	464.60	0.51	4.12	178.62	2.31
徐州市	4.34	475.18	0.91	24.45	382.08	6.40
常州市	2.04	303.16	0.67	3.63	161.81	2.24
苏州市	2.38	750.09	0.32	4.15	301.78	1.38
南通市	1.46	419.85	0.35	13.52	309.06	4.37
连云港市	1.87	233.12	0.80	13.17	205.49	6.41
淮安市	4.11	249.97	1.64	16.39	230.37	7.11
盐城市	5.56	390.82	1.42	18.95	332.92	5.69
扬州市	1.93	258.41	0.75	7.00	187.89	3.73
镇江市	1.50	197.53	0.76	2.89	115.90	2.49
泰州市	2.17	262.81	0.83	9.66	199.79	4.83
宿迁市	4.50	237.28	1.90	17.68	239.36	7.39
全省	40.66	4889.36	0.83	142.23	3009.44	4.73

数据来源：江苏统计年鉴 2012、江苏民政网。

各地级市的农村低保覆盖率也均大大高于城市低保覆盖率，说明近几年江苏农村低保扩面较快。从全省 13 个市的比较还可以发现落后地区的农村低保覆盖率明显高于发达地区的农村低保覆盖率，这与相对落后地区绝对贫困人口比例较高有较大关系，也说明近年来江苏向苏中、苏北的财政倾斜政策让落后地区民众得到了切实保障。

2. 保障标准

　　最低生活保障是人民群众获得的最低层面的保障，是一种生活补助，主要保障的是农民的生存与最低生活。保障标准过低，受保障者无法满足生存需要，失去制度存在的意义；保障标准过高，又会形成财政负担，甚至导致福利依赖。因此，合理、适度、科学地制定最低生活保障标准，是低保制度平稳运行的基础和前提。由图 4-2 可以看出，近年来江苏的最低生活保障标准随着经济发展和人民生活水平的提高也不断提高。表 4-2 反映了部分市县 2012 年第 2 季度农村最低生活保障的保障标准和保障对象情况。不难发现，发达地区的农村最低生活保障标准较高、保障对象较少，而落后地区的最低生活保障标准较低、保障对象多。

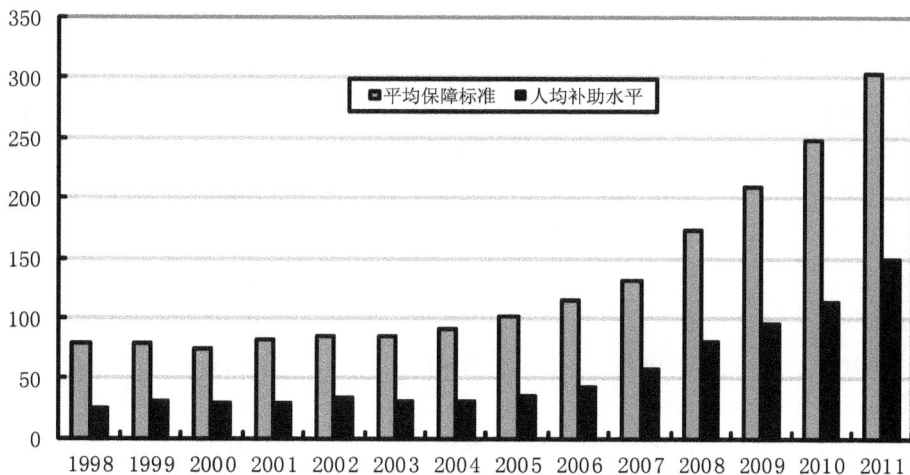

图 4-2　江苏农村最低生活保障补助标准（1998~2011）（单位：元/月）

表 4-2　部分市县 2012 年第 2 季度农村最低生活保障人数和标准

地　区	农村低保对象户数 /户	农村低保对象人数 /人	2012 年 1~6 月人均补助水平/（元/月）	农村低保标准 /（元/月）
全省合计	722648	1365368	140.7	312
南京市合计	36687	62557	223.7	415
溧水县	5198	8748	192.1	320
高淳县	7987	9946	170.7	320
无锡市合计	21928	37745	222.4	486
江阴市	6495	12090	202.5	420
宜兴市	11602	16853	227.3	420
徐州市合计	105906	231692	139.8	218
睢宁县	22381	49174	149.3	210
邳州市	15287	34547	150.4	210
常州市合计	19169	35794	166.8	346
溧阳市	5918	11683	155.6	250
金坛市	5355	9303	186.7	310
苏州市合计	17357	37303	249.1	502
常熟市	3306	6465	276.9	500
太仓市	942	2404	202.3	500
南通市合计	77266	130198	131.3	298
海安县	9499	15040	132.9	230
启东市	11888	18815	129.5	240
连云港市合计	64398	122110	126.3	210
东海县	11466	22389	103.6	210
灌云县	20213	38739	134.2	210
淮安市合计	73060	159896	110.6	210
盱眙县	7304	15903	127.1	210
金湖县	6188	13141	104.8	210
盐城市合计	116221	189387	117.5	223
射阳县	15591	22870	109.4	210
建湖县	17630	20852	118.4	210
扬州市合计	35019	71941	96.9	309
江都区	8784	19002	66.4	210
高邮市	8228	16186	91.5	220
镇江市合计	13876	27902	161.4	330

续表

丹阳市	4332	8575	205	380
扬中市	1710	3093	153.7	330
泰州市合计	**61933**	**94901**	**150**	**295**
泰兴市	22803	30466	167.6	230
姜堰市	9989	14482	107.4	230
宿迁市合计	**79828**	**163942**	**145.7**	**210**
沭阳县	20552	45945	155.8	210
泗阳县	12003	27990	140	210

数据来源：江苏省民政厅。

保障标准的制定与调整，应遵循在当地经济社会发展水平下既满足维持最基本生活的实际需要又有利于鼓励就业的原则，且要与公共财政承受能力相适应。2011年民政部《关于进一步规范城乡居民最低生活保障标准制定和调整工作的指导意见》提出了基本生活费用支出法、恩格尔系数法或消费支出比例法三种制定和调整城乡低保标准的方法。江苏最低生活保障标准的制定与调整，主要与两个因素相挂钩。

一是与农村居民收入水平和扶贫攻坚工程挂钩。江苏2006年在全国率先建立了与居民收入直接挂钩的低保标准增长机制。城乡居民最低生活保障标准随当地群众生活水平提高和物价上涨幅度相应提高。农村以县（市）为单位，按照当地上年度农民人均纯收入20%~25%的比例，综合确定当年最低生活保障标准。最低生活保障标准随城乡居民收入的提高相应增长，原则上农村不低于农民人均纯收入增长幅度。2008年，江苏省委十一届三中全会提出了"要用3年到5年时间，实现每人每天生活费不低于1美元（2008年江苏省委省政府根据当时汇率确定为每人每年2500元）"的目标。这比2011年中共中央扶贫开发工作会议上决定将农民人均纯收入2300元（2010年不变价）作为新的国家扶贫标准超前至少3年。2011年，全省农村最低生活保障标准已经提升至每人每月210元，实现全面消除贫困。

二是特殊群体的优待机制。《省政府关于完善城乡居民最低生活保障标准增长机制进一步加强社会救助工作的通知》规定，从 2007 年起，对低保对象中的重度残疾人本人可按当地低保标准全额发放低保金。

连云港徐圩新区对因病致贫、无生活来源的特困户，在每月享受低保的情况下每户再给予生活补助 500 元，切实保障困难户的基本生活。

淮安市淮阴区按分类施保的原则，将低保家庭分为 A 类、B 类、C 类三类，A 类人员家庭标准条件为：①无依无靠，无法定赡、抚（扶）养人，无生活来源的三无人员；②家庭成员中能创造收入人员长期有病或重度残疾不能就业，生活极度困难的家庭。B 类人员家庭标准条件为：①下岗失业人员中年龄偏大，工作不固定，就业机会少，以打临工为主，收入较低的；②有子女就读高等学校，家庭经济较为困难的；③平时实际生活水平明显低于周围群众生活水平的家庭。C 类人员家庭标准条件为：①偶遇突发性人为不可抗拒事故，难以维持正常生活的家庭；②家庭成员有固定收入的岗位就业，但人均收入较低；③做小生意、蹬三轮车等勉强维持家庭生活的；④虽是下岗失业但年龄较轻，有劳动能力，就业机会多而一时找不到工作造成家庭生活暂时困难的人员家庭。对 A 类人员家庭重点保障，长期享受，定期核查。B 类人员家庭不定期享受保障，年度重点核查。C 类人员家庭生活收入变化快，适时取消保障，每季重点核查。在保障标准上，对于低保家庭中的二级以上（含二级）残疾人（言语和听力残疾除外）实施全额保障，对于三无人员和低保家庭中的三级以上残疾人保障标准上浮 20%以及农村低保对象家庭中 60 岁以上（含 60 岁）老人，保障标准提高 20%。另外，近年来制度创新也有可圈可点之处。例如，淮阴区试行农村低保票决制度，淮阴区在城市低保听证制度的基础上，试行农村低保票决制度，由群众投票的方式来决定谁能吃低保，让群众全程参与、全程监督，"阳光低保"的模式得到群众的普遍欢迎。该方案已在 2012 年 5 月在淮阴区吴城镇城南村试点实行，社会反映十分良好，将有条件的向全区推广。

3. 保障资金

农村最低生活保障主要体现的是政府的责任，资金也主要来自公共财政的投入（图 4-3）。江苏突出抓好低保资金的筹集、分配与管理，以资金为杠杆，推进农村低保制度平稳发展。

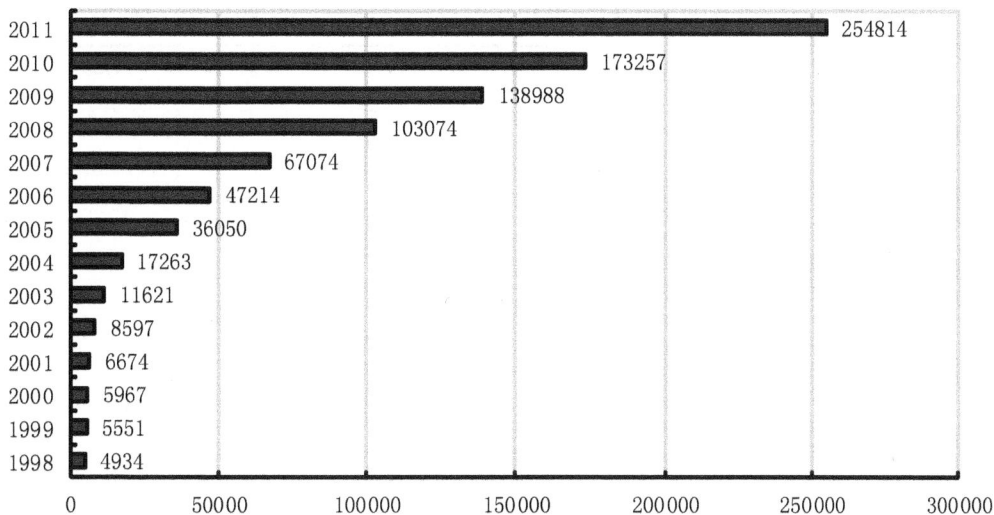

图 4-3　江苏省农村最低生活保障财政支出（单位：万元）

一是建立了稳定的资金筹集机制。江苏农村低保资金全部纳入了各级政府财政预算。苏南和苏中非省级财政补助地区，农村低保所需资金实行市、县、乡（镇）三级财政以县为主负担，分担比例由省辖市研究确定，一般县级财政承担 50% 以上。苏北经济困难地区，农村低保所需资金实行省、市、县、乡（镇）四级财政以省为主负担。2010 年农村低保省级预算达 9.2 亿元，2011 年省级预算增加到 10.8 亿元，比上年增长 17%。

二是建立了科学的省级补助机制。为充分发挥省级财政补助资金的激励导向作用，江苏省财政厅、民政厅于 2005 年研究制定了《江苏省农村居民最低生活保障省级补助资金管理暂行办法》。规定省补比例与当地人均财力挂钩，实行分类分档补助。省补金额与当地的保障人数、保障标准、实际支出保障金额及人均月补差金额挂钩，采取年初预拨、按季核拨、年终结算的办法。目前，省级补助范围为 46 个县（市、区），省补比例为 90%、70% 和定额补助三个档次（表 4-3）。此外，按照公共服务均等化的政策导向，自 2009 年起实行对所有非省重点补助地区农村低保资金以奖代补办法。科学、合理的省级补助机制，为经济薄弱地区农村低保制度的迅速推进和顺利实施提供了资金保障[①]。

表 4-3　典型地区农村最低生活保障的各级财政经费分担状况

地　区	总支出/万元	省级支持比例 /%	市级支持比例 /%	区县支持比例 /%	其他经费比例 /%
苏南：张家港	2082.1	13.4	0	47	39.6
苏中：兴化	3791	62	1.3	36.7	0
苏北：盱眙	2284.9	90	0	10	0

资料来源：江苏省财政厅。

三、城乡最低生活保障的比较分析

1. 城乡最低生活保障的省际比较

2011 年江苏人均地区生产总值 61649 元，城镇居民人均可支配收入 26341 元，农村居民人均纯收入 10805 元，城乡居民收入比为 2.44：1，是全国较小的省份之一。在全国范围内，江苏城乡居民最低生活保障标准均位于前列。城镇居民最低生活保障标准为 431 元/月，在全国排列第五。农村居民最低生活保障标准为 348 元/月，在全国排列第四（表 4-4）。

反映低保城乡差异的一个重要指标为农村居民最低生活保障标准与城镇居民最低生活保障标准的比值，江苏该项指标为 0.81，仅低于北京。而苏南已经有 26 个行政县（市、区）实现了城乡标准并轨，占 91 个涉农县（市、区）的 29%。根据省相关规划，苏南地区和苏中部分有条件的地区 2015 年年底前以县为单位实现城乡低保标准一体。在管理方面，江苏最低生活保障制度设计、操作流程也已经实现了城乡一体化。

---

① 详见：嘉秀娟. 江苏省农村居民最低生活保障制度研究[M]//当代生活救助制度完善与创新. 北京:人民出版社,2012：398

表 4-4　2011 年全国各省经济发展水平与低保标准比较

	人均地区生产总值/元	人均地区预算收入/元	城镇居民人均可支配收入/（元/年）	农民人均纯收入/（元/年）	城市低保标准/（元/月）	农村低保标准/（元/月）
全国	35000	7700	21810	6977	336	188
天津市	85213	10739	26921	12321	520	370
上海市	82560	14611	36230	16054	570	430
北京市	81658	14893	32903	14736	520	427
江苏省	**62290**	**6519**	**26341**	**10805**	**431**	**348**
浙江省	59249	5768	30971	13071	458	322
内蒙古	57974	5467	20408	6642	395	230
广东省	50807	5250	26897	9372	300	208
辽宁省	50760	6030	20467	8297	365	203
福建省	47377	4036	24907	8779	301	169
山东省	47335	3586	22792	8342	353	179
吉林省	38460	3092	17797	7510	284	141
重庆市	34500	5099	20250	6480	305	163
湖北省	34197	2652	18374	6898	318	122
河北省	33969	2400	18292	7120	327	150
陕西省	33464	4008	18245	5028	348	154
宁夏	33043	3440	17579	5410	246	110
黑龙江省	32819	2602	15696	7591	280	125
山西省	31357	3377	18124	5601	302	145
新疆	30087	3262	15514	5442	241	118
湖南省	29880	2300	18844	6567	295	140
青海省	29522	2672	15603	4608	247	128
海南省	28898	3877	18369	6446	316	237
河南省	28661	1834	18195	6604	265	115
江西省	26150	2347	17495	6892	337	167
四川省	26133	2540	17899	6129	263	123
安徽省	25659	2452	18606	6232	327	173
广西	25326	2040	18854	5231	264	112
西藏	20077	1805	16196	4904	400	133
甘肃省	19595	1755	14989	3909	240	121
云南省	19265	2399	18576	4722	278	136
贵州省	16413	2229	16495	4145	308	136

资料来源：中国统计年鉴 2012。

江苏城乡低保标准也与其较高的财力相匹配。如图 4-4 所示，江苏农村低保收入比或替代率（农村最低生活保障标准占农村居民人均纯收入）为 38.6%，列居全国第四，仅低于海南、内蒙古、贵州，远高于其他经济发达省份。农村低保收入比是城镇低保收入比（19.6%）的两倍，农村低保标准相对于城镇低保标准明显较高。江苏 2011 年人均财政收入 6519 元，仅低于北京、上海、天津三个直辖市，农村最低生活保障年标准占江苏人均财政收入的 64%，在全国处于居中偏高的地位，在东部地区仅低于浙江省，说明江苏农村最低生活保障的水平设计适度。

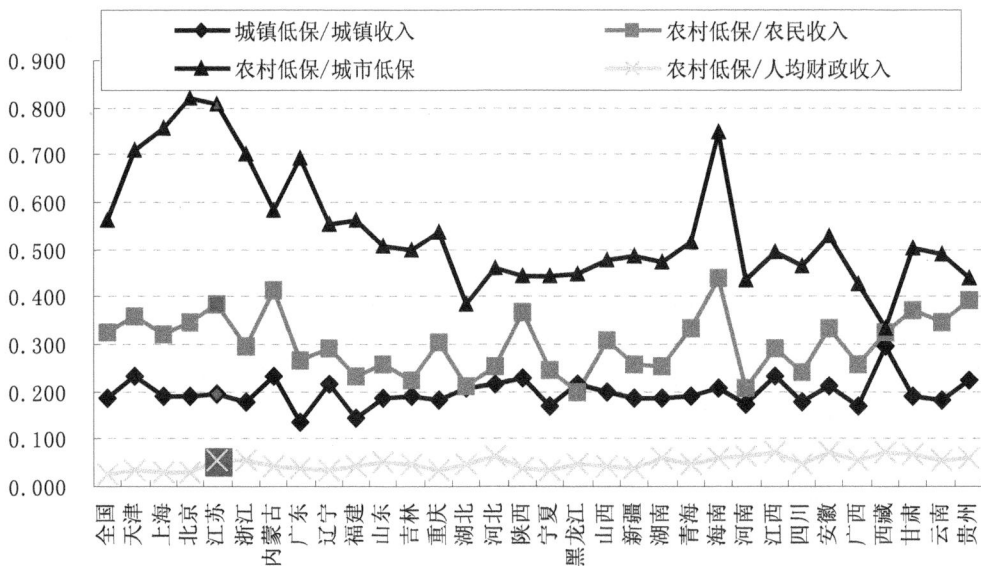

图 4-4　2011 年江苏农村最低生活保障发展的相对水平

资料来源：江苏统计年鉴 2012

2. 城乡最低生活保障的省内比较

（1）城乡最低生活保障替代率的省内比较

最低生活保障替代率是指低保标准占居民人均收入的比重。表 4-5 显示，2011 年全省城市月均低保标准在 382 元左右，农村月均低保标准在 304 元左右，城市低保标准高于农村低保标准；城市低保替代率在 17.4%左右，农村在 33.76% 左右，农村低保替代率高于城市。各省辖市比较可以发现，农村低保替代率最高的是南京和苏州，最低的是盐城和常州。

表 4-5　2011 年江苏城乡最低生活保障替代率

行政区划	城市低保标准/（元/月）	2011 城市居民人均可支配收入/（元/月）	城市低保替代率/%	农村低保标准/（元/月）	2011 农村居民人均纯收入/（元/月）	农村低保替代率/%
南京市	477	2592	18.41	415	1092	37.99
无锡市	446	2637	16.92	432	1370	31.54
徐州市	370	1601	23.12	216	791	27.31
常州市	407	2463	16.52	331	1237	26.77
苏州市	501	2885	17.37	502	1436	34.97
南通市	403	2091	19.27	298	978	30.49
连云港市	277	1540	17.98	210	703	29.88
淮安市	340	1543	22.04	210	720	29.15
盐城市	340	1618	21.02	224	876	25.57
扬州市	360	1903	18.92	302	935	32.31
镇江市	405	2220	18.25	320	1069	29.94
泰州市	380	1966	19.32	279	921	30.31
宿迁市	260	1248	20.84	210	695	30.20
全省	382	2195	17.40	304	900	33.76

数据来源：江苏统计年鉴 2011、江苏民政网。

（2）城乡最低生活保障救助力度的省内比较

由表 4-6 得知，城市低保救助水平平均在 27%，也就是说城市低保对象的低保标准占城市居民年均生活消费的 27%，比城市低保替代率略高。再看农村，农村低保生活救助系数在 47% 左右，救助力度接近国际标准的 50%。

表 4-6　2011 年江苏城乡最低生活保障救助力度

行政区划	城市低保标准/（元/月）	2011 城市居民人均生活消费/（元/月）	城市低保生活救助系数/%	农村低保标准/（元/月）	2011 农村居民人均生活消费/（元/月）	农村低保生活救助系数/%
南京市	477	1675	28.48	415	830	50.02
无锡市	446	1648	27.06	432	937	46.13
徐州市	370	1038	35.66	216	498	43.40
常州市	407	1594	25.54	331	934	35.44

行政区划	城市低保标准/（元/月）	2011城市居民人均生活消费/（元/月）	城市低保生活救助系数/%	农村低保标准/（元/月）	2011农村居民人均生活消费/（元/月）	农村低保生活救助系数/%
苏州市	501	1861	26.92	502	1040	48.25
南通市	403	1301	30.97	298	709	42.02
连云港市	277	956	28.97	210	458	45.83
淮安市	340	1107	30.71	210	492	42.68
盐城市	340	1099	30.94	224	512	43.76
扬州市	360	1230	29.27	302	649	46.52
镇江市	405	1293	31.32	320	761	42.03
泰州市	380	1201	31.63	279	671	41.61
宿迁市	260	886	29.34	210	487	43.17
全省	382	1399	27.31	304	641	47.42

数据来源：江苏统计年鉴 2011、江苏民政网。

四、农村最低生活保障实证分析——基于对低保家庭的调查

农村最低生活保障制度实施中存在哪些问题？居民对最低生活保障是否满意？带着这些问题，课题组对农村低保家庭进行了问卷调查。本部分基于调查信息，从低保家庭的基本情况、低保资格的认定与审核、低保标准的保障程度以及低保家庭对低保工作的评价等方面系统考察江苏农村最低生活保障制度的实施情况、可能存在的问题，并提出相关的对策建议。

1. 低保家庭的基本情况

2012 年暑假期间，课题组共调查农村最低生活保障家庭 252 户，覆盖了省内全部 13 个地市，苏北、苏中和苏南地区分别为 100 户、62 户和 90 户。

（1）人口构成及其特点

表 4-7 列出了农村低保家庭的人口构成和主要就业情况。为了便于对比，同时给出了非低保家庭的相应数据。

表 4-7　农村低保家庭与非低保家庭的人口构成与就业情况

	低保家庭		非低保家庭	
	均值/人	比例/%	均值/人	比例/%
家庭人口数	2.563		4.122	
学龄前儿童	0.079	3.08	0.237	5.75
在校学生	0.270	10.53	0.565	13.71
残疾人	0.444	17.32	0.029	0.70
老年人口（60 岁及以上）	0.837	32.66	0.815	19.77
就业年龄人口	0.933	36.40	2.476	60.07
其中：务农人口	0.587	32.72	0.929	26.80
务工人口	0.381	21.24	1.317	38.00
其他非农就业	0.063	3.51	0.348	10.04
失业人口	0.762	42.47	0.872	25.16

从总体上看，低保家庭的人口规模相对较小，为 2.563 人，而非低保家庭则达到了 4.122 人。一般来说，家庭抵御各种风险的能力与其规模成正相关关系，而相对较小的家庭规模则意味着低保户自身抵御风险的能力比较弱，从而更加需要政府和社会的帮助。

从家庭人口构成看，农村低保家庭的就业人口比重很低，抚养和赡养负担相对较重。在本次调查中，农村低保家庭的就业年龄人口比例仅为 36.40%，这意味着一个就业年龄人口要负担 2.75 个家庭成员（包括自身）；而非低保户的就业人口比例却达到了 60.07%，即一个就业年龄人口仅要负担 1.67 个家庭成员（包括自身）。与此同时，低保家庭中老年人口和残疾人口的比例分别达到 32.66% 和 17.32%，非低保家庭的相应数据则仅为 19.77% 和 0.70%。

具体到就业人口的情况进一步发现，农村低保家庭的就业情况明显处于不利的境地，失业的比例高达 42.47%，是非低保户的 1.69 倍。而在已经实现就业的低保人口中，大都从事相对收入较低的农业生产，外出务工和从事其他形式非农就业的人口比例明显低于非低保家庭。

总的来看，与农村非低保家庭相比，低保户的就业年龄人口比例较低，残疾人和老年人口比例较高。与此同时，低保家庭的失业率较高，并且以从事收入相对较低的农业生产为主。可见，上述情况共同导致了低保家庭人均收入水平的低下，从而陷入贫困的境地。

（2）家庭资产情况

家庭资产表现为多种形式，根据农村居民的实际情况，课题组从承包土地、住房以及非住房固定资产等三个方面对其资产情况进行了调查。

从土地的情况看，农村低保家庭人均拥有承包土地 0.75 亩，低于非低保家庭的 0.95 亩，并且 30.92% 的低保户的承包土地数量为 0。造成这一现象的原因可能是低保家庭缺乏劳动力，从而放弃了承包地或者将其转租；但也有可能是由于低保家庭合法的土地权益遭受了侵害。当然，具体的原因还有待于进一步的研究。

住房是农村居民重要的财富持有形式，占总资产的份额近年来一直呈现出上升的趋势。本次调查显示，91.27% 的低保户拥有自己的住房，与非低保家庭大体相当。此外，低保家庭的平均房龄大约为 22 年，高于非低保家庭的 18 年。但低保家庭的人均住房面积达到了 50.67 平方米，略高于非低保家庭的 46.63 平方米。

从住房的建筑结构来看（图 4-5），低保家庭的住房以相对价值较低的砖瓦结构为主（65.08%），甚至还有 7.14% 的低保户居住在土木、茅草结构的住房内。而 52.44% 的非低保家庭拥有经济价值相对较高的砖混结构住房，这一数据是低保家庭的 1.89 倍。考虑到不同建筑结构住房之间存在着明显的经济价值差异，上述情况表明低保户的住房资产价值明显低于非低保家庭。

除住房外，农村居民所拥有的家用电器和一些生产性资产情况见表 4-8。由表 4-8 可以明显看出，无论是家用电器还是生产性固定资产，低保家庭的拥有率均很低。在主要家用电器方面，电视机、电冰箱、洗衣机和电话在非低保家庭拥有率均在 85% 以上；空调的普及率相对较低，但也达到了 72.03%。相比较而言，低保家庭的电视机拥有率最高，达到了 80.56%，但仍然低于非低保家庭；而其他家用电器以及摩托车、电动车的拥有率大都在 30% 以下，基本相当于非低保家庭的三分之一至四分之一，甚至更低。此外，低保家庭

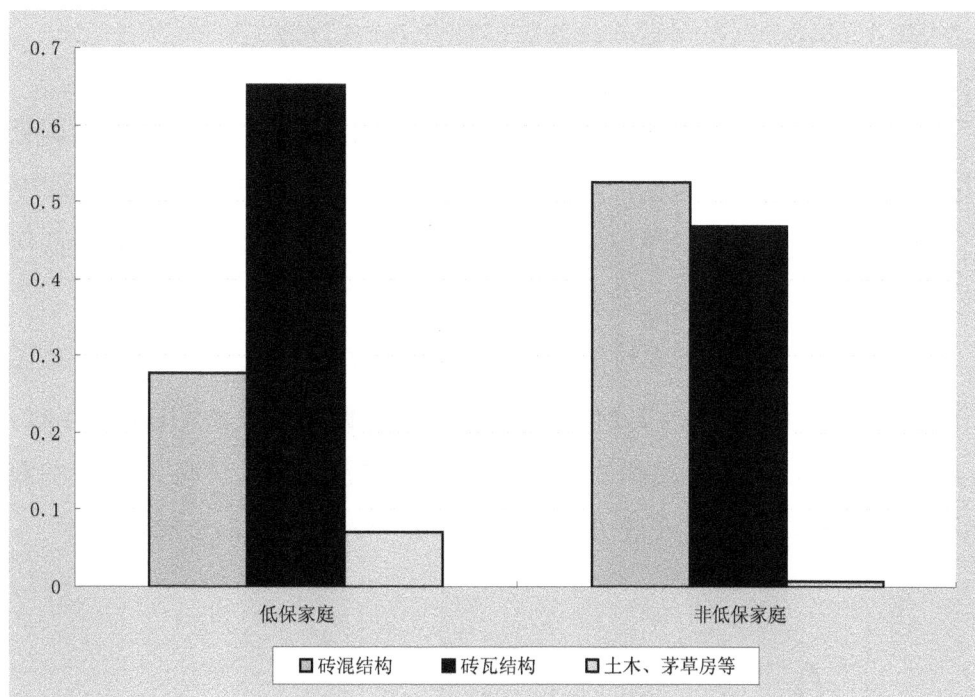

图 4-5　农村家庭的住宅建筑结构分布

表 4-8　农村非住房固定资产的拥有率

项目	低保家庭/%	非低保家庭/%
电视机	80.56	97.89
电冰箱	22.31	86.08
洗衣机	28.29	85.69
空调	10.32	72.03
电话	34.26	90.26
摩托车、电动车	26.19	77.28
小汽车、货车	0.4	13.19
拖拉机及其配套农具	2.78	12.54

中很少拥有小汽车、货车和拖拉机及其配套农具等生产性固定资产。显然，家用电器以及生产性固定资产的低拥有率也成为低保家庭贫困状态的重要表现之一。

（3）收入与支出情况

收入和支出水平是反映居民家庭生活水平的最核心指标。从本次调查的情况来看，农村低保家庭的人均年收入和年支出分别为 3488.39 元、3179.26元，相当于非低保家庭的 24.5%和 38.82%。上述差异直观表现出农村低保家庭在日常生活中所面临的巨大经济困难。

图 4-6 显示了江苏省农村低保家庭 2011 年收入和支出分布的核密度图。从中可以看出，两项指标的分布均具有明显的左偏态特征，其中人均年收入、年支出的众数仅为 2910 元和 2250 元。尤其值得注意的是，有 31.62%的农村低保家庭 2011 年的总收入低于总支出，即处于入不敷出的负储蓄状态。

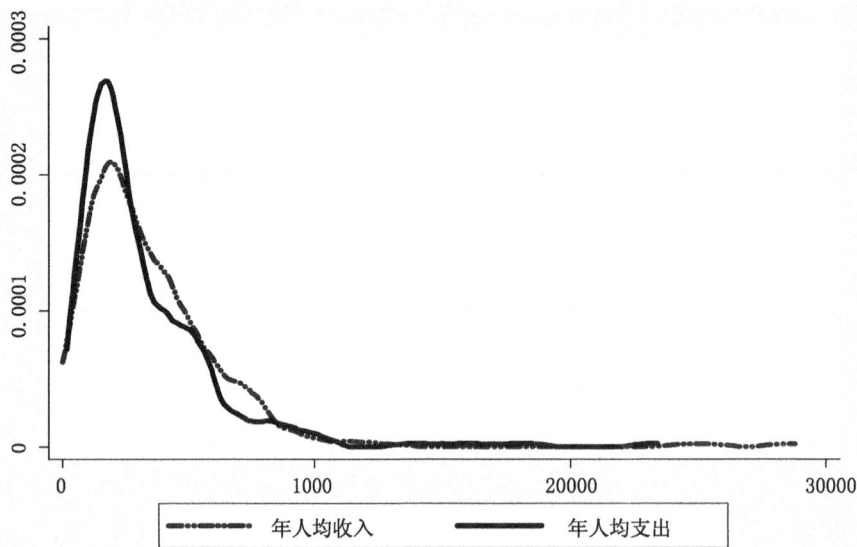

图 4-6　农村低保家庭人均年收入和支出的核密度图

表 4-9 进一步列出了农村低保家庭的收入来源和支出结构。其中排在前三位的收入来源分别是工薪所得、转移性收入以及务农收入，分别占 47.65%、26.95%和 16.54%，三者合计达到 91.14%。显然，与其他社会群体不同，转移性收入特别是社会救济成为低保家庭的重要收入来源，这也在很大程度上凸显低保工作的重要性。此外，低保家庭的借贷收入占其总收入的比例达到

了 5.76%，说明目前还有一定比例的农村低保家庭难以维持正常的日常开支。

表 4-9　农村低保家庭的年收入来源与支出结构（2011 年）

	均值/元	比例/%		均值/元	比例/%
家庭年总收入	10101.23		家庭年总支出	7810.32	
务农收入	1231.92	16.54	食品	2683.53	34.36
工薪收入	3384.02	47.65	衣着	454.81	5.82
土地转租	96.83	1.46	医疗	2762.24	35.37
经营净收入	105.95	1.63	交通	119.02	1.52
转移性收入	2035.59	26.95	通信（含网络）	162.34	2.08
其中：养老金	419.07	5.55	教育	878.56	11.25
社会救济	1461.21	19.35	居住	273.85	3.51
其他转移性	155.31	2.06	农业生产支出	405.16	5.19
借贷收入	375.40	5.76	赡养、赠送	70.81	0.91

从支出结构看，医疗支出是占比最高的一项，达到 35.37%。其中的原因可能在于：农村低保户中老年人和残疾人的比例很高，而这两部分人群同时也是高医疗支出群体，从而给低保家庭造成了沉重的医疗费用负担。此外，食品支出占低保家庭总支出的比例也达到了 34.36%，位居第二位。总的来看，医疗和食品支出均属于维持基本生存的刚性支出，两者合计约占农村低保家庭总支出的 70%，而其他一些发展性、生产性支出的比例相对较低。这说明农村低保户整体的支出仍然以维持基本生存为主。

2. 低保资格的认定与审核

资格认定是最低生活保障工作的基础，而审核过程的公开透明，审核结果公平公正也是低保工作的重要目标。以下主要从审核周期、入户调查与材料公示等相关工作流程分析农村低保资格的审核与认定情况。

（1）致贫原因

表 4-10 显示，农村低保家庭最重要的致贫原因是疾病、残疾，达到了

78.17%。这与前文关于低保家庭人口构成、收入和支出结构的调查信息是基本一致的。同时也说明，这部分群体大都由于自身难以克服的身体方面的原因难以获得维持家庭基本生活的收入，因此确实需要政府与社会的帮助。

表 4-10　农村低保家庭的致贫原因

致贫原因	总体	苏北	苏中	苏南
疾病、残疾/%	78.17	81.00	76.67	76.09
缺少劳动力/%	47.62	51.00	45.00	45.65
天灾人祸/%	11.11	17.00	3.33	9.78
子女教育/%	15.48	24.00	10.00	11.96
不良嗜好（喝酒、吸烟、赌博等）/%	6.35	10.00	0.00	6.52
缺乏就业门路/%	9.92	11.00	5.00	9.78
缺乏就业意愿/%	3.59	5.05	3.33	2.17
计划生育罚款/%	1.98	4.00	0.00	1.09
其他原因/%	4.37	4.00	1.67	6.52

注：本问题为多项选择，因此各项比例之和超过 100%。

排在第二位的原因是缺乏劳动力，这与前文中关于低保家庭人口构成的分析也是一致的，因为缺乏劳动力往往直接导致收入的降低，从而增加了家庭陷入贫困的风险。此外，子女教育、天灾人祸等因素同时也是低保家庭致贫的重要原因，分别占全部样本的 15.48% 和 11.11%。而由于其他一些原因致贫的农村低保户比例相对较低。

从地区间的情况看，无论是苏北、苏中还是苏南，疾病、残疾，缺少劳动力和子女教育均是农村低保家庭致贫的最重要的三个原因，而且地区之间的具体数值也比较接近。因此可以认为，尽管江苏省内的经济、社会发展存在着比较明显的地区间差异，但农村低保户的致贫原因却存在着较为明显的共性。此外，天灾人祸、缺少就业门路在苏北和苏南地区也是导致农村家庭贫困的重要原因。

（2）审核周期

根据被调查低保户申请低保的时间、开始享受低保的时间，计算出低保资格的审核周期（表 4-11），全省平均审核周期为 6.08 个月，略长于半年，并且苏北、苏中和苏南的审核周期依次上升。

表 4-11 农村低保资格的审核周期

审核周期	总体	苏北	苏中	苏南
平均周期/月	6.08	5.38	6.16	6.91
1 个月及以内/%	18.40	25.29	20.69	7.46
1~3 个月/%	25.95	29.88	22.41	23.88
4~6 个月/%	20.76	19.54	18.96	23.88
7~9 个月/%	5.19	3.30	5.17	8.95
10~12 个月/%	24.07	14.94	25.86	34.33
一年以上/%	5.64	8.05	6.88	1.49

从具体的分布来看，低保审核周期呈现出比较明显的双峰特征：有 65.11% 的低保户审核周期在 6 个月以内，其中在第 1~3 个月内完成审核的低保户比例最高，达到 25.95%，为审核周期曲线的第一个波峰。审核周期在 7~9 个月内完成的低保户比例很低，而在第 10~12 个月完成审核的比例则出现了大幅上升，达到 24.07%，成为第二个峰值。此外，上述双峰特征在省内各地均明显存在。

（3）入户调查

为了保证最低生活保障制度的公平性和有效性，对低保申请者的家庭情况进行调查核实一直是低保工作的核心环节之一。在 2007 年《国务院关于在全国建立农村最低生活保障制度的通知》中就指出"在村党组织的领导下，村民委员会对申请人开展家庭经济状况调查"，并且在乡（镇）人民政府、县级人民政府民政部门的后续审核、审批过程中，"还要核查申请人的家庭收入，了解其家庭财产、劳动力状况和实际生活水平"。

本次调查显示，83.47% 的农村低保户在申请的过程中接受过各级部门的入户调查，并且这一比例在省内的各地区之间大体相同。也就是说，还有一定比例的农村低保户并未接受过入户调查,这不仅不符合国务院的相关规定,而且可能会对低保认定工作的公平性产生负面影响。

从总体情况看,入户调查以村级组织为主,56.05%的农村低保户在申请过程中接受过村委会人员的入户调查,其次是乡镇、街道工作人员,占比为36.89%,由县级工作人员进行入户调查的比例相对较少,仅为16.89%。而由于各地具体情况不同,入户调查的主体也存在着一定的差异:在苏中地区,县级工作人员进行入户调查的比例达到了30.51%,尽管低于村委会人员,但高于乡镇、街道工作人员。而在苏南地区,乡镇、街道工作人员进行入户调查的比例最高,达到51.25%。

表 4-12　农村低保的入户调查人员分布

调查人	全省	苏北	苏中	苏南
县级工作人员/%	16.89	17.44	30.51	6.25
乡镇、街道工作人员/%	36.89	29.07	28.81	51.25
村委会人员/%	56.05	67.86	52.54	46.25
其他/%	4.44	3.49	5.08	5.00

对于已经获得低保资格的农村家庭而言,有必要对其家庭情况进行相应的跟踪调查,并根据调查结果对农户的低保资格和补偿标准进行一定的动态调整,从而保证低保制度的公平性和有效性。课题组在调查中发现(详见表4-13),农村低保户的跟踪调查频率相对较低,24.12%的低保家庭仅在认定时接受过入户调查,接受一年(或更长时间)一次跟踪调查的农村低保户比例为54.39%,两者合计接近80%。

表 4-13　农村低保家庭的跟踪调查频率

调查频率	全省	苏北	苏中	苏南
每季度一次或更短/%	2.63	1.22	5.17	2.27
半年一次/%	18.86	8.54	31.03	20.45
一年一次或更长/%	54.39	76.83	50	36.36
仅认定时调查/%	24.12	13.41	13.79	40.91

从地区间的情况看，苏北地区的跟踪调查频率最低，"仅认定时调查"与"一年一次或更长"之和高达90.24%；而苏中地区的跟踪调查频率最高，上述两项合计比例为63.79%，而"半年一次"却达到了31.03%。

（4）材料公示

相关主管部门在对低保申请者进行审核与认定的过程中，不可避免的存在着信息不完全的情况。因此，2007年《国务院关于在全国建立农村最低生活保障制度的通知》中强调"最低生活保障对象的申请情况和对最低生活保障对象的民主评议意见，审核、审批意见，实际补助水平等情况"要由"乡（镇）人民政府以及县级人民政府民政部门及时向社会公布有关信息，接受群众监督"。当然，公示的做法可能会暴露了低保户的隐私，因此也存在着一定的争议。

在本次调查中，明确回答本村对低保户的情况进行"公示"的农村居民为41.82%，而回答"不公示"或"不清楚"的受访者分别达到了25.85%和32.33%。也就是说，接近60%的农村居民没有通过公开渠道了解到本村低保户的相关情况，这可能意味着农村低保工作的信息公开程度还有待于进一步加强。此外，由于涉及切身利益，低保户一般比非低保户更加关注家庭情况的公示与否。但即使在低保户群体中，回答"不公示"或"不清楚"的受访者比例之和仍然接近40%（图4-7）。

表4-14显示了农村居民对公示低保户家庭情况的看法。总的来看，认为这一做法"比较好，可起到监督作用"的比例高达71.78%，而对上述做法持明确否定态度的受访者比例很低，仅为6.55%；与此同时，也有15.89%的农村居民认为公示低保户家庭情况的做法不太好，将会暴露隐私。由于自己家庭的材料一般会被公示，相关隐私有可能会因此暴露，有27.78%的农村低保户认为"不太好，暴露隐私"，该数据大约是非低保户的两倍，但是仍有59.13%的低保家庭支持公示家庭材料的做法，认为该做法可以起到监督作用。

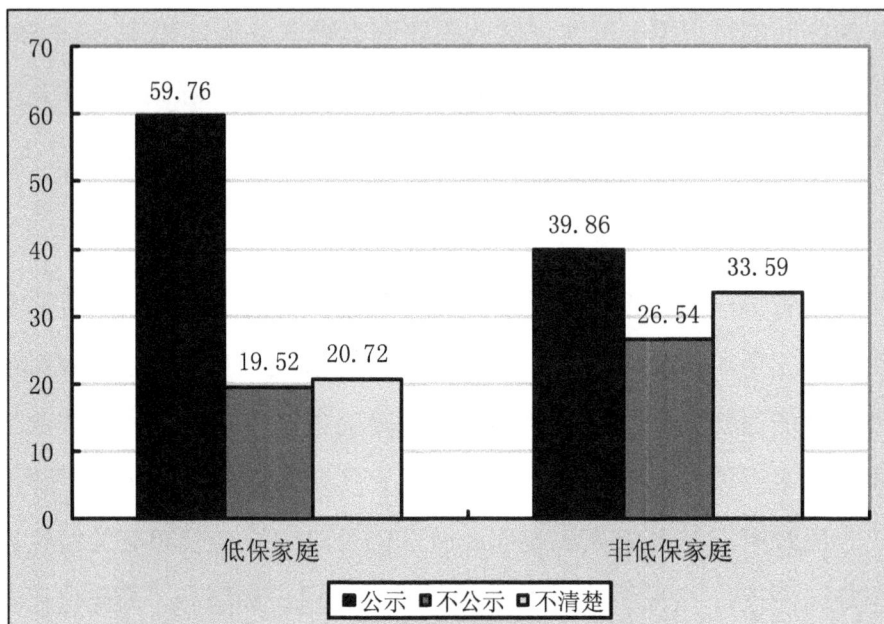

图 4-7 农村低保公示情况（%）

表 4-14 农村居民对低保公示的看法

态度	总体 （N=2548）	低保户 （N=252）	非低保户 （N=2296）
比较好，可起到监督作用/%	71.78	59.13	73.17
不太好，暴露隐私/%	15.89	27.78	14.59
应该取消，没用/%	6.55	8.33	6.36
其他/%	5.77	4.76	5.88

3. 低保的保障水平

（1）低保标准与发放

目前，江苏是以县（市、区）为单位，按照当地上年农民人均纯收入20% ～25%的比例，综合确定当年的农村最低生活保障标准。此外，最低生活保障制度实行的是差额补偿制：将每个低保家庭的人口数乘以当地的低保标准，得到各家庭维持基本生活所需要的最低收入，然后用该收入减去家庭的实际收入，所得到的差额就是每个家庭应该获得的低保金。

表 4-15 显示了被调查低保户所获得的低保金情况：2012 年月人均低保金为 187.12 元。由于低保标准与当地上年农民人均纯收入密切相关，因此随着经济发展水平的提高，苏北、苏中和苏南地区的月人均低保金也逐渐上升，其中苏南农村低保户所获得的低保补贴已经达到苏北地区的两倍。

表 4-15 农村低保户的月人均低保金

	全省	苏北	苏中	苏南
均值/元	187.12	135.14	142.55	273.83
标准差	108.60	66.80	71.55	112.26

此外，本次调查发现：农村低保金的发放比较规范，95.22%的被调查家庭回答低保金能够按时发放；97.60%的受访者回答低保金能够足额发放，不存在拖欠的情况。

（2）低保金的保障程度

尽管各地的低保标准不尽相同，但最低生活保障制度的中心目标在于有效保障困难群众的基本生活。从本次对农村低保户的调查情况来看，12.4%的受访者认为低保金能够保障基本生活的需要，但认为不能保障基本生活的低保户也高达 37.2%，总体情况并不乐观。这在很大程度上意味着，今后需要更加重视对低保标准的科学、合理测算，并根据宏观经济形势的变化对其进行及时调整。

分地区看，苏北的情况明显落后于苏中和苏南地区，有 8.08%的苏北地区低保户认为低保金能够保障基本生活，该比例仅为苏中和苏南地区的一半左右；与此同时，却有 44.44%的苏北地区受访者认为低保金不能保障基本生活，明显高于苏中和苏南地区。

表 4-16 低保救助金额能否保障基本生活

	全省	苏北	苏中	苏南
能保障/%	12.4	8.08	15.25	15.22
部分保障/%	50.4	47.47	55.93	50.00
不能保障/%	37.2	44.44	28.81	34.78

（3）其他社会救助

除了最低生活保障以外，农村低保家庭还可能会定期或不定期的从其他
相关部门获得一些社会救助。表 4-17 统计了农村低保家庭获得其他社会救助
的情况。总的来看，农村低保户接受其他社会救助的比例总体偏低。其中获
得过"医疗救助"、"临时救济（灾害等）"和"子女教育救助"等三项救助的
比例最高，分别仅为 14.41%、10.13% 和 7.96%。与表 4-10 中的低保户致贫原
因相比较，发现上述三项救助具有较强的针对性。而从平均金额来看，以上
三项救助也是最高的。此外，接受过其他社会救助的农村低保户比例很低，
金额也很少。

表 4-17　农村低保户接受其他社会救助的现状与意愿

社会救助种类	已接受的社会救助		意愿的社会救助
	比例/%	平均金额/元	比例/%
医疗救助	14.41	2660.61	87.25
子女教育救助	7.96	3184.6	29.48
住房援助	2.69	71.43	33.47
水电气费减免	1.79	72.53	45.02
临时救济（灾害等）	10.13	270.97	7.17
务农、务工援助	0.89	265	23.51

注：上述两个问题均为多项选择，因此各项比例之和可能超过 100%。

关于低保户接受其他社会救助的意愿（表 4-17），其中排在第一位的是"医
疗救助"，达到了 87.25%。这可能意味着大多数农村低保家庭都面临着比较
沉重的医疗费用支出。而选择"水电气费减免"、"住房援助"和"子女教育
救助"的比例也大都在 30% 以上。也就是说，即使已经获得了低保资格，低
保农户的日常生活仍然较为困难。需要强调的是，尽管仅有 0.89% 的低保户
接受过"务农、务工援助"，但却有 23.51% 的受访者愿意接受此类救助。这
说明，如果剔除一些主要由老年人、残疾人组成的家庭，农村低保家庭的总
体就业意愿还是比较强烈的。

（4）退保意愿

众所周知，低保制度属于典型的社会救助，一些低保家庭在收入增加并超过低保标准以后仍然不愿意退出，这不仅导致低保制度运行的困难，并在很大程度上损害了这一制度的公正性。为了进一步了解农村低保家庭的退出意愿，课题组在问卷中设计了以下问题，"假如您有了工作或者由于其他原因收入增加了，可以不靠低保维持生存，您愿意主动退保吗？"

从回答的情况来看，农村低保家庭的退保意愿确实不强。有30.12%的受访者明确表示"不愿意"退出，并且该比例在苏北、苏中和苏南地区之间大体相当，均在30%左右。

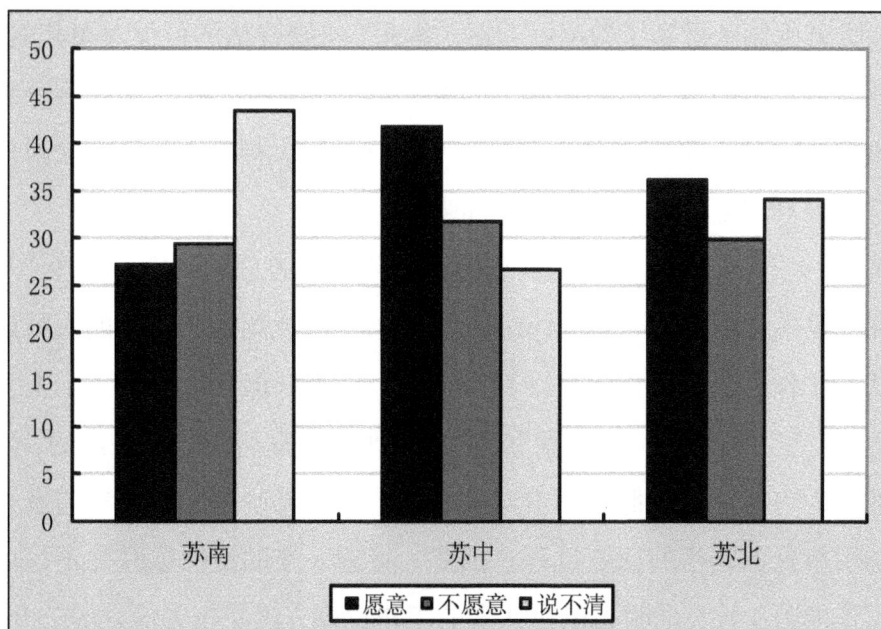

图4-8　农村低保家庭的退保意愿

4. 低保制度的公正性评价

对于本次调查的2552户农村家庭，均询问了以下两个问题："据您了解，您的周围有没有家庭不符合低保条件却领取了低保金的情况？"和"据您了

江苏农村社会保障发展报告 2012

解，您周围有没有人家里很贫困，但不是低保户的？"，受访者的具体回答情况详见表4-18。

表4-18　低保救助对象的公平性

周围有没有家庭不符合条件，却进入了低保	人数/人	频率/%	周围有没有家庭很贫困，但不是低保户	人数/人	频率/%
没有	637	24.96	有很多	136	5.33
有，很少	536	21.00	有，不多	729	28.55
有很多	192	7.52	没有	582	22.80
不清楚	1187	46.51	不清楚	1106	43.32

　　表4-18显示，对上述两个问题回答"有很多"的农村居民分别占总体的7.52%和5.33%，总体比例相对较低。因此从社会评价的角度来看，农村居民一般认为低保制度做到了"应保尽保"，并且不符合资格的低保对象相对较少。但同时需要指出的是，对上述两个问题"不清楚"的农村居民比例分别高达46.51%和43.32%，明显超过了其他选项。这在很大程度上说明，农村低保工作的信息公开程度仍然需要进一步加强。

　　表4-19是受访者对本村低保认定工作公正性的总体评价，回答"不太公正"和"很不公正"的比例合计达到35.69%，这说明相当比例的农村居民对低保认定工作存在着明显的质疑甚至否定。认为低保认定工作"不太公正"和"很不公正"的低保户比例竟然高达47.2%，明显高于非低保户的34.44%。其中的原因可能在于，低保户本身是最低生活保障制度的亲身参与者，相对也更加了解低保资格的认定过程。因此，接近一半的低保家庭并不认可低保认定工作的公正性，说明无论是认定的工作程序，还是相关信息的公开方面，仍然存在着许多需要改善和提高的空间。

　　为了今后更有效地开展低保工作，课题组还向农村低保户调查了"目前政府在低保工作中存在的主要问题"。从表4-20的数据看，低保户的回答相对集中，认为"未能分类认定，应根据不同家庭情况分类施救"的比例最高，达到了38.55%，说明许多低保户认为每个家庭贫困的原因可能并不相同，应

表 4-19　本村低保认定工作的公正性/%

本村的低保认定工作是否公正	总体 （N=2547）	低保户 （N=250）	非低保户 （N=2297）
很公正	4.67	2.8	4.88
比较公正	12.21	11.6	12.28
一般	47.43	38.4	48.41
不太公正	29.33	42.4	27.91
很不公正	6.36	4.8	6.53

表 4-20　目前低保工作中存在的主要问题

主要问题	比例（N=250）/%
认定不公平，干部亲属等关系户优先被批准	26.00
未能分类认定，根据不同家庭情况分类施救	38.55
审核不严甚至不入户审核，导致"骗保"问题	15.20
有些确实符合低保条件的家庭未被纳入低保户	16.13
不具动态性，一些已不符合条件的低保户一直没有退出	23.79
低保标准过低，难以保障基本生活	25.60

注：本问题为多项选择，因此各项比例之和超过 100%。

该有针对性的分类救助。其次，选择"认定不公平，干部亲属等关系户优先被批准"和"有些确实符合低保条件的家庭未被纳入低保户"比例也比较高，再次反映了低保户对于认定的公平性以及动态管理的合理诉求。此外，选择"低保标准过低，难以保障基本生活"的比例也达到了 25.60%。

五、农村最低生活保障存在的主要问题

江苏省农村最低生活保障制度建设早、发展快、标准高，整体来说在全国范围内发展水平处于前列。但是，通过省际和省内各市的比较和对江苏省农村低保户的调查，也发现一些问题，主要总结为以下几点。

1. 低保标准的城乡、区域差异明显

目前全省苏南地区已经有 20 个县（市、区）实现了城乡低保标准并轨，

但大部分地区城乡保障水平依然存在差距。城乡差距尤其以苏中地区为大，南通海门市、扬州江都区和徐州部分区县的农村低保标准不到城市低保标准的 60%。2012 年第 3 季度，江苏农村低保标准最高的地区为苏州市，张家港市为 600 元/月，昆山市为 590 元/月，吴江市、太仓市和常熟市为 580 元/月；最低的是盐城市建湖县，仅为 210 元/月，宿迁市、连云港市和徐州市等部分县区的标准也较低，为 240 元/月，省内差异较大。

2. 单一标准不适应家庭特殊需要

根据课题调研，低保户普遍认为现有的低保制度"未能分类认定，应根据不同家庭情况分类施救"，说明许多低保户认为每个家庭贫困的原因可能并不相同，应该有针对性的分类救助。对于有残疾人、有病人和孩子的低收入家庭，除了贫穷所带来的消费能力不足，照顾病残幼需花费有劳动能力的成年人大量的时间和精力，而病残幼对医疗、营养、教育等的特殊需要又需要家庭更多的消费，而现有的低保制度的补贴金额仅取决于家庭收入和家庭人口数，无法顾及这类特殊需要。

3. 低保对象的监督审查机制落实不充分

调研发现，接近一半的低保家庭并不认可低保认定工作的公正性，有个别村民反映干部亲属等关系户优先被批准、有些确实符合低保条件的家庭未被纳入低保户等问题。苏北地区的跟踪调查频率最低，超过 90% 的低保户一年一次或更长时间才被调查一次，低保对象认定和监督审查程序没有按照制度要求进行。"十一五"末，江苏省共保障农村低保对象 139 万，年发放保障金 17.3 亿元，低保对象比"十五"期间增加了 60%，低保资金规模比"十五"期间扩大了近 4 倍。工作量剧增，而工作人员没有相应增加。特别是在乡镇一级，仅有 1~2 名民政助理、民政会计，要承担各类社会救助、社会福利、社会优抚等大量事务性工作。苏中、苏北部分乡镇没有信息化的办公设备，监督审查无法有效落实。

4. 低保依赖明显，"只进不出"普遍

农村低保家庭一旦进入低保系统，即使家庭收入增加了，一般也没有主动退保意愿，最终形成了低保"只进不出"的现象，动态管理机制无法实际落实。一个方面是由于农村低保家庭即使能够脱贫，家庭收入也一般高出低保标准有限，因此低保补贴和相关的照顾政策对家庭仍是比较重要的保障。另一方面则是现有的补差制度形成了低保依赖，在低保标准范围内的收入在补差制度下则带来等量的补贴减少，低保对象不愿意主动脱贫。最后，动态机制无法落实还在于监督管理没能有效地发挥作用。

六、对 策 建 议

经过多年来的不断发展完善，江苏农村最低生活保障制度已取得了明显成果，扩大了保障对象的覆盖面，提高了保障标准，对农村困难群众的基本生活确实起到了"兜底"的作用。为了切实加强和改进江苏农村最低生活保障工作，有效维护贫困群体的基本生活权益，提出以下政策建议。

1. 科学界定低保对象

科学界定保障对象是农村最低生活保障制度能否发挥作用的关键环节。因此，每个低保对象的确定必须在收入符合条件的基础上，经过村级评议、乡镇审核、县市民政部门审批、省级监督的程序。但如前文所述，调查显示16.53%的农村低保户在申请的过程中并没有接受过相关部门的入户调查，这明显不符合现行的低保审核程序，有损于低保制度的公平性。在 2012 年 9 月 1 日颁布的《国务院关于进一步加强和改进最低生活保障工作的意见》中明确指出"乡镇人民政府（街道办事处）是审核最低生活保障申请的责任主体，在村（居）民委员会协助下，应当对最低生活保障申请家庭逐一入户调查"。

此外，科学界定农村低保对象还需要通过当地县级民政部门牵头，整合财政、统计、劳动及社会保障等部门力量，深入基层，全面调查、了解、掌

握贫困家庭的成员结构、收入水平、生活费支出、致贫原因等，以通过最大努力仍达不到最低生活线为衡量标准，有效杜绝非贫困因素的干扰。

2. 结合家庭人口和需求特征提供保障

最低生活保障制度的首要目的是保障贫困人口最基本的生活需要。不同家庭的最低生活需要由于人口结构的不同而有所不同，因此发达国家和地区的社会救助制度都根据家庭人口的特殊需要确立保障内容和标准。如美国食品券（Food Stamp）和儿童营养（WIC）、收入所得税抵免计划（EITC）主要保障有孩子的家庭，补充性保障收入(SSI)则主要保障低收入的老年人、盲人和残疾人。法国的家庭收入补助制度、瑞典的住房补贴制度以及中国台湾的低收入家庭救助制度均根据家庭收入和孩子的数量而给与不同标准的补贴额度，不同年龄孩子因需求不同享受的补贴标准也不同。《江苏省居民最低生活保障工作规程》提出在 2013 年将针对家庭人口特点实行"分类施保"，已经基本确立了改革方向，但存在分类不细和标准低等问题。建议江苏省对 3 岁以内低保家庭儿童的补贴增至低保标准的 150%，3~12 岁低保家庭儿童的补贴至少增至标准的 120%，以保障低收入家庭儿童的营养需要。同时，增加高龄老人补贴，通过与农村养老服务相对接协同分担低收入家庭老年人的照顾成本。

3. 从单纯"补差"向"积极救助"迈进

针对低保补差制度导致的低保依赖、退保难等问题，可借鉴海内外社会救助制度中的积极救助措施，实施"救助渐退"。美国的 TANF 计划、法国的就业团结收入制度、中国香港的社会保障综合援助计划都注重提高接受援助者的社会参与的能力，低收入群体通过劳动增加收入，救助金一般仅减少增加收入的 10%~50%，使总收入仍然增加，以促进低收入家庭主动减贫。《江苏省居民最低生活保障工作规程》虽已提出政府保障与社会帮扶相结合，鼓励劳动自立的原则，但仅考虑到劳动成本的扣除。农村低保制度向"积极救助"的转变还应对低保对象因劳动而增加收入给予鼓励，因参与劳动而增加的收入减半核算家庭收入，以减少因劳动收入增加而造成的低保补差损失。这样，即使低保家庭因劳动增收而超过低保标准，也不会立即取消低保资格，真正达到鼓励劳动自立的目的。

4. 建立社会监督机制，加强监督检查

建立社会监督机制，加强监督检查是保证低保工作公开、公平、公正的最有力、最有效的措施。首先，要完善操作程序。各级政府应加强农村低保工作的规范化建设，做到制度完善、程序明确、操作规范、方法简便。为此，要进一步完善农村低保的运行程序以及低保对象家庭收入的核定办法。同时，要实行阳光操作，对低保对象的审核、审批应坚持村、乡镇、县三级公示制度，让群众参与低保全过程的监督，充分发挥人民群众参与监督的威力，杜绝"关系保、人情保"。其次，可以通过上级的行政监督，平级及上级的审计监督，纪检监督等多种方式防止滥用职权、截留挪占低保资金以及弄虚作假的行为发生。此外，县、乡（镇）民政部门要设立举报电话，对举报情况属实的举报人可以实行奖励的办法，以推动工作开展，促进制度建设。

5. 采取严格的动态管理方式

对农村低保对象应实施严格的动态管理，做到低保对象有进有出。在一定时期内农村低保家庭共同生活的成员年人均纯收入低于户籍所在地农村低保标准的，应按程序纳入农村低保范围；对于家庭经济好转、年人均纯收入超出了农村低保标准的低保户，户主本人应主动申请退出低保；对于户主不主动提出申请的低保户，经村委会调查核实后取消其低保资格，并追缴多发放的低保金。低保工作人员要坚持对享受低保的家庭进行不定期的全面走访复查，详细了解低保对象的家庭收入变化情况，逐户复核。根据《国务院关于进一步加强和改进最低生活保障工作的意见》中的精神：对于无生活来源、无劳动能力又无法定赡养、抚养、扶养义务人的"三无人员"，可每年核查一

次；对于短期内收入变化不大的家庭，可每半年核查一次；对于收入来源不固定、成员有劳动能力和劳动条件的农村最低生活保障家庭，原则上按季度核查。

6. 做好农村低保制度与其他社会救助制度的衔接

作为农村社会保障体系的一个重要组成部分，农村低保工作的顺利开展需要各项配套政策、制度的协调。从宏观角度而言，农村低保制度需要农村经济社会政策的配套支持，大力发展农村经济是根本的出路所在。只有经济发展了，农民收入增加了，才能变"输血"为"造血"，进而从根本上减少农民对低保制度的依赖。课题组的实地调研显示，农村低保制度不能孤立地存在，高额的教育、医疗支出、高涨的物价、偶发性的自然灾害往往让农村贫困家庭难以维持基本生活。这就需要不断完善教育、医疗、养老等多方面的保障措施，使之与农村低保制度实现有效衔接。

第五章　江苏农村社会养老服务体系发展报告

　　人口老龄化是 21 世纪中国面临的重要社会问题，江苏人口老龄化程度居全国前列。早在 1986 年，江苏就率先进入老龄化社会，比全国提前 13 年。2011 年，全省 60 岁以上老年人口已达 1366 万，占总人口的 18.2%，高出全国比例 5 个百分点。第六次人口普查数据显示，江苏省人口年龄构成是：0~14 岁人口为 1023 万人，占人口总数的 13.01%；15~64 岁人口为 5986 万人，占人口总数的 76.10%；65 岁及以上人口总数为 857 万人，占人口总数的 10.89%。与第五次全国人口普查相比，0~14 岁人口的比重下降 6.64 个百分点，15~64 岁人口的比重上升 4.51 个百分点，65 岁及以上人口的比重上升 2.13 个百分点[①]。目前江苏省老龄化程度排名全国第三，而且已经进入老龄化快速发展阶段。庞大的老年人群体，尤其是高龄老人数量的逐渐增多，对生活照料、医疗护理、精神慰藉等不同方面的养老服务的需求必会随之增加。

　　与城市相比，农村的养老问题更为严峻。一方面，农村人口的老龄化、高龄化程度更加严重，全国农村老年人口已超过 1 亿，其规模是城市的 1.69 倍，其中农村 80 岁以上高龄老年人已增加到 1100 万人，占农村老年人总数的 11.3%。此外，还有部分失能老人 1894 万人[②]。另一方面，受计划生育政策、大规模年轻劳动力乡城迁移等因素影响，农村家庭结构日益核心化、小型化、空巢化，出现了大量的空巢老人、留守老人，传统的依靠子女的家庭

　　① 江苏省人口计划生育委员会. 江苏省 2010 年第六次全国人口普查主要数据公报[EB/OL]. [2011-05-03].
　　② 我国农村老龄问题研究课题组. 中国农村人口老龄化快速发展，学者吁构建社保体系[N]. 人民日报，2011-04-29

照顾已难以为继，迫切需要社会化的养老服务。

社会养老服务是指动用社会化的资源和设施，利用政府、社会、个人多方的力量为老年人提供全方位的养老服务，满足其生活照料、精神慰藉、医疗健康等需求的养老服务模式。近年来，江苏省政府非常重视社会养老服务体系建设。2009 年 7 月，制定并颁布了《关于加快我省老龄事业发展的意见》，提出要"加快建立以居家养老为基础、社区服务为依托、机构养老为补充，城乡一体化、投资多元化、管理规范化、队伍专业化的养老服务体系。"2011年 9 月，江苏省政府颁布了《关于加快构建养老服务体系的实施意见》，明确提出"建立起与经济社会发展相协调、与'两个率先'进程相同步、与人口老龄化水平相适应，以居家养老为基础、社区服务为依托、机构养老为支撑、信息服务为辅助的社会养老服务体系，满足老年人养老服务需求"。其中对农村养老服务设施建设、居家养老服务中心建设提出了具体的目标和要求。

为了总结江苏农村社会养老服务体系建设的经验教训，推动农村社会养老服务体系的健康发展，在江苏省民政厅、江苏省老龄工作委员会办公室的大力支持和帮助下，课题组于 2012 年 5 月至 10 月期间先后前往南通、苏州、无锡、常州、泰州、连云港等地进行调研，了解各地农村社会养老服务机构的运行状况及存在的问题。在此基础上，结合文献资料，对江苏农村社会养老服务体系建设进行全面系统的研究，进而提出农村社会养老服务体系的发展对策，以期为政府部门发展和完善农村社会养老服务体系提供决策参考。

一、农村社会养老服务体系的发展历程

自古以来，我国农村居民的养老一直是以家庭养老为主。20 世纪 50 年代，随着集体经济的盛行，农村养老逐渐进入集体养老与家庭养老相结合时期。20 世纪 80 年代之后，随着经济和社会的发展，农村家庭养老和集体养老的功能弱化，国家出台了一系列的政策来解决农民的养老问题，有条件的农村地区逐渐建立了社会养老保险制度、农村最低生活保障制度和计划生育家庭奖励扶助制度等。纵观江苏省农村养老服务体系的发展历程，可分为以下三个阶段。

1. 农村社会养老服务体系建立时期（1949~1978）

新中国成立之初，中国农村是典型的自给自足的自然经济、半自然经济社会，家庭既是农村基本的生产、消费单位，又是农民养老保障的主体。与这一时期的土地制度相适应，我国农村普遍建立了以个体小农经济为基础、以家庭保障为主体的养老保障模式，即"家庭保障+土地保障+邻里互助"。

1958 年，全国农村普遍确立了人民公社体制，广大农民是公社社员，他们参加由生产队组织的集体生产，在公社范围内实行平均分配、无偿调拨、义务劳动，实行"供给制+工资制"，公共食堂、幼儿园、敬老院等全部由人民公社办。这种建立在集体经济基础之上的带有共产主义色彩的按需分配个人消费品的分配模式，为每个社员建构了全方位的社会保障。在此制度下，社员可以从集体组织中获得自己的生活所需，其养老也由集体安排和照顾。集体经济的盛行剥夺了家庭的剩余支配权，家庭保障功能迅速弱化，中国农民养老保障进入集体保障与家庭保障相结合时期。

1962 年 9 月，中央制定《农村人民公社工作条例（修正草案）》，调整了人民公社的管理体制，将人民公社的基本核算单位进一步下放到生产队，实行"三级所有，队为基础"，使生产队具有生产管理权和分配决定权，调动了生产队的生产积极性与主动性。生产队一般按"口粮+工分粮"或"工分粮+照顾"的原则将口粮分配到户，由社员自己支配。在这种分配体制下，原来由家庭抚养的非劳动力人口的基本生活资料全部由集体提供。不仅如此，《条例》中还对农村五保户供养制度和养老金制度做出了规定，建立了以集体经济为基础，以集体保障为主体的复合型社会保障制度框架。内容包括：救济贫困的扶贫制度、照顾优待军烈属的优抚制度、五保供养制度和农村合作医疗制度。至此，农村的家庭养老保障功能迅速退化，取而代之的是社会化的、以集体保障为主导的形式。

总体上看，这一时期农村养老服务主要采取家庭养老与集体保障相结合、五保老人集体供养的方式，明显具有这样几个特征：从供养形式上看，主要是家庭养老和集体集中供养相结合，强调家庭责任和集体责任。集体供养主要针对属于"三无"老人的五保对象，为其提供养护、照料、护理、临终关怀服务等，保障其最基本的吃、穿、住、医、葬的生存需求；敬老院等养老服务机构的经费主要来源于集体经济，集体承担了农村弱势老人养老服务的责任。

2. 农村社会养老服务体系发展时期（1979~2008）

改革开放后，我国农村经济得到了快速持续的发展。但是，随着农村家庭联产承包责任制的推行，集体组织失去了经济来源。在这种情况下，计划经济时期以家庭养老与集体保障相结合的养老服务体系逐渐解体。农村除了五保老人由国家承担养老服务之外，大部分老年人只能依靠家庭养老。

20 世纪 80 年代以来，在向市场经济体制转轨的过程中，我国政府提出了福利社会化的改革发展方向，社会福利事业由国家负担转变为国家、集体、个人三方共同负担，由"救济型"福利事业转变为"福利型"福利事业，由"供养型"服务方式转变为"供养与康复相结合型"服务方式。在这种背景下，农村社会福利开始朝着社会化的方向发展。1994 年，国务院颁布《农村五保供养工作条例》，使农村弱势群体的生活保障走上了法制化和规范化的轨道。2000 年 2 月，国务院办公厅明确提出"坚持以居家为基础、以社区为依托、以社会福利机构养老为补充的发展方向"。由于养老服务在社会福利中占有重要地位，这一概括逐步演变为专指养老服务体系，并于 2006 年前后最终确定为"以居家养老为基础、社区服务为依托、机构养老为补充的服务体系"。同年 11 月，财政部、国家税务总局发布《关于对老年服务机构有关税收政策问题的通知》，对政府部门和社会力量兴办的老年服务机构给予税收减免的政策进行明确规定，对促进老年服务事业发展、加快实现社会福利社会化起到了积极的促进作用。

　　在这一时期，江苏省也积极推进社会福利社会化。2006年，江苏省人民政府办公厅《关于贯彻实施〈农村五保供养工作条例〉的通知》，确定了五保对象的供养，可以根据当地的经济条件，实行集中供养或者分散供养，其中具备条件的乡、民族乡、镇，当地人民政府应当兴办敬老院，集中供养五保对象。2007年，省政府办公厅颁布《江苏省老龄事业发展"十一五"规划》和《关于进一步做好老年人优待服务工作的通知》。《"十一五"规划》总结了"十五"期间老龄事业发展状况，明确提出要"发展以居家养老为基础、社区服务为依托、机构养老为补充的养老服务保障体系"，通过政府扶持、市场推动、社会化服务的运作机制，推进老年服务基础设施建设和老年社会服务业发展，努力实现"老有所养、老有所医、老有所教、老有所学、老有所为、老有所乐"的目标。2008年，《中共江苏省委、江苏省人民政府关于切实加强民生工作若干问题的决定》和《中共江苏省委办公厅、省政府办公厅关于深入学习实践科学发展观活动中着力抓好十件实事的通知》，强调完善养老保险制度、推进老年服务设施建设、加强农村五保供养工作，有力地推动了江苏养老服务体系的建设。

　　总体上看，这一阶段农村养老服务发生了显著的变化，明显具有以下几个特征：第一，从服务对象上看，由单纯的"三无对象"、"五保户"扩大为全社会老年人；第二，从供养形式上看，家庭养老仍然是重要方式，同时鼓励开展社区养老和机构养老；第三，从服务内容上看，从以满足老年人生存需要的救济型养老，向为老年人提供全面服务的现代福利型养老转变，包括提供生活照料、医疗保健、文化教育、体育健身、休闲娱乐等全方位服务的福利型养老服务；第四，从筹资方式上看，由过去单纯依靠家庭和集体，转变为在家庭保障为主的基础上鼓励社会力量参与，更加强调政府和社会的养老责任。

3. 新型农村社会养老服务体系的建立与发展时期（2009 年以来）

2009 年初，民政部、国家发改委和全国老龄办启动基本养老服务体系建设规划首批试点工作。江苏、黑龙江、湖北、重庆和甘肃五个试点省（市）作为首批试点省份。2010 年 5 月 6 日，国家民政部、发改委召开全国基本养老服务体系建设规划试点工作会议，总结了第一阶段试点工作经验，科学制订基本养老服务体系建设规划，安排部署第二阶段试点工作，明确了加快推动基本养老服务体系建设的目标任务和工作要求，并将试点省份扩大至北京、内蒙古、上海、浙江、安徽、江西、云南等 12 个省（市、自治区）。同年 7 月，国家发改委下发通知，要求在人口发展领域重点做好五个方面的建设项目储备和编报工作，其中一个方面就是基本养老服务体系。至此，基本养老服务体系建设工作取得突破性进展，标志着我国养老服务体系建设和管理进入新的阶段。

2010 年 10 月，十七届五中全会通过的《中共中央关于制定国民经济和社会发展第十二个五年规划的建议》中，明确提出"要积极应对人口老龄化，注重发挥家庭和社区功能，优先发展社会养老服务，培育壮大老龄服务事业和产业"。2011 年 12 月，国务院办公厅正式印发《社会养老服务体系建设规划（2011~2015）》。这是新中国成立以来国家第一次将社会养老服务体系建设纳入专项规划范围。《规划》提出到 2015 年，基本形成制度完善、组织健全、规模适度、运营良好、服务优良、监管到位、可持续发展的社会养老服务体系。每千名老年人拥有养老床位数达 30 张。居家养老和社区养老服务网络基本健全。

江苏社会养老服务体系建设实践领先于全国其他省份。2009 年就出台了《中共江苏省委、江苏省人民政府关于加快我省老龄事业发展的意见》，提出要"加快建立以居家养老为基础、社区服务为依托、机构养老为补充，城乡一体化、投资多元化、管理规范化、队伍专业化的养老服务体系"，并制定农村综合性老年服务中心（站）等养老服务机构的发展目标：苏南、苏中、苏北农村建成比例分别达到 40%、35%、30%以上，同时加快公办养老服务机构建设。制定居家养老服务标准，丰富服务内容，在提供短期托养、日间照料以及助餐、助洁、助浴、助医、助行、助购等生活服务的同时，兼顾老年人多种需求，提供文化娱乐、学习教育、心理关爱等服务。积极通过税收减免支持社会力量兴办养老服务机构。加大政府财政投入，加快公办养老机构建设。

2011 年 3 月颁布的《江苏省国民经济和社会发展第十二个五年规划纲要》中，提出大力发展居家养老服务。建设多形式的居家养老服务网络，城市社区实现全覆盖，农村社区覆盖率达到 40%，建设一批区域性老年信息服务平台。同年 9 月，江苏省政府颁布了《关于加快构建养老服务体系的实施意见》（苏政发〔2011〕127 号），对江苏省社会养老服务体系建设提出了目标和要求。在农村养老服务体系方面，提出了养老服务机构和社区养老服务设施建设的具体目标。在养老服务机构建设方面，到 2015 年，养老机构床位数达到每千名老年人 30 张以上；社会力量兴办的养老机构床位占养老床位总数的比例达到 50%以上；护理型床位占养老床位总数的 30%以上。在社区养老服务设施建设方面，推进养老服务城乡一体化。切实加大对农村养老服务的投入，推动公共服务资源向农村养老服务倾斜。改善农村敬老院服务设施，扩大服务范围，在确保"五保"供养对象生活的前提下，拓展社会寄养、日托照料、支撑区域内居家养老服务等多种功能，逐步向区域性养老服务中心转型。到 2015 年，农村社区（村）居家养老服务中心（站）建成比例苏南达到 90%、苏中达到 80%、苏北达到 70%以上。为了推进社会养老服务体系建设工作的全面开展，同年 11 月，江苏省政府办公厅印发了《省政府关于加快构建社会养老服务体系实施意见责任分解方案的通知》（苏政发〔2011〕164 号），将社会养老服务体系建设责任分解到江苏省民政厅、财政厅、老龄办等各部门，明确分管领导、责任处室和责任人，逐级分解落实社会养老服务体系建设工作责任。12 月，江苏省政府下发了《江苏省"十二五"老龄事业发展规划的通知》（苏政发〔2011〕178 号），进一步明确了加快发展养老服务体系的目标。

在江苏省委、省政府的大力推动和支持下，社会养老服务体系建设取得了阶段性成果。截至 2012 年 4 月，江苏省已建成标准化社区（村）居家养老服务中心 8700 多个，省级示范性社区居家养老服务中心 152 个；形成了机构运作、集中居住、虚拟养老、应急服务、志愿服务等 5 种居家养老服务模式。自 2009 年起，江苏省财政每年安排专项资金用于支持居家养老服务中心和示范性养老机构建设；同时，出台的一系列补助措施和优惠政策吸引了社会力量兴办养老服务机构，目前全省养老床位数量已经达到 32 万张。

总体上看，江苏省已初步建立起以居家养老为基础、社区服务为依托、机构照料为补充的社会养老服务体系框架。这一时期，社会养老服务具有以下几个特征：从服务对象上看，强调面向全体老年人的目标在实践中进一步落实；从供养形式上看，服务方式更加多样化，充分利用家庭、社区福利服务网络和养老福利机构等载体，因地制宜开展集中、分散、上门包户等多种形式的福利服务，满足不同群体不同层次的需求；从服务内容上看，以满足老年人养老服务需求、提升老年人生活质量为目标，提供生活照料、康复护理、精神慰藉、紧急救援和社会参与等更为全面的服务，并形成配套的服务标准、运行机制和监管制度；从筹资方式上看，多方筹措社会养老服务体系建设资金，强化各级政府在社会养老服务体系建设中的财政补贴责任，积极引导和鼓励企业、公益慈善组织及其他社会力量参与养老服务设施的建设、运行和管理；从运行机制上看，采取公建民营、民办公助、政府购买服务、补助贴息等多种模式，引导和支持社会力量兴办各类养老服务设施，按照产业化思路和市场规律发展养老服务业，在强调社会效益的同时注重经济效益，努力实现良性循环、持续发展。

二、农村社会养老服务的模式与运行机制

社会养老服务模式是指政府、家庭、社会组织等为老年人提供必要的生活服务，满足其物质生活和精神生活的基本需求的手段和方式。对于社会养

老服务模式的划分，学术界还没有形成统一的认识。基于不同的视角，可以将社会养老服务模式划为不同的类型。例如，从资源筹集方式上，可分为政府主导型、市场运作型、民间互助型、混合型等模式；从服务提供方式上看，养老服务模式可分为政府运作型、非营利组织运作型、混合型等模式；从服务享受条件上看，可分为无偿服务型、低偿服务型和有偿服务型等模式；从居住方式上看，可分为机构养老型、集中居住型、居家养老型、社区养老型等模式。这里，主要从居住方式上对江苏农村社会养老服务模式进行分类，进而阐明不同模式的运行机制。

1. 机构养老模式

机构养老主要是指老年人通过有偿、低偿或无偿的方式，在政府和社会各界举办的各种养老院、敬老院、老年公寓、福利院等机构安度晚年生活。根据享受养老服务的条件不同，机构养老分为政府运作的养老机构和市场运作的养老机构。

（1）政府运作的养老机构

政府运作的养老机构主要有福利院、敬老院等，其赡养对象以农村"五保"老人为主，兼顾部分"三无"老人和低保老人。有的养老机构还接纳一部分失能或半失能的社会老人。与"五保"、"低保"老人不同，社会老人入住养老机构需要缴纳一定的费用。

从资金来源上看，由于这类养老机构具有公益性和福利性的性质，不以营利为目的，因此，其运行资金基本上来自政府财政支持，在运营过程中享受政府的补贴和照顾。如张家港市近3年来，投资了4.5亿元对公办养老机构进行改建，创建综合性的老年福利服务中心，其服务范围覆盖每个乡镇。为了保证养老院正常运行，张家港还出台了《老年护理院管理办法》，对老年护理院的服务和管理进行了规范。对于新建的老年护理院，每张床位可获得1.2万元的建设资金补贴；对于不同级别的护理服务，则按照护理人数给予护理补贴。全护理者，每人每月补贴180元，半护理者每人每月补贴150元。

从服务内容上看，这类养老机构的服务内容较为丰富，覆盖生活照料、精神慰藉和医疗护理等层面，包括提供个人生活照料服务、居家生活照料服务、购物服务、安全保护、医疗护理服务。

从人员构成上看，养老机构有固定的工作人员和工作职责。相对完善的养老机构中，都配有医师、注册护士、护理员、营养师、厨师和其他服务人员，其数量依据入住老人的数量而决定。这些服务人员多为社会招聘的专职或兼职医师和护士，管理模式采取事业单位的管理模式，按照低于当地事业单位工资的标准发放工资，同时部分享受事业单位人员的待遇。

从管理机制上看，这类养老机构完全接受当地政府的指导和监督。调查发现，江苏省各地市都出台了专门的管理条例，如行政巡查制度、责任追究制度，对养老服务进行指导和监督。养老机构自身也制定了管理措施和办法，对养老服务进行自我监督和自我管理。例如，张家港养老服务中心采取了多项措施加强管理。一是实行全院行政巡查制度。为提高干部职工的责任心，该院通过行政管理人员每星期一天的巡查制度，保证 365 天每天有行政人员进行行政巡查，对检查发现的问题及时记录在案，每星期汇总，供院长参考。各部门、各楼层配备专门的值日人员，并做到中午不休息。二是实行责任追究制。根据行政巡查发现的问题，及时追究有关工作人员的责任，对存在的问题，通过院务扩大会议进行处理，极大提高了执行规章制度的自觉性。三是进一步健全各项管理制度。根据工作中出现的问题，及时修订有关管理规定，从日常的生活照料内容的服务，逐步向精神慰藉、心理咨询、医务保健等内容延伸。在提高老人物质生活标准的同时，做到让老人身心愉悦，让老人家属放心。以提高服务质量为抓手，让全体人员都有自觉感、危机感和责任感，从而提高工作效率和工作质量。

（2）市场运作的养老机构

市场运作模式就是按照市场经济原则，由服务对象（老年人）按照养老需求，自己购买养老服务。农村各种民办民营养老机构就是市场运作模式的集中体现。

从服务对象上看，民办养老机构的服务对象大致分为三类：一是70周岁以上享受低保且生活不能自理的老人，85周岁以上的空巢老人、孤寡老人，100岁以上的老人；二是70周岁以上分散供养的城镇"三无"、农村"五保"特困老人、60周岁以上无固定收入的重度残疾老人、重点优抚老人；三是65周岁以上有服务需求的老年人。调查发现，目前各类民办养老机构中，高龄老人和不能自理老人所占比例较大。例如，海门市颐生托老所的服务对象平均年龄90岁以上，姜堰市爱华托老所服务对象平均年龄在80岁以上。

从资金来源上看，民办养老机构的筹建资金全部来自机构负责人的个人资本，其运行资金主要来自服务收费和政府补贴。服务收费依据老人的身体状况和服务内容而不等。例如，海门市三厂镇养老服务中心的收费标准在700~1300元，姜堰市爱华托老所的收费标准在1200~2600元。（表5-1）

表5-1　海门市三厂镇养老服务中心收费标准

级别		床位费（3~5人）/元	伙食费/（月/元）	护理费/（月/元）	护理内容	合计/元
三级（全自理）	一档	300	300	100	打扫室内卫生送开水	700
	二档	300	300	180	同上，增加洗衣	780
二级（半护理）	一档	300	300	280	同上，增加送餐	880
	二档	300	300	400	同上，增加助浴	1000
一级（全护理）	一档	300	300	500	同上，增加晨晚护理	1100
	二档	300	300	600	同上，增加行走护理	1200
	三档	300	300	700	同上，增加大小便护理	1300

注：套房包间床位费增加300元/月，双人房床位费增加50元/月，朝阳房间加50元。

政府对这类市场运作的养老机构，往往给予建设补贴、床位补贴和运营补贴。以海门市为例，对于独立建制并登记注册的中心（站、点），每个补贴0.5~3万元的建站经费；对运作正常的居家养老服务中心（站、点），每年分别给予5000元、3000元、2000元的工作经费；对于年终考核被评为先进的服务中心（站、点），也给予一定的奖励。此外，对新建床位，每个补贴2500元；对入住老人，则视其身体状况给予每人每月40元、50元和60元的运营补贴。张家港市对民办养老机构的补贴标准较高。对民营养老机构中新增的介护、介助和生活能自理的床位，从原来的每张补贴 5000 元、4000 元、2500 元统一提高到 12000 元；对民办养老机构中入住 6 个月以上的本地户籍老人，分介护、介助和生活能自理三类，由原来每月补贴 100 元、80 元、50 元分别提高到每月 180 元、150 元、100 元。此外，民办养老机构还享受一定的优惠政策，如民办养老服务机构的用水和污水处理费均按当地幼儿园、学校收费标准执行，民办养老服务机构的生活用电、供热按当地居民生活用电、供热价格收费。

从服务方式上看，民办养老机构往往实行购买服务。根据入住老人的生理状况和需求情况，养老机构收取不同的费用，提供不同内容的养老服务。一般来说，民办养老机构所提供的服务包括以下几种：①生活照料类：为老人提供生活照料和陪护服务；②医疗保健类：为老人提供疾病防治、康复护理、心理卫生、临终关怀等服务；③文化教育类：为老人提供书法绘画、学习培训等服务；④体育健身类：为老人提供健身设施、开展健身活动等服务；⑤精神慰藉类：为老人提供谈心交流、心理安慰和精神护理等服务。

从人员构成上看，民办养老机构规模大小不等。有的养老机构规模较大，采取公司化的管理方式。例如，海门市三厂镇养老服务中心雇佣护理人员 20 多个，年龄大都在 50 岁以上，每月工资在 1300~1400 元左右。有的养老机构规模较小，采取家庭经营的方式，在家庭成员人手不足的情况下也雇佣少量本村中老年妇女。例如海门市颐生托老所依靠夫妻二人加上 3 个保姆，每月保姆工资 700 元；海门市诗怡托老所雇佣 5 人；海门四甲镇志平托老所雇佣 5 人；姜堰爱华托老所除了 4 个家庭成员外，还雇用 5 人负责照料老人生活。

2. 集中居住服务模式

集中居住服务模式是指老年人入住本村（社区）的"老年村"、"老年怡养院"等老年集中居住点，采取"离家不离村、村中享天伦"的方式安度晚年。这种模式相对于农村敬老院来说，老人不需要离开本村的地域范围，与彼此熟悉的老年人一起共度晚年，而且入住老人还保留传统的家庭生活方式，可以与子女朝夕相见，为子女做些家务、照看孩子，照样可以经营自己的小菜园，老年人比较乐意，儿女们容易接受。

目前江苏省农村"集中居住"模式有四种形式，即赣榆式、张家港式、江阴式、海门式。赣榆式是指村里建集中居住区，为老年家庭提供服务；张家港式是指村里利用新农村建设，在居民楼区单设老年人住宅楼，让老年人集中居住在一起；江阴式是指村里在建设新区时，将一楼统一安排为老年人居住，而二层以上则为老年人子女住，做到既不离村，又不离子女；海门式是指村里利用闲置房资源，将需要护理的空巢、失能、半失能老年人集中居住，为他们提供低偿或有偿服务。不管是哪种形式，其运行机制都具有以下共同的特征。

（1）服务对象

集中居住的服务对象多为拆迁老人和独居老人，各地的入住条件互有不同。在海门正余镇邢柏村，采取"宅基地换集中居住"的办法，农村老年人将宅基地交给村里，方可住进村老人集中居住点，无偿或低偿享受养老服务。

（2）资金来源

采取集中居住模式的大都集中在经济条件较好的地区。筹集资金的方式，各地有所不同。例如，张家港市永联村，老人入住只需缴纳24000元押金。老人去世后，房子还给村里，押金退给老人子女。赣榆县青口镇大盘村拿出部分闲置土地，采取统一建筑面积、统一设计标准、统一施工建设，建房资金一半由集体筹资，一半由入住的老年人以管理押金的方式垫付，产权归集体，老年因去世或不愿意继续入住等原因退出住房，村里及时退还押金。

（3）服务方式和服务内容

采取集中居住模式，比较重视发挥老年志愿者自我服务和自我管理的作用。调查发现，老年人集中居住点都设有服务管理部，人员主要来自村"两委"委员和老党员、老教师等低龄志愿者。服务管理部实行 24 小时值班制，白天由老党员、老教师值班，晚上则由村"两委"委员值班。老年人只要一个电话，服务部就会安排人员上门为其提供日常生活照料、料理个人卫生、康复护理、卫生保健以及精神慰藉等服务。赣榆县大盘村集中居住点老年人还自发地组织了一帮一、二帮一、三帮一等形式的互助活动，老年人在互助中体会到价值和温暖。

3. 居家养老服务模式

居家养老服务是指农村社区为居住在家的老年人提供以解决日常生活困难为主要内容的一种服务形式。居家养老服务主要是指上门入户服务，即由经过专业培训的服务人员上门为老年人开展照料服务。其服务对象为空巢老人、独居老人和"三无"老人等生活半自理和不能自理的高龄老人。

（1）服务内容

居家养老服务的内容分为狭义和广义两种。狭义的居家养老服务包括为老年人提供生活照料、卫生料理、家政服务、医疗护理及精神慰藉等综合服务。广义的居家养老服务包括衣食住行、医疗保健、学习教育、健身娱乐、情感慰藉、法律咨询、生活援助、参与社会等内容。

（2）人员构成

农村居家养老服务主要由村委会组织实施。村"两委"、社会组织、志愿者在居家养老服务中发挥主导作用。在经济发达地区，往往建立农村居家养老服务中心，向居家老人提供生活照料、家政服务、康复护理、医疗保健、水电维修等服务；或者依托乡镇福利院和护理院，由受过训练的专业人员向不能自理和半自理老人提供理发、送餐和陪浴等服务。在经济欠发达地区，往往依托志愿者开展服务。如金坛市指前镇东浦村成立了居家养老服务站，征募 30 余名护老爱心志愿者，为全村 28 名需要介护的高龄、空巢、失能和半失能老人提供生活料理、身体护理、心理疏导等无偿服务，甚至与 11 名家庭困难、身体残疾、行动不便的老人开展结对服务。姜堰市梁徐镇坡岭村同样发挥志愿者的作用。该村 2007 年成立由村退职干部、村民代表、妇女代表和当地热心人士组成的志愿者服务队，每人服务 5~6 名老人，为老人建档立卡，每天上门看望老人一次，每月为老人无偿理发一次，每季为老人做一次健康检查。金坛市指前镇东浦村由村老年协会牵头建立了居家养老服务站，组织 30 多个护老爱心志愿者为全村 28 名需要介护的高龄、空巢、失能和半失能老人提供生活料理、身体护理、心理梳理等服务。

（3）服务方式

根据居家养老服务的属性，可以将居家养老服务分为无偿、低偿和有偿三类。这里所说的无偿、低偿与有偿，是指在接受居家养老服务时，服务对象是否支付服务费用，以及在多大程度上承担服务费用。如姜堰市溱潼镇溱东村将居家养老服务分为无偿服务、低偿服务和购买服务三种方式供村民选择。无偿服务主要针对老年人的基本生活和基本医疗服务，低偿服务主要针对低生活标准群体的优惠服务，购买服务是以村为单位，向高龄、困难老年人发放服务券用于老人所需的服务。

4. 社区养老服务模式

目前学术界对社区养老服务的概念和内涵还存在较多的争论。根据《社会养老服务体系建设规划（2011~2015 年）》的功能定位，社区养老服务具有社区日间照料和居家养老支持两种功能，主要面向家庭日间暂时无人或者无力照护的社区老年人提供服务。根据这个定义，社区养老服务应包括两个方面的内容：一是在社区创办老年人日间照顾中心，为老年人提供日间照料和短期托养服务；二是建立社区老年活动中心，为老年人提供老年餐桌、送餐服务、医疗保健、文化娱乐等服务。

从调查情况来看，大部分农村社区都没有老年人日间照顾中心，只有少数城郊地区建立了托老所（站）、日托中心等机构。究其原因，农村社区属于熟人社区，邻里关系比较密切，即便是空巢家庭的高龄老人，往往借助亲缘关系和地缘关系所形成的社会网络就可以解决生活照料问题，不需要过着早出晚归的托养生活。何况，大部分农村地区经济发展水平不高，还不具备为高龄老人提供免费日托服务的实力。

与之相反，很多村庄建立了老年活动中心。这些活动中心大都利用学校废址、企业废旧厂房或村委会办公室场所而建，设有图书室、棋牌室、健身室、聊天室等，甚至开展学习培训、书法绘画、心理安慰、精神护理等服务，满足农村老人的文化生活和精神需求。

农村社区老年活动中心的建设资金和运行资金多来自村集体经济，政府也给予一定的补贴。如泰州姜堰市坡岭村建立老年人活动中心，村集体筹资8千元，省政府补贴1.5万元，乡镇补贴3千元。有的老年活动中心则通过企业捐赠方式筹集运行资金。如常州市钟楼区五星街道新农村居家养老服务中心开设了老年食堂、老年活动站、图书室、聊天室、健康咨询、放映室等十多项服务。其运行资金主要有两种来源渠道：一是村集体投入，每年村集体为居家养老服务中心提供100多万元经费支持；二是驻村企业家捐资建立老年基金，由2008年的72万元发展到2012年的150万元，为该村居家养老服务和老年文化活动提供了充裕的资金。

上述四种模式，大致反映出江苏农村地区社会养老服务的基本情况。可以看出，这四种模式在组织实施、资源来源、服务方式和人员构成等方面存在一定的差异。

三、农村社会养老服务存在的问题及制约因素

近年来，江苏在推进农村社会养老服务体系建设方面已经取得了不少成就。但是，由于各种因素的影响，现阶段江苏农村社会养老服务体系建设还

不是十分完善，仍然存在着一些问题，制约了农村社会养老服务的进一步发展。

1. 存在的问题

加强社会养老服务体系建设是一项事关改善老年人生活质量、解除千家万户后顾之忧的民生工程，也是构建基本现代化完整体系的重要内容。应该看到，江苏农村社会养老服务体系的建立才刚起步，还不是十分完善，地区之间差异较大，与城镇相比，还存在明显差距。

（1）政府扶持力度不足，地区之间差距较大

提供公共服务是政府的重要职能之一，加大对养老服务的扶持力度是政府义不容辞的责任。虽然各地政府都千方百计筹措资金用于社会养老服务体系建设，但是，总的投入与快速进入老年社会的现实要求仍不相适应，各地政府对养老服务事业的投入力度存在明显差异。与经济相对发达的苏南地区相比，苏中和苏北地区的养老财政资金增长相对缓慢。

《江苏省老年人权益保障条例》明确规定，对民办养老机构要落实床位建设补贴和床位运营补贴，这是社会福利社会化的要求。然而，各地的补贴标准差距较大。例如，张家港市对民办养老机构床位建设的补贴标准是 12000 元/张，运营补贴为每床位 100 元/月；海门市对民办养老机构新增床位给予 1500 元/张的补贴，没有床位运营补贴；在泰州，目前只有市区和姜堰、靖江出台了补助文件，一次性床位补贴为 2000 元/张，其他地方的运营补贴还处于空白阶段；在连云港，地方财政对民办养老机构没有补贴。目前省内南京、苏州等地为解决养老机构养老意外风险和纠纷矛盾问题，实行了政府补贴的办法，为入住老人办理意外保险。苏州市为全市 70 岁以上的老人办理了意外伤害保险。此外，原有的一些扶持政策并未得到兑现落实，如土地供给、用水、配电、环卫、网络和有线电视等方面受行业制约，养老机构并没有享受到减免优惠政策。

（2）养老机构不能完全满足养老需要

虽然各地都兴办了各类养老机构，但是总体上并不能完全满足农村老人的养老需要。一是服务对象覆盖面窄。目前，农村一些养老机构的收养对象仅限于自理和半自理型，而那些全护理型的失能老人却无法进入养老机构，失能老人的养老无法得到保障。二是布局不合理。政府养老机构延续乡镇行政区划办敬老院的体制，资源分散，不便管理。多数民办托老机构主要利用闲置厂房、关闭学校或租用民宅等简单改造而建。调研时，我们发现一些托老机构中的老人并不是本村的，而是来自其他地方。这说明没有充分考虑老人的需求，在有需求的地方没有类似的托老机构，反而要让老人离开本村、本镇、本县到别的地方养老。三是规模偏小，缺乏设施。一些养老机构是家庭作坊式的，规模较小，设施简陋，多数仅仅只能提供食宿，缺乏必要的休闲活动的场所。四是服务层次较低。目前农村的养老机构尤其民办托老机构主要是以基本生活照料为主，缺少医疗保健、康复护理、精神慰藉等方面的服务，难以满足老年人多方面的需求。

（3）民办托老机构安全隐患多，缺乏有效的监管评估机制

作为提供养老服务的主体之一，农村民办托老机构在解决农村养老问题方面发挥了一定的作用，但也存在不少问题。

首先，农村民办托老机构存在一定的安全隐患。一是火灾隐患突出。从调研情况来看，大多数民办托老机构缺少基本的消防设施，居住拥挤，老人没有基本的安全常识，如果发生火灾后果不堪设想。二是卫生状况堪忧。首先是饮食卫生。民办托老所利用民宅改造后，厨房很小，消毒设施及设备无法跟进。其次，个人卫生不佳。有些民办托老所为追求利益最大化，一个房间安排多个老人，通风不畅，加上缺少洗澡等卫生设施，卫生条件较差。

其次，农村民办养老机构缺乏有效的监管评估机制。一方面，内部管理不完善。虽然农村养老机构都建有一些必要的规章制度，但制度还未十分完

善，管理水平参差不齐。民办养老机构的内部管理相对落后，大多数管理人员对国家的社会福利机构有关规定和老年福利机构的行业标准知之甚少，无规章可循，随意性大，一般采用的是家庭式的管理与服务方式。由于引导民办养老机构发展的机制尚未健全，对民办养老机构准入运行管理缺乏必要的指导性政策支撑，民办养老机构无证经营的现象十分普遍。此外，管理人员法律意识淡薄。一些民办养老机构在和老人签订入住的合同方面法律不健全，经常发生老人与养老机构及家属与养老机构之间的矛盾和民事责任纠纷。另一方面，外部监管不健全。目前，养老服务事业存在多头领导的现象，涉及民政、公安消防、卫生、国土等多个部门。各部门分散管理，导致缺乏一致行动的能力，一些优惠政策难以落实。另外，对养老服务评估标准的缺失，导致一些养老机构在提高服务质量方面缺乏动力，老人也得不到高质量的服务。

（4）居家养老配套服务不到位，效能显现不足

由于农村居家养老服务起步较晚，发展相对缓慢。近年来，虽然各地都按照政府文件要求建立了社区（村）居家养老服务站，然而一些服务站受用房面积小、人少、无钱、缺乏设施等各方面因素的影响，农村居家养老服务站贴标签、挂牌子现象普遍。另外，居家养老服务功能不足，缺乏社会化服务体系支撑。配餐、家庭维修、日间照料、精神慰藉、医疗保健等很多深层次的养老服务尚未全面启动，对高龄困难空巢老人服务面小量少，享受政府补贴的失能老人只能依靠邻居或村干部提供一些简单的生活照料，且难以维持。在这方面，政府购买服务的力度还不够。

（5）社会养老服务队伍有待加强

总体而言，农村现有社会养老服务队伍的素质不高，专业化程度偏低，专业性、高端性的管理和服务人才严重不足。首先，养老机构工作人员主要是就近招收的年龄较大的农民或下岗人员，文化素质较低，基本没有接受过社会养老服务的专业培训，不具备养老护理院的专业资格和职业资格，影响

了服务项目和内容的扩展以及服务质量的提高。一些养老机构的负责人也表示，当前服务人员年龄老化，他们不能提供有档次的服务，人才缺乏是目前各个养老机构发展的"瓶颈"。其次，社区志愿服务人员少。现有志愿服务活动具有阶段性、临时性的特点，缺乏长期运行的机制保证。第三，后继乏人。现有养老服务人员中"50、60"人员较多，待遇偏低，没有统一的工资保障标准，不能享受相应的福利待遇，因此，这些人员的工作积极性较低，服务水平也难以得到保证。

2. 制约因素

（1）经济基础不同，导致各地养老服务发展水平存在差异

当前，苏南、苏中和苏北经济发展水平不一致，导致各地农村养老服务发展水平也不尽相同。调研发现，一些养老模式需要依靠地方经济实力。例如，张家港市经济比较发达，对各类养老机构的财政投入力度也较大，养老服务水平也相对较高。而苏中和苏北一些地区，经济基础有限，对养老机构的补贴相对较少，养老服务水平相对落后。以集中居住模式为例，在张家港永联村，村集体经济比较发达，可以为老年人提供养老福利，建设老年人居住小区，相应的配套服务设施也能跟上。而在其他地区，由于乡镇、村级财力有限，没有能力高质量地仿效这一模式。

（2）政府重视程度不同，导致各地养老服务体系建设成效不同

当前，农村养老体制机制尚不健全，一些地方对农村养老工作的重要性认识不足。目前大部分地方政府都很重视，但是也有一些乡镇、村干部认为这是一种额外负担，或者认为是帮民政局做的，所以工作出现被动局面。而民政部门势单力薄，推动艰难，必须依靠各部门统一协调工作，才能高效做好养老服务。随着民生问题越来越被重视，民政经费的使用保障力度越来越大，但民政的基层队伍力量薄弱问题仍没有得到解决，人手和经费都无力保障高质量的社会养老服务。同时，作为政府推动的一项工作，民政部门缺乏

政治优势，其号召力、影响力不足以上下联动、一呼百应，导致少数地方养老工作举步维艰。

（3）民办养老机构重视经济利益，难以提供全面的养老服务

目前农村民办养老机构资金短缺，没有享受到国家的拨款待遇，运行机制还不成熟，非营利理念及与非营利有关的规则并未被广泛接受，对利润的追求压倒了提供公益服务和福利服务的自觉性和主动性，"渔利"思想严重。受到这种思想的影响，民办养老机构在服务内容上仅限于吃饱穿暖，康复护理、医疗保健、精神慰藉等方面的照料几乎空白，无法满足老人的需要。由于具有营利性质，这些养老机构的流动性、随意性较大，如果没有经济效益，这些机构可能会随时关闭。这种不稳定性不利于养老服务事业的长期发展。

（4）农村老人居住分散，给养老服务带来了很多困难

农村老人面广量大、居住分散，导致养老服务运作艰难。目前，很多地方一个农村社区大多由 3~4 个村合并而成，聚居化程度不高，一些老人不愿意离开自己所在的社区，脱离现有的社会关系。这给养老服务的组织和开展带来一定的难度。因此，只能按照就近组织服务咨询，满足基本需求来开展居家养老服务。

（5）养老观念较为传统，机构养老意愿不强

受到传统养老观念的影响，大多数老人不愿意离开家庭到别处养老。由于自身支付能力有限，"花钱买服务"的意识不强，致使现阶段市场化运作难度较大。老人辛苦一辈子，生活力求简单，能吃饱穿暖就很满足了，舍不得花钱买服务。再说自己有子女，习惯于传统的家庭养老方式，不愿意让陌生人"伺候"，认为进入养老机构养老是给子女脸上抹黑，觉得养老机构里住的是"五保老人"，和他们住在一起不太吉利。另一方面，一些老人不愿意离开自己辛苦耕耘多年土地，他们热衷于农业生产劳动，通过劳动养活自己。

（6）管理制度不完善，缺乏统一的行业管理标准

目前，对农村民办养老机构的管理还不是十分完善，政府与农村民办养老机构的关系没有理顺，对培育和管理农村民办养老机构还没有完善和有效的方法，对公办养老机构和民办养老机构缺乏统一的行业管理标准。这导致当前民办养老机构的发展任其自流，规范化程度较低。由于缺乏完善的组织和制度，缺乏竞争力，严重影响了民办养老机构的生存和发展。此外，养老服务事业的健康发展涉及民政、水电、消防、用地等多个部门，导致各部门在发展养老服务事业时角色混乱，缺乏一致行动的能力。

（7）专业人才队伍匮乏，养老服务质量难以提高

我国社会工作事业的发展才刚起步，养老服务一线缺乏有质量的专业人才，服务需求的增长与服务人员的数量、质量之间的矛盾凸显。目前，农村大部分养老服务人员主要是低龄老人或者是下岗失业群体，平均年龄偏高，专业能力不强，并且可能随时"跳槽"，稳定性较差。虽然目前我国大量高校都设有社会工作专业，但是很多毕业生在毕业之后离开了本行，加入了其他职业。面对较大的服务压力、低下的工资待遇水平，加上社会认可度和社会地位不高，专业人才不乐于从事专门的社工服务。另外，很多毕业生不愿意到基层工作，不喜欢农村的工作环境，导致大量的专业人才流失，农村的养老服务质量得不到提升，城乡差距逐渐拉大。

上述各种制约因素的存在，在一定程度上阻碍了农村社会养老服务的发展。因此，必须动员各方力量，改革现有的服务运行机制，进一步消除不合理的因素，推动农村社会养老服务体系建设的进程。

四、农村社会养老服务的发展路径

1. 总体框架

2011 年 12 月，国务院办公厅出台了《关于印发社会养老服务体系建设规

划（2011-2015 年）的通知》，提出构建以居家为基础、社区为依托、机构为支撑的社会养老服务体系，满足日益增长的养老需求。根据这个建设规划，构建江苏省农村社会养老服务服务体系，需要综合发挥政府、家庭、社区、市场四个主体的力量，以政府为主导、以家庭为基础、以社区养老服务网络为依靠、以市场化运作机构为补充、以养老保险、新型农村合作医疗等正式制度为保障，构建一个多方参与、层次鲜明、行之有效且真正符合农村老年人意愿的社会养老服务体系，具体框架设计见图 5-1。

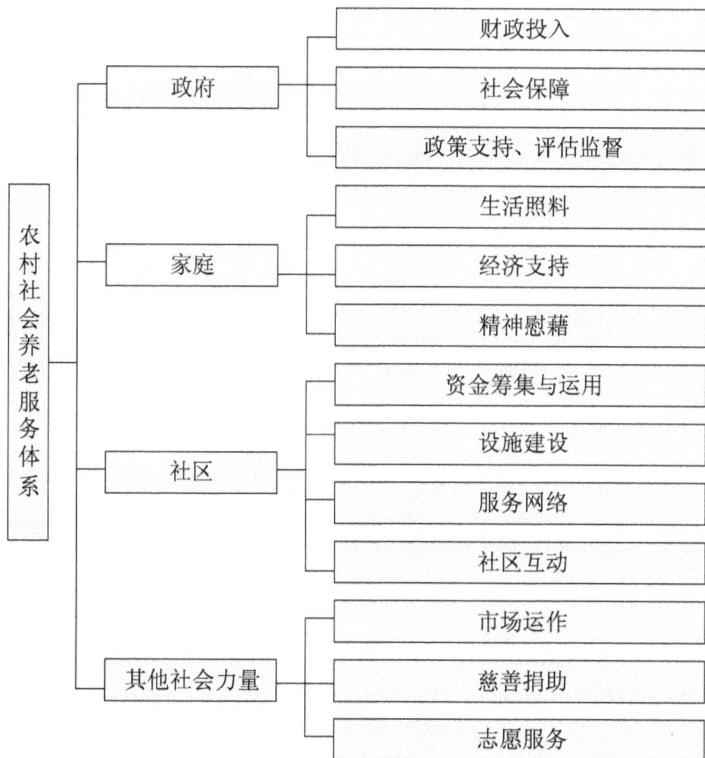

图 5-1 农村社会养老服务体系总体框架设计

在这一总体框架下，政府、家庭、社区、市场的功能定位互有不同，不同的主体应积极承担相应的责任和义务。另外，农村社会养老服务体系是一项系统性的工程，它还需要其他相关制度的支撑和配合，比如农村社会保障制度（养老保险、医疗保险、低保等）的建立和完善，养老机构（福利院、敬老院等）的发展和推广，以及除政府、社区、家庭、市场之外的社会力量

（如民间团体、慈善家等）的广泛参与。

2. 基本原则

（1）公平原则

农村社会养老服务服务属于公共产品，在制度设置、安排和运行的过程中始终以公平为基本原则。根据公平原则，在构建江苏农村社会养老服务服务体系的过程中，要做到两方面的公平：一是服务范围的公平。打破各种身份限制，公平地对待每位农村老年人并确保其享受到相应的养老服务；二是资源配置的公平。改变社会养老资源配置不公正的现状，形成农村老年人公平合理地享受社会养老服务的制度安排。

（2）与经济社会发展水平相适应的原则

城乡"二元"化的社会结构导致我国城乡之间经济发展水平长期存在差异，并且在不同经济发展水平的地区，农村与农村之间的社会经济发展水平也同样存在明显的差距。因此，在构建农村社会养老服务体系时要因地制宜，从实际出发，量力而行。要根据不同农村地区的社会经济发展水平，考虑到农村社会养老服务体系在农村的现实适应性，结合农村养老需求方的经济承受力适度供给养老服务，否则容易造成养老服务资源的浪费。当然，这一原则并不意味着农村无法形成统一、规范、标准的社会养老服务体系，而是说明农村社会养老服务的供给需要一个逐步推进、稳健发展的过程。

（3）多样性原则

农村社会养老服务体系内涵十分丰富，它面向农村所有的老年人，群体内部的差异导致实际服务需求的差异。因此构建农村社会养老服务体系须坚持多样性的原则，从而适应不同农村老年群体并满足其需要。一是服务模式多样化。在不同的地区，由于经济、资源以及开展基础等实际情况的差异，应积极探索多样化的社会养老服务模式。如前文介绍的集中居住、社区照顾、市场运作等多种服务模式。二是服务项目多样化。农村老年人的生活自理能力和精神实际状况不同，表明他们在生活照料、康复护理、家政服务、精神慰藉、紧急救援等服务项目方面有多样化的需求，应积极拓展服务项目，更大范围内服务农村老年人。三是服务水平层次多样化。在保证基本养老服务的供给基础上，应该根据老年人自身的经济条件和服务需求，形成多层次的服务供给市场。

（4）科学协调原则

农村社会养老服务服务体系的构建不仅仅关系到农村老年人这一群体的切身利益，还涉及社会中其他群体、部门的利益，体系构建的好坏将会影响社会资源配置的结构与效率。因此，农村社会养老服务体系的构建需要：第一，建立科学合理的依据与标准。农村社会养老服务体系的构建要建立在对农村老年人口的数量、结构和养老服务需求的统计、分析和预测的基础上，从而形成社会养老服务设施资源的合理布局，真正满足农村老年人的养老需求。第二，协调各方利益关系。农村社会养老服务体系的构建涉及多方利益关系，体系各要素的运行应该是一个有机的整体，而不是机械的重叠，更不是各行其是。这需要政府部门充分发挥主导作用，协调平衡各方利益，同时确保政策的执行力。第三，协调现实与长远发展的问题。农村老年人口的发展变化是一个动态的过程，农村社会养老服务体系的构建不但要考虑当前的农村老年人的状况及其需求，还要考虑未来老年人的需求，尤其是农村养老观念的逐步改变对养老服务需求的影响。

（5）持续发展原则

构建农村社会养老服务体系是一项利国利民的福利工程，也是需要长期规划和实施的系统性工程。尽管体系构建尚处于探索阶段，发展面临许多困难，但是不能在某一阶段实行，在另一阶段就放弃，而是需要长期坚持，即保证政策的稳定性和持续性，才能真正赢得百姓的信任和支持，也才能真正为广大老百姓带来实惠。

3. 路径选择

（1）积极拓宽农村老年人养老金来源和经济支付能力

农村社会养老服务体系是一项系统性的工程，政府需要在政策支持、制度规范、财政投入、资源整合等方面发挥主导作用。农村老年人的养老金来源主要依赖于个人收入、家庭赡养、农村养老保险金、社会救助等。因此，提高农村老年人收入，保障养老金来源，从政府层面可对以下方面给予政策支持。

第一，大力发展农村经济，充实个人、家庭的自养能力。家庭养老是我国传统养老的主要方式，现在我国 90%以上的老年人都采取这种方式安度晚年。自己养老也是目前一种重要的农村养老方式：老年人有自己的收入来源，自己料理自己的生活即为自己养老。但是，老年人劳动能力衰退是不可抗拒的自然规律，而且这种方式只能维持极低水平的生活，随着年龄的增长，老人对子女供养的依赖会逐渐加重。加快社会主义新农村建设，走科技兴农、富农的道路，极大发挥本地优势，走特色经济（如特色物产、特色旅游等）之路，实行"公司+农户"等农业产业化运作，不断壮大农村集体乃至个人的实际收入，增强个人和家庭的抗风险能力。

第二，改革农村养老保险制度，提高养老保障水平。一是促进农村基本养老保险制度的推广实施，鼓励农民积极参加社会养老保险，对参保人员根据年龄、家庭不同情况给予适当补贴，逐步提高养老金水平。二是鼓励农村商业养老保险的发展。农村商业养老保险的保障对象是经济能力较好的农村居民，通过年轻时购买商业保险，满足老年时的养老经济需求，转变家庭养老的"依赖观念"，加大劳动者年轻时养老积累在自我保障基金中的比例。三是集体经济提供养老资金的支持。仿照城镇企事业单位的退休办法，集体经济实力雄厚的乡村和乡镇企业，给予给老年人发放养老金，符合农村保障以自我保障为主、社会保障为辅的原则，在集体经济较发达的农村地区是一种有发展前途的保障方式。

第三，深化土地制度改革，保护农民的土地权益。通过土地的相对集中来实现农业规模经营与规模效益，并调整土地制度，使土地收益（增值收益、流转收益）的大部分都转入农民手中。国家可对土地实行国有化的产权改革，同时应将土地的使用权长期地租赁给从事农业生产的农户，并规定农民对其所租赁的土地有继承权和一定的处置权，从而维护农民的土地权益。

第四，建立健全农村老人社会救济制度。一要加大中央政府和地方政府对农村贫困老人的社会救济金补贴力度。地方政府也应优化财政支出结构，增加在农村社会救济制度上的支出。可采取现金与实物补贴相结合的方式对农村贫困老人家庭进行补贴。二要鼓励社会慈善捐赠。适当开展社会捐助活动，通过个人和民间社会团体的力量多方筹集农村贫困老人救济金。

（2）建立和完善农村社会养老服务政策规范，完善评估监督机制

随着农村社会养老服务体系的建立健全，农村养老服务提供主体呈现出多元化的趋势与特点。除了公办的养老服务机构外，越来越多民间养老服务机构、社会组织进入人们的视野，丰富了农村养老服务业市场。由于农村养老服务的特殊性，政府对于服务提供主体必须加以引导与规范，从而保障养老服务业市场健康、稳定的运行与发展。

应尽快制定出台农村养老服务机构和设施建设统一化标准，从性质定位、发展模式、资金来源、运营管理、政府职能和机构主体的法律责任等角度对其进行统一规范，以改变当前农村社会养老服务机构杂乱、不规范、难以评估和监督的格局，从而切实维护农村老年的合法权益。

另外，在此基础上，应相应出台《农村社会养老服务机构管理条例》、《农村社会养老服务实施办法》、《农村社会养老服务从业人员资格》等相关的规章制度，一方面提高农村养老服务市场的专业化水平，另一方面提供农村社会养老服务评估依据，以便及时、全面地对政策实施情况及其养老服务机构的运行进行督促、监督、检查和管理。

（3）加大政府财政投入，多渠道筹措资金

从长远发展来看，农村社会养老服务体系运行需要庞大的资金支撑，完全依赖国家财政或地方财政解决非常困难，农村社会养老服务建设须由政府、社会组织、家庭、个人等共同参与，形成多元负担的格局。就政府层面而言，主要抓以下几个方面的工作。

第一，加大地方政府投入。地方政府应发挥主导作用，根据经济社会的发展需要，在资金投入上对养老服务机构配套设施予以倾斜，逐年增加对养老服务事业的投入，重点建设一批基础性、示范性的社会机构。要继续使用并带动地方使用福利彩票公益金，重点加强对老年福利服务设施新建和改造资金支持力度。

第二，鼓励社会力量的参与。鼓励社会组织和个人以投资、承包、租赁、托管、股份制等形式参与养老服务业的发展，形成投资主体多元化的局面。社会化养老是一项公益性社会事业，其发展离不开政府的大力扶持，需要政府在规划、建设、用水、用电、用地、税收、贷款等方面提供优惠政策，让他们能够在提供服务时也能获得正常的收益。目前，国家民政部制定的"民办公助"、"公办民营"优惠政策，是使民办福利机构运行成本减少、促进社会福利市场化进程的有效政策，为动员社会力量发展养老事业创造了良好的政策环境。

第三，积极宣传，鼓励个人消费。通过宣传让农村老年人认识到社会化养老服务的作用和意义，转变消费观念，积极购买所需的养老服务。也可以让他们的子女愿意出钱为他们的父母购买养老服务，这样他们既可以尽到孝心，又可以安心在外面工作。

（4）积极整合农村资源，增加养老服务供给

农村社会养老服务体系的服务供给是各种资源整合的过程。而政府作为政策制定的主体，在整合资源过程中扮演重要的角色。

第一，整合现有农村存量资源发展养老服务业。鼓励各地利用校舍调整、医院改造、废弃厂房等增加农村养老服务用地，整合城乡老年服务设施，同时将养老服务机构的合理用地列入土地划拨的基本目录，保证养老服务机构的基本建设用地，确保政策用地用于养老服务领域。建立以村为单位的社区养老服务中心，为老年人提供护理、看病陪护、健康咨询、饮食、心理疏导等一系列的服务。允许符合条件的养老服务机构联合村级医疗机构申请提供医疗服务，与乡镇医疗单位合作，成为新型农村合作医疗保险定点医疗机构。建立和完善养老服务机构与社区、家庭之间的合作平台，开展养老服务机构的上门服务试点工作，实现三者之间的资源共享和优势互补。

第二，建立老年服务信息平台，提高资源的利用率。为了有效地利用养老服务资源，可以考虑以县为单位建立养老服务信息平台，把全县范围内的养老服务机构、工作人员、老年人以及医疗机构的信息输入系统。一方面，可以为老年人建立电子档案，随时记录老年人的有关信息，进行跟踪服务；另一方面，可以对全县的养老服务机构、资源以及工作人员进行动态管理，提高资源的利用效率。

第三，建设职能分工明确、协调统一的运行机制。农村家庭居住比较分散，经济收入低，思想观念落后，又加上养老服务资源较少，不可能像城市老年人那样可以自由选择养老服务。这就需要建立养老服务体系，加强管理，整合资源。县级养老服务机构主要负责资金的调配，养老服务提供者资质的审查，收费标准的制定等。乡级养老服务机构主要负责网点的设立，人员的培训，服务的监督等。村级养老服务机构负责为本村老年人提供实际的养老服务。另外，还可以考虑和县乡村三级医疗机构联合，为老年人提供医疗保健服务。

第四，开发农村人力资源，建立一支适合农村实际情况的养老服务队伍。我国农村人力资源非常丰富，发展农村社会养老服务体系必须充分利用农村剩余劳动力。与之相适应，要充分调动他们的积极性和创造性，并使其长期化、制度化，以保证为居家养老人员提供必要、有效的服务。服务队伍不能盲目追求系统化、职业化和专业化。尤其是村社居家养老服务网点，服务人员主要应由本村本社的富余劳动力组成，走专兼职结合，以兼职为主的道路。其优势有三：其一，可就近解决农村富余劳动力的安置问题，减轻对城市的人口和就业压力，并能解决服务队伍的稳定问题；其二，服务人员和服务对象彼此熟识，容易沟通，且便于及时、就近提供有效的服务；其三，服务人员以兼职为主，在提供服务之余，还可照料家务和农活，一举两得，这也同时降低了服务成本。当然，要对服务人员进行必要的培训，并建立继续培训制度，培养他们的敬业精神和职业道德，使他们逐渐掌握专业知识和技能，特别是有关护理的基本知识和技能，从而担当起农村老年人护理工作的重任，并且以逐步提高服务水平，促进服务队伍的良性发展。

第五，深入挖掘农村文化资源，丰富农村老年人的精神生活。开展农村老年人的养老服务，不仅需要物质、生活方面的照顾，还需要在精神照料方面予以支持。在农村地区，主要是根据老年人的年龄特点，建立适合老年人活动的文化娱乐活动场所，并提供如棋牌、地方戏曲、体育锻炼、舞蹈等老人之间的文化交流活动。以村委会为平台，组织各种老年人文化活动小组，举办各种文化艺术讲座、参观、甚至旅游等活动，让农村老年人拥有一个幸福的晚年生活，真正"老有所乐"。

第六章 江苏农村社会保障典型案例评析

一、南京市实现城乡居民社会养老保险全覆盖[①]

2008 年 6 月，南京市出台《南京市新型农村社会养老保险办法》(宁政发[2008]113 号)，明确从 2008 年 7 月 1 日起在全市范围内推行新农保。截至 2010 年，南京市 117.8 万农村居民纳入了新农保，覆盖率达 98.8%，其中缴费人员 76.2 万人，参保率达 98.2%；老年农村居民养老补贴领取人员 41.6 万人，发放率达 100%。全市累计收缴保费 13.4 亿元，个人缴费 5.6 亿元，各级政府补贴 7.8 亿元；养老保险待遇累计发放金额 5.6 亿元。新农保三年全覆盖目标任务提前到两年完成，也为建设南京城乡一体社会保障体系打下了坚实基础。

2012 年 1 月 1 日起，南京市正式施行《南京市城乡居民社会养老保险办法》。城乡居民社会养老保险是将新型农村社会养老保险与城镇居民社会养老保险两项制度整合在一起，通过个人缴费和政府补贴的方式进行筹资，为城乡居民提供老年生活的基本保障，这是对新农保制度的又一次革新，也是养老保险制度城乡一体化的起点。根据《办法》，从 2012 年 1 月 1 日起，具有南京户籍，年满 16 周岁不满 60 周岁(不含在校学生)，非国家机关、社会团体工作人员；当期未参加企保或参保中止缴费；未纳入事业单位养老保险、被征地人员社会保障，都可以按规定参加城乡居民社会养老保险。年满 60 周岁及以上，南京户籍满 5 年，没有享受国家规定的其他社会养老保险待遇的城

[①] 江苏人力资源与社会保障信息，2010 年第 39 期，http://www.jshrss.gov.cn/xwzx/jsldbzxx09/hrssxxjb/201012/t20101203_77816.htm；

中国劳动保障新闻网，2012-7-10，http://www.clssn.com/html/Home/report/61173-1.htm

乡老年居民，不用缴费，就能按月领取基础养老金。

城乡居民社会养老保险基金主要由个人缴费和政府补贴两块构成。2011年度江南八区个人年缴费标准为 800 元、900 元、1000 元、1100 元、1200 元五个档次，居民可根据自身经济情况自主选择档次。政府每年对参保人员缴费给予补贴，2011 年度补贴标准为 110 元，随个人缴费同期记入个人账户。如果居民选择 800 元的缴费标准，保费到账后，个人账户记账金额即为 910 元。

按规定缴纳保费，年满 60 周岁时，南京户籍满 5 年，且没有享受国家规定的其他社会养老保险待遇的，可按月领取基本养老金。基本养老金由基础养老金、缴费年限养老金和个人账户养老金三部分组成。其中，基础养老金和缴费年限养老金由政府全额支付，江南八区城乡居民基础养老金统一为 220元/月。参保人员每缴费 1 年，缴费年限养老金增加 10 元/月，缴费 2 年，缴费年限养老金即为 20 元/月，多缴多得。个人账户养老金月计发标准为个人账户储存额除以 139。南京户籍不满 5 年的参保缴费人员，年满 60 周岁后，可往后顺延缴费，待居民养老保险缴费年限满 5 年后，方可按月领取基本养老金。

例如，栖霞区一居民，现年 58 岁，如果缴纳 2 年保费，个人缴费 1600元（800 元×2 年），政府缴费补贴 220 元（110 元×2 年），个人账户共计 1820元。不考虑养老待遇调整及个人账户利息增加情况，到达养老年龄后，基础养老金为 220 元/月，缴费年限养老金为 20 元/月，个人账户养老金为 13 元/月，那么缴费两年基本养老金约为 253 元/月。

截至 2012 年 6 月底，南京市城乡居民社会养老保险累计参保人数 119.4万人，保险覆盖率 99%，均在省内处于领先水平。其中，参保缴费人数 80.2万人，参保率 98%；老年居民基础养老金领取人数 39.2 万人，发放率 100%。

二、兼顾保大病和保小病，逐步提高新农合补偿额

陈某是徐州新沂市堰头村农民，2010 年 4 月从徐州打工回来，自己购买了货车在新沂市跑运输，家庭年收入 10 万元左右，全家四口人，两个女儿都

在上学，家人健康状况良好，妻子在家务农，之前就参加了新农合，他从徐州打工回来后也顺利地加入了新型农村合作医疗制度。至于为什么选择参加新农合，按他的话来说，人肯定是会生病的，花钱买个保险。他们家平时新农合看病报销多是一些门诊常见病的费用，像感冒、咳嗽、发烧，每次费用在一百块钱左右。2011年全年家庭的医疗费用开支在3000元左右，2011年参合个人缴费为98元每人，全年家庭报销不到500元，定点医院离家很近，对新农合的报销范围、医疗水平、医疗服务人员的态度都比较满意，唯独感觉报销比例很低。

在陈某看来，像他这样的对小病报销需求较大的家庭在农村地区还是占绝大多数的，一年上医院的次数他本人不超过三次，平时也就是开开药，最多挂个水。他希望新农合在报销大病的同时能够兼顾常见病门诊的报销，提高门诊的报销水平，哪怕在一定程度上提高缴费标准。现有以大病补偿为主的新农合报销模式，极大地缩小了其制度的涉及面，对于身体较为健康的参合农民来说可能是一种负激励。如果长期没有感受到制度的可及性，势必会影响到农民参合积极性。为了减少这种负激励的情况出现，增加农民的参与积极性，在制定制度报销范围时还需要适当兼顾一些常见多发疾病的门诊费用，以期扩大新农合制度的受益面。对于多数农民而言，遭遇重大疾病的可能性较低，对多发病和常见病的门诊费用及时报销能够真正惠及农民，并使得农民对制度产生认同，进而使他们愿意增加对新农合的投入。

问到陈某会不会选择继续参加新农合的时候，他果断地给出肯定的答案，在他看来每人每年一百块钱左右的参合费用其实不算什么，如果有更高的缴费标准可以享受更高的报销补偿比例，他也愿意参加。为满足像陈某家这样不同的需求，可以尝试将参合缴费标准与补偿比例结合起来，提供不同层次的参合补偿方案。例如，对于缴纳100元参合费用的农民，政府给予300元的补助进行筹资，按照其医疗支出的50%水平给予补偿；对于缴纳200元参合费用的农民，政府给予600元的补助进行筹资，按照其医疗支出的60%的水平给予补偿，同时参考城镇职工医疗保险将参合农民的个人缴费部分建成个人账户，并将账户做实由参合农民自由支取。在此种制度方案设计下，现有的新农合制度才能够真正地降低农民大额医疗费用产生"因病致贫"风险，同时兼顾不同受益群体的不同医疗保障需要，充分调动农民的参合积极性。

三、加强对医疗服务提供者的约束

南通农村居民张某，左眼瞳孔边缘出现一白色斑点，起初并没有在意，但是越长越大，导致视力模糊，已经开始妨碍正常生活。经县中医院（定点医疗二级机构）检查，确诊为"胬肉"，需采取手术切除"胬肉"才能遏制病情蔓延。经院方初步估算，此次就诊手术、医药及一周住院费用总计 1600 元左右。出于对健康和经济条件的考虑，患者并不想住院治疗，希望转诊到县级所属医院，但是中医院以有条件接诊"胬肉"这类病情为由，不同意转诊，未办理转诊手续。无奈之下，患者到该县所属地级市某著名眼科中心（市三级定点医疗机构）就诊。经确诊病情一样，但手术及医药费等总计 400 元，并且无须住院治疗。结果，患者最终在远离户籍所在地 35 公里外的眼科中心就医，一周后康复。外加交通、住宿费用等 200 元，此次就诊花费共计 600 元左右。

患者也提到，虽然按照规定，在二级以上定点医疗机构的门诊不予报销，但是，如果在县中医院就诊住院，虽然合作医疗报销比例会多一点，但是总花费太高，即使报销了一部分，个人承担的费用也远高于在眼科中心的总花费加上交通费，作为一个农民还是清楚要怎么权衡的。

新农合从个人缴费、分段补偿、按医疗机构等级报销的制度规定较好地限制了农民在就医过程中盲目去大医院的现象，但是对医疗服务提供者的约束力却有待加强。"新农合"政策采用"定点就诊制度"，是本着规范就医秩序，合理分布医疗资源的社会目的。但这种政策性规定，在市场化环境下，从长远来看不利于社会平等竞争，不利于医疗效率提高，不利于维护患者利益。

作为一个理性的"经济人"，如果当地医疗环境和质量符合患者的健康需求，他是不会舍近求远，倾向于报销范围之外、完全自付的选择。

四、教育补贴惠及低保家庭义务教育阶段儿童

塘窦村是江苏省南京市溧水县石湫镇一个乡镇企业相对聚集的行政村，集中了镇上的众多工业企业，经济发展和收入水平为中等，村里有四千多人，其中低保户15户。

A女士家是塘窦村的低保户，目前在塘窦村村口零售水果，年收入在一万元左右。在申请低保初期，A女士的丈夫患重病在床，还有一名学龄前儿童，A女士成为家中唯一的劳动力，虽有耕地一亩，但因劳动力匮乏，常年处于荒废状态。后来，A女士的丈夫不幸因病去世，现家中只有A女士和正在上初中的儿子两人，仍在享受低保。根据当地低保政策，A女士和儿子每月可获得150元的农村最低生活保障补差，免费加入了新型农村合作医疗。除此之外，A女士儿子处于义务教育阶段，还能获得每年200元的教育补贴，这些对A女士家的生活给予了一定的支撑。

A女士表示，她对最低生活保障制度基本满意，但仅能部分保障他们的生活，对家庭经济没有带来太大的改观。原因来自多个方面，其中比较突出的问题表现在以下几点：一是低保的补差制度，低保补贴和少量的教育补贴水平相对较低，无法保障他们生活上的需求；二是A女士家劳动力较少，A女士卖水果的收入维持家庭生活，收入不稳定且工作辛苦，收入较少，也给她带来沉重的生活压力；三是A女士的儿子正在上初中，虽也有少量补贴，但初中的青少年正处于身心发育的重要时期，营养需求和学习条件比一般成年人更高，经济拮据和家长无时间管教使孩子的成长和学习处于弱势。

以上这些正是A女士家庭面临的主要问题，也代表了部分低保家庭的共同问题，同时反映出最低生活保障制度有待改进的地方。其中值得我们关注的是低保家庭中的未成年人，他们也是特殊的弱势群体。借鉴外国经验，拥

有一定社会保障水平的国家都有相关的家庭补贴，其中特别重视对家庭中未成年人的补贴，对于不同年龄、不同阶段、不同家庭状况的未成年人在营养、教育等方面予以支持，使他们在成长的过程中获得更多的社会资源，得到应有的保障。

五、残疾、空巢低保老人的多重救助需求

B 大妈今年五十多岁，是江苏省南京市溧水县石湫镇魏家村的村民，从2002 年开始领取低保。丈夫今年已经六十多岁，患病残疾多年，已基本无法自己活动，生活不能自理，有老年痴呆的症状。B 大妈与丈夫原本有一个儿子，但儿子前几年在一次车祸中去世了，现在家中只有丈夫和她两人。大妈家有一亩耕地，但随着儿子的去世，老夫妇年事已高，家中已无劳动力，耕地荒置数年。B 大妈家的房子是 1983 年建的，已经是村里唯一的古董级房子了。环顾大妈家中，除了方桌、长凳、床、放置物品的架子，可谓家徒四壁。

家庭收入的全部来源是 420 元的低保补贴和 B 大妈丈夫每月 60 元的新农保基础养老金，远远低于当地的平均水平。除去日常的食物消费，老人每年还有相当数量的支出用在看病的医疗费上，年支出约 5000 元，成为了她家的主要生活负担。虽然无偿参加了新农合，也能够报销一定数量的医疗费用，但报销比例远远低于他们的花费。较低的经济补贴收入与较高的医疗消费支出使得他们这样一个低保家庭常常收不抵支，生活极其困难。

作为低保户，她和丈夫都免费参加了新型农村合作医疗保险，还有一定水电费等生活费用的补贴。谈到低保对于他们生活的改善，B 大妈表现得略有悲观，虽然已经有了这些低保和养老补贴，但是他们的生活还是很难得到保障，总体上不是特别满意。

俗话说，每个幸福的家庭都是相似的，而每个不幸的家庭各有各的不幸。在与大妈交谈的过程中，谈到自己遭遇车祸丧生的儿子，看着痴痴坐在一旁玩着桃核的丈夫，大妈难过地落下泪来，对于现在这样的生活，大妈很痛苦。

B 大妈家这样的家庭，需要的更多是来自医疗方面的补贴。对于这样有特殊老人的低保户，医疗救助制度应当发挥更大作用，并给予残疾老人一些营养方面的补贴。除了经济方面的需求，空巢老人尤其是对于这样白发送黑发、失去儿子的老人家，精神层面的需求也值得关注，多一些的拜访和探望也能给予他们心灵上的慰藉。

六、"电视村村通"工程惠及低保户

高邮市于 1998 年、2005 年先后实施城市低保、农村低保相关政策。政策实施的第一年，城市低保标准每人每月仅有 100 多元，农村低保标准每人每月也只有 60 元。为不断提高低保对象的生活水平，高邮市建立了城乡低保标准自然增长机制，每年都根据相关规定提高城乡低保标准。2012 年高邮市城乡低保标准再次提高，农村低保标准从每人每月 220 元提高到每人每月 260元。这一标准从 7 月 1 日起正式执行，并实行差额补助。

从 2006 年起，高邮市启动了"电视村村通，惠及低保户"大型捐赠活动，筹资近百万元，拟用 3 年时间，向全市 833 个农村低保无电视机户每户赠送一台 21 寸彩色电视机，并开通电视信号。

家住扬州高邮市界首镇张仁村的 C 女士，与刚满 18 周岁的女儿相依为命。C 女士自小患小儿麻痹症落下残疾，右腿行动艰难，今年 52 岁，在这里生活了大半辈子，丈夫 20 多年前去世后，就领养了一个女儿生活至今。虽然生活尚能自理，但干不了重体力活。家中有两亩田，一直依靠亲戚帮忙耕种收割，仅获得微薄收入以及维持口粮。C 女士从 2006 年 9 月开始领取低保金，每年种田可获得 2000 元左右的收入，再加上女儿打工工资，一年算下来总收入 1万~2 万。

以前低保户认定工作比较简单，一般村干部都会主动把她家列入低保户名单。而今年当地开始严抓对低保户的审定工作：为了实现"阳光低保"、"公平低保"的目标，当地实施了低保"四查三访两必究一否决"的运行机制。

"四查"：即一查低保对象是否准确；二查操作程序是否规范；三查规范管理是否到位；四查资金发放是否足额及时。"三访"即：一是重残类户必访，要求村干部对重残类户必须入户调查，看其是否符合标准，有无人情保；二是群众代表必访，了解群众代表是否参加低保评定会，了解低保评定程序是否规范；三是党员、退休老干部必访，调查了解低保评定是否公平、公正。"两必究"一是对村干部个人贪污回扣低保资金必究，构成犯罪将移交司法机关进行严惩，二是对村集体套取低保资金进行基础设施建设和扶持产业发展的必究，一经发现，村里主要领导将按照相关规定进行处理。"一否决"对因低保评定程序不到位，造成群众上访且影响恶劣的，对村上年终考核实行一票否决，情节严重的，村里主要领导将进行调整。

"政府低保虽然不多，但目前已经可以满足基本的生活需要"，C 女士说，她现在唯一心愿就是女儿能够安安心心地把工作干下去，母女两人平平安安。对于低保政策的满意度，C 女士表示基本满意，偶尔会有一些村干部上门来慰问看望她们，她表示很感激。由于 C 女士身患残疾，一辈子也没有出过远门，就连回娘家都很困难。"电视村村通，惠及低保户"工程捐赠的电视机是C 女士家唯一的"气派"家电，电视也成为 C 女士这类残疾人士了解外部信息、休闲娱乐的最重要的渠道。

七、姜堰市坡岭村的居家养老志愿者服务

坡岭村位于江苏省姜堰市老通扬河以南，全村总人口 2393 人，其中 60周岁以上的老人 548 人，占全村总人口的 22.9%，老龄化程度居全镇之首。70 周岁以上的三无、独居、空巢人数分别为 23、11、34 人。2001 年合并行政村以后，先后成立了老年促进会和老年体育协会。在市、镇两级民政部门的支持和帮助下，成立了以村为单位、以村两委会为主要领导负责的居家养老服务站。

该村的居家养老服务站在成立之初，每天傍晚时分通过广播喇叭播送居

家养老服务站成立的相关事宜。此外，居家养老服务站给每户人家发出了《致全村村民的一封公开信》，信中除了说明本村老年情况以及成立居家养老服务站的重要意义外，还根据本村实际提出了志愿参加居家养老服务的倡议，欢迎有识之士参加居家养老志愿者服务。这是坡岭村居家养老服务站特有的方式，既能够使村民拥有参与感，又减轻了村里的负担，十分适合目前的农村社会。

在资金来源方面，居家养老服务站建立初期是依靠市县两级政府的拨款，后期是通过老人购买服务所缴纳的费用来正常运行，不同的服务项目需要的费用不一样。志愿者服务是坡岭村的最大特色，由于他们的无偿奉献，居家养老服务站的开支极少。所以，尽管目前购买服务的老人并不多，居家养老服务站也能够维持基本运行。

在服务对象方面，居家养老服务面向本村60周岁及以上的老人，所有坡岭村的老人都可以根据自己的需要购买服务。而志愿者的免费服务则主要针对村里的高龄、独居、失能半失能及五保的老人，为他们提供必不可少的帮助。居家养老服务站根据全村老人的基本情况筛选出了68位重点老人，他们大多生活无法自理，身边又没有可以给予照顾的家人。

在服务内容和方式方面，服务的内容包括生活照料、医疗保健和精神慰藉等方面。老人可以选择家政服务、送餐喂饭、送医送药、应急救助等服务项目，这些服务可以是长期的也可以是少数几次，是按次数收费，都是由工作人员上门服务，老人可以足不出户。同时，居家养老服务站还提供棋牌室、乒乓球台等娱乐健身的场所，这些是按时间收费。志愿者对高龄、独居、失能半失能和五保老人的服务则是全方面的，他们每天都会去老人的住处，帮忙做一些家务，带老人去看病拿药，或陪老人聊聊天。

在组织模式方面，居家养老服务站除了村里任命的负责人和1名办事员之外，服务人员主要是志愿者。两名工作人员均是村委会内部人员兼任。居家养老志愿者服务队一共有8个人，都是本村的低龄老人，签订了居家养老服务协议书，无报酬地为全村 68 位重点老人服务。8 名志愿者每人负责 2~3 个村民小组，每天至少去重点老人家里一次，有重要情况发生立即向居家养老服务站反映，平时每星期汇报一次。

在监督与保障机制方面，在政策上主要是依靠政府出台的一系列居家养老服务的管理办法与条例对居家养老服务站实施监督和管理。在实践中，居家养老服务站受到来自市民政局老龄工作处的监督，并且定期向工作处进行汇报。

郑爷爷就是受到特别照顾的重点老人，他由于年轻时候的高血压引起了烂绑腿，现在常年的化脓。妻子又得了癌症，被亲戚接到外地去治疗，子女也陆续地过去照顾她了。现在没有一点点自理能力的他一个人生活，全靠居家养老服务站的志愿者照料他的日常生活起居，还经常帮他端屎端尿，包括连他大小便失禁弄脏的衣服被子也都是志愿者来洗。他常常感叹，幸亏有居家养老服务站，他才能正常地生活下去。

为了更好地推进坡岭村居家养老服务站的建设，村级组织不但要继续积极推进老年志愿者的服务，还要从组织保障、制度建设上规范志愿者队伍服务的形式和内容，进一步拓展养老助老的渠道。

八、企业赞助、村委会承办的居家养老服务中心

常州市钟楼区五星街道新农村居家养老服务中心于 2008 年 7 月 3 日挂牌成立，占地建筑面积 600 平方米，由附近的 8 个社区联合开办，并成立专门的办公室，当地民营企业给予资金援助，目前开展的项目有助餐、助洗、文化娱乐、医疗保健等。

（1）资金来源

五星街道新农村养老服务中心依托本地企业优势，专门成立老年基金。老年基金的构成：一是 16 个企业家和其他 9 人以个人身份总共捐款 78 万元。

二是政府和集体的投入，街道 10 万元、常州市和钟楼区政府 20 万元。根据《常州市区养老服务补偿操作规程》的规定，经验收达到居家养老服务中心标准的给予 5 万元的一次性启动补贴；对于每年固定服务，钟楼区民政局将福利彩票部分收入的公益金作为启动资金分别补贴了 7 个街道的居家养老服务中心。三是村委借给企业每年 100 万元，保值增值每年 10 万元，另外企业每年无偿捐助 10 万元。合计新农村养老服务中心每年的资金大概在 150 万元左右。

（2）服务方式和服务对象

新农社区养老服务中心为本社区内老人、失地农民和已经在本社区购买住房的外地老年人提供服务。根据老年人具体条件不同，服务方式也有差别，主要有以下几种：无偿服务。主要包括年满 70 周岁、生活不能自理且在市区无子女照顾的低保老人、重点优抚对象、"三无"老人、革命"五老人员"以及百岁老人等。低偿服务。主要包括以下老年人：①生活不能自理的"空巢"老人（指子女不在本县市区居住生活的老年人）；②未享受民政各种救助的 80 周岁以上"空巢"老人；③有一定经济来源但生活仍很困难的老年人。有偿服务。有经济能力，需要日托、送餐或上门照料等服务的老年人，以自费的形式购买服务。志愿服务对象。社区内所有老年人，重点是"空巢"老人、高龄、病残老人，由志愿者上门开展服务。

（3）服务内容

一是日常生活照料。老年人生活中遇到的很多问题，比如购物、家务料理、洗衣、理发、洗澡等都可以通过社区居家养老服务来解决。二是医疗保健服务，主要包括定期身体检查、医疗咨询、陪同就医等。三是休闲娱乐、精神慰藉服务。现代社会的家庭日趋小型化，一些老年人往往独自居住。即使与子女同住，也由于子女忙于就学、工作四处奔波，无暇与老人很好地进行情感交流。在生活照料问题解决之后，老年人的情感需求或精神需求显得尤为重要。社区有专门的活动室,提供法律咨询以及开展各项文化教育活动和老年人集体活动。

（4）组织和考评机制

区民政局为居家养老服务的主管部门。负责对本区内居家养老服务组织进行审批、管理、监督和检查；承担全区居家养老服务协调管理职能。各镇、街道民政办负责居家养老服务中心日常管理。五星街道新农村养老服务中心的投入和运作主要由村委负责，属于集体主导型的运作模式，由居委会干部出面整合、调度、招聘各方面的力量承担不同的服务内容。

新农社区养老服务中心有 3 名主要领导组织人员：老年协会会长、会计和 1 名其他负责人。老年食堂有 3 名厨师，托老所有 2 名家庭服务员。人员的工资由村委会支付。具体规章制度方面，有工作人员花名册、协议书；工作人员在工作时间内佩证上岗；有被服务老人档案、服务协议书；有服务项目、服务承诺、收费标准公示栏；按规定实行信息化管理，按期上报有关报表。

考评机制方面，区民政局将居家养老服务工作纳入年度民政目标考核内容，对开展居家养老服务工作有创新、有成效的单位进行表彰奖励。区民政局依据《常州市居家养老服务组织管理暂行办法》对居家养老服务中心和服务站进行指导、监督和管理，对居家养老服务中心进行年度检查，不符合标准及违规单位限期整改，仍达不到要求的，由区民政局收回《社会福利机构设置批准证书》。

九、张家港市杨舍镇"全国模范敬老院"

杨舍镇老年服务中心位于张家港市杨舍镇泗港办事处，占地 28 亩，建筑面积 12000 平方米，拥有床位 300 张，总投资 2000 万元，是杨舍镇 2005 年实事工程之一，于 2005 年 10 月正式竣工，是"全国模范敬老院"。该中心是张家港迄今为止投资最大、功能最全、设施最完备的镇级敬老院。老年服务中心的落成,标志着杨舍镇六镇合一后五保对象由分散供养向集中供养转变。老年服务中心以向老年人提供一流的服务为出发点,在建设上立足高起点、高标准,无论是设计理念、工程规模和工程质量,还是内部功能和服务要求,都体现了将该中心建设成为老年人理想生活乐园、青少年思想道德教育阵地、和谐杨舍新窗口的理念。

走进服务中心,映入眼帘的是一个江南园林风格与现代建筑和谐相融的度假式建筑,假山喷泉,青竹丹枫,小桥流水,亭台曲廊,鸟语花香,整体环境幽雅怡人。这里配套设施一应俱全,能满足入住老人的基本生活需求。疗养楼、行政楼、敬老楼,从南到北分立,承担着生活、娱乐、健身、护理、康复等不同职责。其中,敬老楼有床位150张,可供全镇"五保"老人居住。疗养楼和别墅式住房,可为社会各层次的老人提供疗养与寄养服务。房内生活设施完善,符合现代化的标准,可与星级宾馆媲美。院内功能齐全,设施一流,有多功能会议室、健身室、康复室、休闲中心、棋牌室、图书阅览室、心理咨询室、书画室、美发室和医务室等配套功能,多功能餐厅可同时供200人就餐。走进大厅,"奉若父母,情同亲生"的题词温馨而醒目。服务中心随处可见的各式文化标牌,涵盖了弘扬尊老敬老传统美德、管理服务理念、老年养生知识、老年保健常识、温馨生活小贴士等内容,处处体现着"爱心、细心、耐心、安心、放心"。

2012年6月1日起,张家港正式实施当地出台的《老年护理院管理办法》。《办法》对老年护理院的服务和管理进行了规范,还确定了建办老年护理院的政策优惠,无论公办还是民办护理院,新建床位都可以得到每张床1.2万元的建设资金补贴,补贴力度在苏州范围内最大。对推行全护理的老年护理院,按照护理人数,给予护理院每人每月180元的专项补贴,半护理的补贴标准为每人每月150元。《办法》的出台,为打造让老年人颐养天年的温馨家园提供了重要保障。

目前，服务中心入住五保老人 150 余名，社会寄养老人 60 余名。根据老人的身体状况，服务中心将老人区分为全护理、一级护理、二级护理、常规护理等类型。在敬老楼 6 楼的特护区，这里居住的都是生活完全不能自理的瘫痪老人。

在每间房的门上，清楚地标示着入住老人的基本信息和护理类型。据中心负责人介绍，他们在安排房间时，主要参照老人之间的关系（如夫妻）和性格。老人们都纷纷表示在这里住得舒畅，生活设施样样齐全，吃穿住行都不用愁。老人们一年四季的衣帽鞋袜，都是院里统一发放的。衣服脏了要换洗了，有成套专业的洗衣烘干设备为他们服务。行动不便的老人还享有专门的优厚"待遇"，吃饭的时候，热腾腾的饭菜就"自动"送到他们的面前。每个月老人还能领取零花钱。让老人们爱上这个"新家"的，远不止这些一流设施的周到服务，院内浓浓的情意和关怀，才是老人们心灵最好的慰藉。

在老年服务中心，有一支业务水平精良的员工队伍。他们以宾馆式的管理、人性化的服务赢得了老人的认可，他们就是老人们口中"孝顺的子女"。在 40 余名工作人员的悉心照料下，他们一日三餐按时按点，还有工作人员打扫房间、洗衣服，照顾日常生活，不管是简单的理发、剪指甲、按摩，还是复杂的特殊护理，工作人员每天都像对待亲人一样服务老人，用行动实践了服务中心"奉若父母，情同亲生"的理念。

"这里伙食很好，荤素搭配、营养均衡、易消化。环境也的确好，干净整洁，像宾馆一样，电视、棋牌、健身什么都有，老人住在这里我们很放心。"年近七旬的老徐看着正在用餐的丈母娘，感到很欣慰，"不管是环境、设施，还是服务，这里都很好，我们做子女的也放心。"

为了提高老人们的生活质量，工作人员在敬老楼北侧辟出五亩地，搞起了小规模的养殖。"我们种了青菜、豆角、西红柿等蔬菜，还养了几头猪，这样既能满足老人们有新鲜蔬菜吃、有肉吃，又能降低院里的运行成本。"陈永发院长说，身体条件允许的老人还可"重操旧业"，下地干活，打发时间。

在中心办公室看到，墙上反映入住情况的大展板清楚地插上了每个入住者的名牌，中心目前还没住满。由于受传统思想观念影响，还存在不少60岁以上的孤寡老人宁愿自己独自生活也不愿入住敬老院的现象；另一方面，一些孤寡老人因获取信息的渠道有限，不了解国家的养老政策，造成他们难以入住敬老院。"我们随时欢迎符合入住条件的老人来这里养老。同时，今后我们还将不断加强基础设施建设、改进服务质量，真正实现老有所养、老有所学、老有所乐、老有所为。"陈院长说。

十、海门市的民办托老机构

海门市于1982年进入老龄化社会，截至2011年年底，全市人口998789人，其中60周岁以上老年人234690人，占全市总人口的23.5%，比全国平均数高出10个百分点，80周岁以上老年人39822人，占全市总人口的4%。随着人口老龄化和农村青壮年人群流出速度不断加快，高龄老人、空巢老人的数量呈明显上升状态，给家庭养老、社会养老、机构养老带来前所未有的压力。

近年来，海门市各有关部门在不断推进社会化养老服务体系建设的过程中，不断完善社区养老设施，在此基础上，又对一些新兴养老模式进行拓展。一些乡镇的居民利用自家民房或租赁当地的空余房屋，纷纷办起了家庭托老院。目前，全市登记民办托老机构19家，拥有床位1600多张，收养老人640余名，工作人员180余名。民办托老机构为老年人的赡养，特别是临终关怀，做了大量的工作，得到了社会的肯定，备受老人的欢迎。

从性质上看，这些托老机构均属于民办非企业机构，主要的资金来源依赖个体自身以及养老经营收入。从收费标准上看，各个托老机构按照护理照料的级别，收费600~1500元不等。为支持民办养老机构的生存与发展，市政府主要做了两个层面的工作：一是市民政局会同工商、税务等部门对创办的民办养老机构采取"放水养鱼"的态度，对民办养老机构不收取任何费用，还引导养老机构向规范、健康的方向发展。二是从财力上资助民办养老机构发展。2007 年政府下发《关于加快实现海门市社会福利社会化意见》文件，民办托老所 30 张以上床位，经民政局审批，每张床位补贴 1500 元（分三年）。

在服务对象和服务内容方面，以四甲镇志平托老院为例，其服务的对象包括两类，一是子女外出、无暇照料的留守高龄、残疾老人，他们被寄养在托老院中，由托老机构负责他们的日常起居、看病照料、精神关爱、娱乐休闲等，为外出打工经商的子女免除了后顾之忧。这些老人不仅包括本村、本乡镇的老人，还有来自其他县市的老人，在志平托老院就有来自上海的老人；二是作为居家养老服务点，向周边有服务需求的居家老人提供服务。志平托老院居家养老服务点为周边两个村的 10 多位居家养老服务对象提供洗头、理发、打扫卫生等服务，专业的工作技术和热情的服务态度深受老人欢迎。在海门市工业园区建安村由私人投资 40 多万元，建立了以日托为主的居家养老服务站，辐射服务周边老人。像这样依托民办托老院开展居家养老服务的点全市共有 8 家。在组织模式方面，采取家庭经营的方式，托老机构工作人员除了负责人之外，在家庭成员人手不足的情况下也雇佣少量本村中老年妇女。她们的年龄一般在 45~60 岁之间，文化程度相对较低，专业化程度不高。例如，海门市颐生托老院依靠夫妻二人加上三个保姆，每月保姆工资 700 元；海门市诗怡托老院雇佣了五人，四甲镇志平托老院雇佣了五人。

相对养老需求，现有的民办托老机构在规模和能力上显出严重不足，一些民办托老机构仍然存在诸多的问题。民办托老机构有的是私有住房改造，有的是用原有工房改建。部分托老机构的硬件条件比较差，床位拥挤。有的托老院基本上没有绿化空地、休闲空间和活动场地，功能单一，档次较低。农村民办托老机构还存在一定的安全隐患。一是火灾隐患突出，大多数民办托老机构缺少基本的消防设施；二是卫生状况堪忧。民办托老所利用民宅改造后，厨房很小，消毒设施及设备无法跟进。其次，个人卫生不佳。有些民办托老所为追求利益最大化，一个房间安排多个老人，通风不畅，加上缺少洗澡等卫生设施，卫生条件较差。

虽然农村托老机构都建有一些必要的规章制度，但制度还未十分完善，管理水平参差不齐。民办养老机构的大多数管理人员对国家的社会福利机构有关规定和老年福利机构的行业标准知之甚少，无规章可循，随意性大，一般采用的是家庭式的管理与服务方式。此外，民办养老机构无证经营的现象十分普遍。目前全市有20余家未到民政部门登记但在运行的民办养老机构。另外，管理人员法律意识淡薄。一些民办养老机构在和老人签订入住的合同方面法律不健全，经常发生老人与养老机构及家属与养老机构之间的矛盾和民事责任纠纷。对养老服务评估标准的缺失，导致一些养老机构在提高服务质量方面缺乏动力，老人也得不到高质量的服务。

关爱老人就是关爱明天的自己，民办托老机构在海门的金色大地上悄然兴起，是当地农村养老服务中的浓重一笔。在其发展过程中，如何引导其服务规范化、标准化，是民办托老机构自身以及各有关部门都要重视的问题，只有扬长避短，才能做好"银发"产业，才能为农村社会养老服务体系不断注入活力。

十一、连云港新浦区"家庭托老一条街"

近年来，连云港不断推进社会化养老服务体系的建设，使社区养老设施得到进一步完善，在此基础上，新浦区又对一些新兴养老模式进行拓展。新南街道的当地居民利用自家民房或租赁当地的空余房子，纷纷办起了家庭托老所，甚至形成了"家庭托老一条街"，这类看似简单、简陋的家庭托老所，如今却备受老人的欢迎，家庭托老已成为新浦区一种养老新业态。有别于一般的养老院，这种养老模式的优点在于创造了家庭化的养老环境并有效整合了当地的养老资源。

目前在新浦区新南街道逐渐形成的"家庭托老一条街"，呈东西走向，汇聚了 9 家家办托老所，另外还有宾馆、超市、社区医疗服务站和理发店等相关服务机构配套设施，可以为托老所老人提供便利的生活服务。这些养老机构均属于民办非企业机构，主要的资金来源依赖个体自身以及养老经营收入，按照护理照料的级别，收费 700~1500 元不等。另外为推动社会养老工作的健康持续发展，连云港把社会养老机构建设资金纳入财政预算，对于民办养老机构，给予一次性床位补贴，新建和改扩建的每张床位分别补贴 3000 元和1500 元，并给予每人每月 30~50 元的运营补贴。在此基础上，还在税收、用水、用电、用气等方面给予减免或提供一定的优惠政策。

在服务对象和服务内容方面，以"芳芳老年公寓"为例，该养老机构一般接受的是社会高龄、空巢以及失能半失能老年人，在入住前须接受体检，确定无传染疾病的老人方可入住。机构营业面积现有 600 平方米，上下三层，三楼是机构负责人和工作人员居住，一楼和二楼根据老人自理能力安排居住，目前拥有 60 张床位。老人房间类型有单人间也有夫妻双人间，均配备彩电、空调、暖气、洗浴等设施。其中洗浴服务由护理员专门提供，另外还负责提供三餐照应。机构内建立了老年应急呼叫救助数字网络系统和"一拨通"服务平台，只要老人有需要，管理人员随叫随到。

在组织模式方面，机构工作人员除了负责人之外，多为社会招聘的下岗人员，年龄一般在 40~55 岁之间，他们的工资待遇较低，一般在 1000~1500元左右。

在监督与保障机制方面，一方面在政策上，连云港政府出台了一系列养老机构的管理办法与条例对养老机构实施监督和管理。另一方面在实践上，新浦区新南街道按照一定标准在"养老一条街"设立了居家养老服务中心，由街道组织人员经常检查、监督和管理，与各家养老机构负责人保持长期有效的沟通和联络，确保养老服务的质量和居住养老机构老年人的权益。

养老机构自身也制定了管理措施和办法，对养老服务进行监督和保障。例如"芳芳养老公寓"建立了严格的护理员工作职责规范：要求护理员须做好室内清洁卫生工作，维护护理区干净、整洁、安全、舒适，全面负责代养人员的生活护理；严格按照操作规程，按班次和护理等级完成工作任务，不准指派服务对象代替工作；爱寓如家，关心集体，体贴老人，文明服务；注意节约，杜绝浪费，爱护公物，保管好被褥衣物、家具等物品；重视代养老人的思想状况，并关心其医疗、护理、生活等方面存在的问题；严格交接班，做到护理对象、工作任务和保管物资三清楚；不得接受代养人员钱物馈赠，不得吃拿代养人员物品。另外机构对入住公寓老人也有一套管理方法：入住前需签订《公寓入住协议书》，公寓入住人员应自觉遵守各项制度，配合管理；爱护公物，室内所配物品均由本人妥善保管使用，公共物品如有损坏、损失，由本人按原价进行赔偿；保持寓所清洁、整齐、安静，不得大声喧哗、引吭高歌，不得随意乱窜他人的房间；有事外出，必须提前请假，并告知外出时间、地点，如需延假，另行请假。一律不许接待亲朋留宿过夜，如需留宿，需征得寓方同意；公寓入住人员必须注意公共安全和自身安全，妥善保管好自己的物品，严防意外事故的发生；对不遵守寓内规章制度，造成不良影响者，公寓将劝其离寓。

据统计，目前9家托老所已照顾了150余位高龄、空巢和失能半失能老人，其中50张床位以上的1家，10~40张床位的8家，护理人员32人，已经形成一定规模，在获取经济收益的同时也产生了一定的社会效应。

年过七旬的李奶奶是个典型的空巢老人，在新南街道玉龙社区工作人员的劝说下搬进了楼下的"家庭托老所"。起初老人对这里不太适应，可是时间久了她反而不想走了，用老人的话说，在这里吃喝不愁，还有老姐妹弟兄说话做伴，生病了还有人帮忙照顾，可比在家里强多了。

"原本我以为养老院就是那种大门一关、集体吃住的样子，没想到是这种家庭式托老所，跟在自家没区别，我很喜欢这里。"老人说，"我跟子女们说了，叫他们安心工作，不要担心我。"

下一步新浦区将以玉龙社区养老服务一条街为基础，加大政策支持及资金投入，建设老人年养老服务中心，为居家养老人员提供食品、医疗、洗浴、棋牌娱乐、心理咨询等全方位服务，营造敬老、爱老氛围，精心打造养老特色街区。

十二、赣榆县集中型居家养老模式

赣榆县地处黄海之滨、海州湾畔、苏鲁交界，总面积1427平方公里，下辖18个镇、422个村委会、34个城市社区居委会、2个省级经济开发区，总人口110.8万，其中60周岁以上老年人口15.6万人，占总人口数的13.9%， 80周岁及以上老年人口1.8953万人，占老年人总人口数的12.2%。截至2010年年底，县公办与民营养老床位2428张，每万名老人拥有床位数160张，绝大多数的老人选择的是居家养老模式。随着城市化进程的加快和市场经济的发展，以及人们生育观念的转变，"四二一"与"四二二"家庭比较普遍，且这部分家庭的长辈已进入老年期。传统的家庭养老模式受到婆媳关系、代际关系等诸多因素的影响，不利于老年人的身心健康。而社会机构养老受到个人经济条件的制约和传统养老观念的影响，大多数老年人又不愿入住。在人口老龄化速度进一步加快的今天，如何让低收入或无收入的老人安度晚年，如何在经济欠发达地区实现养老的福利性，是一个值得探索的问题。赣榆县在居家养老方式上进行了有益的探索与实践，形成了一种把传统家庭养老与政府福利养老相结合的居家养老模式。

（1）集中型居家养老模式形成的背景

在赣榆县沿海农村，居民多以船工和建筑工等不固定工作方式为主，工作流动性大，留在家中生活的就是老人、妇女和孩子。他们既不同于城市居民有固定的工资收入，但又要适应城市化的消费方式；他们既不同于农村居民自给自足的生活方式，但因生活收入不固定，同样面临生活的压力。三代同堂的家庭人口结构普遍，因为管教子女、日常开支等诸多方面的矛盾显得越来越突出，尤其是婆媳之间的矛盾已成为影响家庭和谐的重要因素。老人与子女分开居住可以缓和矛盾，但住房条件又不允许，一般家庭无力解决；

老人到老年公寓居住也不现实，一是老人不愿意离开陪伴了一辈子的邻居；二是担心别人说三道四，说子女不孝，给子女造成压力；三是家庭经济条件也无力承担老年公寓的费用；四是有的老人还有一定的劳动能力，还想帮子女做做家务，不愿离开家。如何破解农村养老的难题？如何消除家庭不和谐的因素？围绕这些难题赣榆县进行了一些有益的探索。

（2）集中型居家养老模式的形成

20 世纪 90 年代末开始，赣榆县许多经济条件较好的沿海农村，根据本村的实际情况，陆续在村内建设老人集中居住区。目前，全县共建成 20 余家，规模由几十户到百十余户不等，这种"离家不离村，村中享天伦"的集中居家养老方式受到农村老人的普遍欢迎。

农村社区老年人集中居住点的建设遵循"因地制宜、村民自愿"的原则，村里的老人自愿向村委会申请，当申请的人员达到一定数量时，村支部及时通过召开村民代表大会、村党员大会及村支委会广泛征求意见，决定建设的规模、管理方式等，村委会根据本村的实际情况，因地制宜，统筹规划，有的利用村中腾出的村办企业、村办小学等闲置场所就近建设，有的结合省级康居示范村的要求和本村老人需求专门规划设计。在老年人集中居住点，多就近建立老年居家养老服务中心，并逐步加大投入，提高服务水平和层次，配套了老年健身室、棋牌室、卫生室、活动广场等，具体负责为老年人提供服务，使老年人的生活质量进一步提高。

老人在集中居住点生活，既方便老年人交流、沟通感情，缓解了代际关系、化解矛盾，促进了家庭、社区的和谐，又促进了社区的经济发展，收到了良好的社会效益。

（3）集中型居家养老模式的积极意义

集中居住区中既保留了传统的家庭生活方式，又能享受到社会福利待遇，社区不组织统一活动，不干预集中居住区老人的活动自由，照样可以为子女帮帮家务、照看孩子，照样可以经营自己的小菜园。这种集中型居家养老非常适合在农村推广。

一是把家庭养老与机构养老相结合，是对居家养老模式的新发展。集中型居家养老既保留了我国敬老、尊老的优良传统和家庭养老的习惯与风尚，又发扬了机构养老服务便捷的优点，使老年人在熟悉的人群中和熟悉的环境里享受到多样化、人性化的养老服务。同一生活背景下的老年人集中居住，消除了代际交往的障碍，克服了居家养老老年人不便交往的弊端，使老年人享受到家庭养老的温馨和机构养老的服务。

二是个人投入与集体投入相结合，缓解了财政投入相对不足的矛盾。社区筹集先期开发资金，政府在建设收费方面给予优惠，本村 60 岁以上老人自愿入住，入住时交纳押金，老人去世或退房时押金一次性退还。此种融资方式，不但解决了相对不富裕的集体经济的负担，而且政府在少量投入的情况下达到建设养老机构的效果。

三是把家庭服务与志愿服务相结合，促进了和谐社区建设。由于老人离家但未离村，为家庭成员赡养老人提供了方便，学校还把老人集中居住区作为德育教育基地，经常组织学生开展关爱老人志愿服务活动，医疗卫生机构每月免费为老人体检一次。社区开展"好婆婆，好媳妇"评选活动，比谁经常来看望老人，看谁的婆媳关系处理得好，婆媳关系得到明显改善，凡是在集中居住区居住的老人，再也未发生一起老人与子女的家庭纠纷。老人集中居住便于发挥社会舆论的监督导向作用，使老年人的家庭成员牢固树立敬老、养老的思想意识，使遗弃老人的子女及时被揭露，受到社会舆论的谴责。

四是老人集中居住解除了子女后顾之忧，可以放心地外出务工，从而进一步提高了社区居民的生活质量。集中型居家养老方式既促进了家庭、社区的和谐，又促进了社区的经济发展，同时也收到了良好的社会效益。入住老人村的老人们见人就说："党和政府就是好，老人村里能养老，生活有保障，困难有人帮，心情真舒畅，长寿又安康"。

附　　录

附录一　江苏农村社会保障政策文件

新型农村社会养老保险政策文件

国务院关于开展新型农村社会养老保险试点的指导意见（国发〔2009〕32 号，2009 年 9 月 1 日）

江苏省人民政府关于印发江苏省新型农村社会养老保险制度实施办法的通知（2009 年 12 月 29 日）

扬州市区新型农村社会养老保险制度实施办法（扬府办发〔2010〕138 号，2010 年 8 月 2 日）

徐州市新型农村社会养老保险制度实施办法（2010 年 3 月 12 日）

盐城人民政府关于建立新型农村社会养老保险制度的意见（盐政发〔2008〕164 号，2008 年 9 月 28 日）

无锡市居民养老保险业务操作办法（锡社保养发〔2010〕2 号，2010 年 9 月 30 日）

泰州市农村社会基本养老保险试行办法实施细则（2010 年 1 月 12 日）

宿迁市政府办公室关于建立新型农村社会养老保险制度的意见（2008 年 12 月 17 日）

宿迁市城乡居民社会养老保险制度实施办法（宿政发〔2012〕134 号，2012 年 9 月 29 日）

苏州市新型农村社会养老保险管理办法（苏府规字〔2010〕10 号，2010

年 3 月 25 日）

南通市农村居民养老保险试行办法（通政发（2008）37 号，2008 年 5 月 19 日）

南通市市区城乡居民社会养老保险暂行办法（2011 年 12 月 1 日）

连云港市城乡居民社会养老保险制度实施办法（2011 年 12 月 10 日）

淮安市政府关于贯彻实施省新型农村社会养老保险制度实施办法的实施意见（淮政发〔2010〕68 号）

南京市城乡居民社会养老保险办法实施细则（宁人社〔2012〕99 号，2012 年 3 月 20 日）

关于建立镇江市新型农村社会养老保险制度的指导意见（镇政发〔2008〕94 号，2008 年 12 月 30 日）

常州市政府关于建立新型农村社会养老保险制度的指导意见（常政发〔2008〕183 号，2008 年 11 月 17 日）

常州市市区城乡居民社会养老保险实施办法（常政规〔2010〕5 号，2010 年 8 月 25 日）

新型农村合作医疗政策文件

江苏省财政厅、江苏省卫生厅关于印发"农村居民大额费用合作医疗保险省级扶持资金管理办法"的通知（苏财社〔2002〕12 号）

省政府关于在全省建立新型农村合作医疗制度的实施意见（苏政发[2003]75 号，2003 年 7 月 18 日）

省卫生厅关于成立江苏省新型农村合作医疗工作指导组的通知（苏卫基妇〔2003〕14 号，2003 年 8 月 19 日）

江苏省新型农村合作医疗基金管理办法（苏财社〔2003〕65 号，2003 年 8 月 22 日）

江苏省新型农村合作医疗基本药物目录（试行）（苏卫基妇〔2003〕25

号，2003 年 11 月 14 日）

省卫生厅关于加强新型农村合作医疗定点服务机构管理的意见（苏卫基妇〔2003〕28 号，2003 年 11 月 18 日）

关于建立新型农村合作医疗工作报表制度的通知（苏卫基妇〔2004〕1 号，2004 年 1 月 15 日）

江苏省卫生厅基妇处关于规范新型农村合作医疗双月报统计口径的函（苏卫基妇函发[2004]3 号，2004 年 3 月 17 日）

关于进一步加强新型农村合作医疗管理的意见（苏财社〔2005〕15 号，2005 年 3 月 8 日）

关于新型农村合作医疗费用补偿的指导意见（苏卫基妇[2005]4 号，2005 年 3 月 18 日）

江苏省新型农村合作医疗基本药物目录（修订）（苏卫基妇〔2006〕1 号，2006 年 1 月 26 日）

江苏省新型农村合作医疗基金财务管理办法（试行）（苏财社〔2006〕37 号，2006 年 4 月 17 日）

江苏省新型农村合作医疗基金会计核算办法（试行）（苏财社〔2006〕37 号，2006 年 4 月 17 日）

关于全面推进新型农村合作医疗工作的通知（苏卫基妇〔2006〕10 号、苏财社〔2006〕50 号，2006 年 5 月 15 日）

关于完善江苏保险业参与新型农村合作医疗工作的意见（苏保监发[2006]106 号，2006 年 6 月 6 日）

江苏省新型农村合作医疗管理信息系统建设实施方案（苏卫农卫〔2008〕7 号，2008 年 10 月 21 日）

关于进一步加强新型农村合作医疗制度建设的通知（苏卫农卫〔2008〕9 号，苏财社〔2008〕172 号，2008 年 11 月 17 日）

关于完善和发展新型农村合作医疗制度的意见（苏卫农卫〔2009〕8 号，

2009 年 9 月 17 日）

关于加强新型农村合作医疗转外就医审核管理的指导意见（苏卫农卫〔2010〕5 号，2010 年 3 月 4 日）

江苏省新型农村合作医疗支付方式改革试点方案（苏卫农卫〔2010〕8 号，2010 年 4 月 2 日）

关于规范和完善新型农村合作医疗补偿方案的通知（苏卫农卫〔2010〕15 号，2010 年 12 月 30 日）

关于推进新型农村合作医疗异地就医联网即时结报工作的实施意见（苏卫农卫（2011）4 号，2011 年 2 月 12 日）

江苏省新型农村合作医疗条例（江苏省人大常委会公告第 79 号，2011 年 3 月 24 日）

农村最低生活保障政策文件

国务院关于在全国建立农村最低生活保障制度的通知（国发〔2007〕19 号，2007 年 7 月 11 日）

财政部、民政部关于加强农村最低生活保障资金使用管理有关问题的通知（财社[2007]106 号，2007 年 8 月 3 日）

关于进一步规范城乡居民最低生活保障标准制定和调整工作的指导意见（民发〔2011〕80 号，2011 年 5 月 11 日）

国务院关于进一步加强和改进最低生活保障工作的意见（国发〔2012〕45 号，2012 年 9 月 1 日）

关于对全省农村居民最低生活保障工作实行目标管理的通知（苏民救[2005]8 号、苏财社[2005]19 号，2005 年 3 月 15 日）

江苏省政府办公厅关于对低收入居民实行基本生活消费价格上涨动态补贴的意见（苏政办发[2005]97 号，2005 年 8 月 31 日）

关于进一步加强农村居民最低生活保障工作的意见（苏民保[2006]12 号

苏财社[2006]100 号，2006 年 8 月 25 日）

江苏省政府关于完善城乡居民最低生活保障标准增长机制进一步加强社会救助工作的通知（苏政发[2006]137 号，2006 年 11 月 20 日）

江苏省城乡困难群众临时生活救助实施办法（苏政办发[2007]132 号，2007 年 10 月 31 日）

江苏省关于对无固定收入重残人员给予生活救助的通知(苏民保[2007]12 号、苏财社[2007]127 号，2007 年 11 月 14 日）

江苏省贫困家庭儿童重大疾病慈善救助实施细则（苏政办发〔2010〕91 号，2010 年 8 月 2 日）

江苏省居民最低生活保障工作规程（苏民规〔2012〕2 号　苏财社〔2012〕245 号，2012 年 12 月 6 日）

南京市城乡居民最低生活保障条例（2004 年 8 月 20 日）

南京市城乡居民最低生活保障条例实施细则（宁政发[2008]54 号，2008 年 3 月 19 日）

南京市人民政府关于提高最低生活保障水平的意见（宁政发[2011]127 号，2011 年 6 月 22 日）

关于提高城乡居民最低生活保障标准的通知（宁民助〔2012〕125 号宁财社〔2012〕441 号，2012 年 7 月 2 日）

江宁区城乡低保家庭子女就学救助工作管理办法（江宁政办发（2010）186 号，2010 年 11 月 2 日）

苏州市农村居民最低生活保障制度实施办法（苏府[2002]136 号，2002 年 12 月 18 日）

关于进一步完善苏州市城乡社会救助体系的实施意见（苏府〔2005〕51 号，2005 年 5 月 17 日）

苏州市市区低保关系迁移操作细则（苏政民规〔2012〕1 号，2012 年 5 月 15 日）

昆山市居民最低生活保障制度实施办法（昆政发[2008]73 号，2008 年 12 月 10 日）

关于太仓市城乡最低生活保障家庭收入核定的若干规定（太政民〔2010〕32 号，2010 年 5 月 4 日）

太仓市城乡困难群众临时生活救助实施办法（苏府办〔2008〕83 号，2010 年 5 月 10 日）

无锡市农村居民最低生活保障办法（锡政发[2004]221 号，2004 年 7 月 21 日）

江阴市农村最低生活保障暂行办法（澄政发〔1997〕90 号，1997 年）

常州市城乡居民最低生活保障办法实施细则（试行）（2010 年 5 月 31 日）

南通市农村村民最低生活保障办法（政府办发[2003]88 号，2003 年 8 月 8 日）

南通市城乡困难群众临时生活救助规范管理办法（通民发[2010]84 号，2010 年 5 月 24 日）

镇江市农村居民最低生活保障暂行办法（镇政发[2004]106 号，2004 年 10 月 26 日）

关于对镇江市区特殊困难残疾人实施生活救助的通知（镇民发[2010]101 号、镇财发[2010]96 号，2010 年 8 月 26 日）

关于免除城乡困难群众、重点优抚对象基本丧葬服务费的通知（镇民发[2011] 3 号 镇财社[2011]7 号，2011 年 1 与月 7 日）

扬州市城乡居民临时生活救助实施办法（扬政民〔2007〕67 号、扬财社〔2007〕18 号，2007 年 4 月 26 日）

扬中市居民最低生活保障实施细则（2006 年 1 月 19 日）

扬中市困难群众临时生活救助实施办法（扬政民〔2009〕41 号、扬财社〔2009〕17 号，2009 年 3 月 19 日）

泰州市农村居民最低生活保障暂行办法（泰州市人民政府令第 3 号，1998

年 2 月 23 日）

泰州市高港区城乡居民最低生活保障实施办法（2005 年 5 月 22 日）

泰州市高港区低保边缘户救助实施办法（试行）（2009 年 11 月 13 日）

徐州市农村居民最低生活保障办法（徐政发[2004]140 号，2004 年 12 月 22 日）

徐州市城乡困难群众临时生活救助实施办法（试行）（徐政发〔2008〕78 号，2008 年 7 月 4 日）

徐州市无固定收入重残人员生活救助实施办法（试行）（徐政发〔2008〕81 号，2010 年 11 月 29 日）

盐城市民政局、盐城市财政局关于建立和完善农村居民最低生活保障制度的实施意见（盐民救[2004]15 号、盐财社[2004]51 号，2004 年 11 月 5 日）

淮安市农村居民最低生活保障制度实施细则（淮民[2005]25 号、淮财社[2005]14 号，2005 年 3 月 10 日）

关于建立和完善农村居民最低生活保障制度的意见（连政发[2004]176 号，2004 年 8 月 18 日）

连云港市市区城乡困难群众临时生活救助实施办法（连政办发[2008]90 号，2008 年 9 月 5 日）

连云港市区无固定收入重残人员生活救助实施办法（连政办发[2008]93 号，2008 年 9 月 5 日）

东海县农村居民最低生活保障工作实施细则（东政发[2005]47 号，2008 年 4 月 19 日）

养老服务政策文件

中共中央、国务院关于加强老龄工作的决定（中发〔2000〕13 号，2000 年 8 月 19 日）

财政部、国家税务总局关于对老年服务机构有关税收政策问题的通知（财

税〔2000〕97 号，2000 年 12 月 24 日）

江苏省老龄事业发展"十五"计划纲要（省老龄工作委员会，2001 年 12 月 31 日）

江苏省政府关于进一步加强民政工作的意见（苏政发〔2004〕77 号，2004 年 9 月 8 日）

关于加强基层老年人协会规范化建设的意见（苏老龄办〔2004〕18 号，2004 年 9 月 9 日）

关于支持社会力量兴办社会福利机构的意见（民发〔2005〕170 号，2005 年 11 月 16 日）

农村五保供养工作条例（中华人民共和国国务院令第 456 号，2006 年 1 月 21 日）

江苏省民政厅关于加快发展民政服务业的意见（苏民发〔2006〕3 号，2006 年 3 月 28 日）

江苏省政府办公厅关于贯彻实施《农村五保供养工作条例》的通知（苏政办发〔2006〕135 号，2006 年 11 月 24 日）

江苏省人民政府办公厅关于进一步做好老年人优待和服务工作的通知（苏政办发〔2007〕98 号，2007 年 8 月 11 日）

江苏省政府办公厅关于印发江苏省老龄事业发展"十一五"规划的通知（苏政办发〔2007〕117 号，2007 年 9 月 24 日）

江苏省物价局关于明确养老服务机构水电气价格有关问题的通知（苏价工〔2007〕421 号，2007 年 12 月 27 日）

江苏省政府关于建立新型农村社会养老保险制度的指导意见（苏政发〔2008〕105 号，2008 年 12 月 17 日）

中共江苏省委、江苏省人民政府关于加快我省老龄事业发展的意见（苏发〔2009〕5 号，2009 年 7 月 17 日）

中华人民共和国老年人权益保障法（1996 年 8 月 29 日第八届全国人民代表大会常务委员会第二十一次会议通过，根据 2009 年 8 月 27 日第十一届全国人民代表大会常务委员会第十次会议《关于修改部分法律的决定》修正）

农村五保供养服务机构管理办法（中华人民共和国民政部令第 37 号，2010 年 10 月 22 日）

江苏省老年人权益保障条例（江苏省人大常委会公告第 77 号，2011 年 1 月 21 日）

江苏省政府关于加快构建社会养老服务体系的实施意见（苏政发〔2011〕127 号，2011 年 9 月 7 日）

国务院关于印发中国老龄事业发展"十二五"规划的通知（国发〔2011〕28 号，2011 年 9 月 17 日）

江苏省政府关于印发江苏省城镇居民社会养老保险制度实施办法的通知（苏政发〔2011〕144 号，2011 年 10 月 20 日）

江苏省政府关于印发江苏省"十二五"老龄事业发展规划的通知（苏政发〔2011〕178 号，2011 年 12 月 15 日）

国务院办公厅关于印发社会养老服务体系建设规划（2011~2015 年）的通知（国办发〔2011〕60 号，2011 年 12 月 16 日）

江苏省政府办公厅关于加强我省城市"三无"老人保障工作的意见（苏政办发〔2011〕173 号，2011 年 12 月 22 日）

全国老龄工作委员会办公室关于加强基层老年协会建设的意见（全国老龄办〔2012〕1 号，2012 年 1 月 9 日）

民政部关于鼓励和引导民间资本进入养老服务领域的实施意见（民发〔2012〕129 号，2012 年 7 月 24 日）

江苏省关于推进老年精神关爱工作的指导意见（苏老龄办〔2012〕18 号，2012 年 9 月 10 日）

关于进一步加强老年文化建设的意见（全国老龄办发〔2012〕60 号，2012
年 9 月 13 日）

江苏省社区居家养老服务中心（站）评估指标体系（试行）（江苏省老龄
工作委员会办公室，2012 年）

附录二　江苏农村社会保障大事记

新型农村社会养老保险大事记

☆ 1992 年，民政部颁布了《县级农保基本方案（试行）》，提出农村社会养老保险以"个人交费为主，集体补助为辅，国家予以政策扶持"的基本原则，采取"政府引导和农民自愿相结合"的工作方式，以县为统筹单位平衡基金核算，实现完全个人账户基金积累模式。

☆ 1997 年，江苏省政府以省长令的形式，签发了《江苏省农村养老保险办法》，以期更好地规范和指导全省的农保工作。

☆ 1999 年，国务院下发《国务院批转整顿保险业工作小组保险业整顿与改革方案的通知》，将农村社会养老保险列入了清理整顿范围，要求停止开展新业务，有条件的地区可以逐步过渡为商业保险。

☆ 2002 年，十六大报告明确提出"有条件的地方，探索建立农村养老、医疗保险和最低生活保障制度"，以此为标志，中国农村社会养老保险进入了改革发展的新阶段。

☆ 2003 年，劳动和社会保障部下发了《关于认真做好当前农村社会养老保险的通知》，指出需要"高度重视农民的养老保障，立足当前，着眼长远，因地制宜，分类指导，积极稳妥地推进农村养老保险工作"。

☆ 2003 年，江苏苏州率先开始积极探索建立与经济发展水平相适应、与其他保障措施相配套的新农保制度。在试点过程中，形成了独具特色的"苏州模式"，为新农保的制度建设提供了宝贵的经验。

☆ 2006 年，中央一号文件要求推进"社会主义新农村"建设，其中明确加大公共财政对农村社会保障的投入，并把建立新农保制度作为推进社会主义新农村建设的重要内容。

☆ 2008 年，中央一号文件提出"探索建立农村养老保险制度，鼓励各地开展农村社会养老保险试点"，为新农保明确了基本方向和指导原则。

☆ 2008 年，党的十七届三中全会《中共中央关于推进农村改革发展若干重大问题的决定》中确立了新农保的具体框架："按照个人缴费、集体补助、政府补贴相结合的要求，建立新型农村社会养老保险制度，并创造条件探索城乡养老保险制度的有效衔接办法"。

☆ 2008 年年底，江苏省出台了《关于建立新型农村社会养老保险制度的指导意见》。

☆ 2009 年 9 月 4 日，国务院正式发布《关于开展新型农村社会养老保险试点的指导意见》，详细规定了该项制度的基本原则、参保范围、基金筹集和经办管理等方面的内容。

☆ 2009 年 12 月 29 日，江苏根据国务院的《指导意见》和省委十一届七次全会关于"加快实现新型农村社会养老保险全覆盖"的部署，结合《省政府关于建立新型农村社会养老保险制度的指导意见》有关规定，以及各地开展新农保的工作实际，制定了《江苏省新型农村社会养老保险制度实施办法》。

☆ 2010 年，中央一号文件再次强调"继续抓好新型农村社会养老保险试点，有条件的地方可加快试点步伐。积极引导试点地区适龄农村居民参保，确保符合规定条件的老年居民按时足额领取养老金"。

☆ 2011 年，十一届全国人大四次会议审查通过的《国民经济和社会发展第十二个五年规划纲要》明确指出：到 2015 年年底"实现新型农村社会养老保险制度全覆盖"，新农保制度实现全覆盖的建设进程大大提前。

☆ 2012 年 9 月底，江苏省参加"新农保"的人数 1493.7 万人，参保率达到 99%；另外基础养老金发放 785.3 万人，发放率达到 99%，两个 99%充分体现了新农保在江苏的"全覆盖"。

☆ 2012 年 12 月，人力资源和社会保障部发布了《城乡养老保险制度衔接暂行办法（征求意见稿）》，公开征求意见。

新型农村合作医疗大事记

☆ 2001年2月，江苏省人大常委会通过《江苏省农村初级卫生保健条例》，明确指出农村合作医疗是农村医疗保障制度的形式之一，地方各级人民政府应当采取多种形式发展和完善农村合作医疗，并逐步推行大额费用合作医疗保险制度。

☆ 2002年，为全面推进农村大额费用合作医疗保险制度的建设，提高农村居民特别是经济欠发达地区农村居民的基本医疗保障水平，江苏省出台《农村居民大额费用合作医疗保险省级扶持资金管理办法》（苏财社〔2002〕12号），并且省政府在全国率先设立了2000万元的大额费用合作医疗专项扶持资金，主要对苏北经济欠发达地区和黄桥、茅山老区进行补助。

☆ 2003年7月，江苏省制定了《省政府关于在全省建立新型农村合作医疗制度的实施意见》（苏政发[2003] 75号），明确了江苏省建立新型农村合作医疗制度的目标任务是：到2005年在全省建立基本覆盖农村居民的、以大病统筹为主的新型农村合作医疗制度，重点解决因病致贫、因病返贫问题。

☆ 2003年8月19日，江苏省卫生厅发布了《关于成立江苏省新型农村合作医疗工作指导小组的通知》，要求成立工作指导组，协助卫生部门制定试点方案，进行调查研究、现场指导、理论研究及技术培训等工作。

☆ 2003年9月，江苏省在"五件实事"工作领导小组下设立新型农村合作医疗办公室，具体负责市、县新型农村合作医疗工作的政策研究、业务指导、监督检查等日常管理工作。

☆ 2003年8月，江苏省财政厅、省卫生厅制订了《江苏省新型农村合作医疗基金管理办法》（苏财社〔2003〕65号），以切实加强新型农村合作医疗基金管理，提高全省农村居民健康保障水平。

☆ 2003年11月，为科学合理确定合作医疗基金支付范围、规范农村合作医疗运作，维护广大参保农民合法权益，江苏省卫生厅制定了《江苏省新型农村合作医疗基本药物目录（试行）》。

☆ 2003 年 11 月，江苏省卫生厅印发《关于加强新型农村合作医疗定点服务机构管理的意见》（苏卫基妇〔2003〕28 号）。

☆ 2004 年初，为及时掌握各地新型农村合作医疗的工作进展，便于领导决策，江苏省新农合办公室发布了《关于建立新型农村合作医疗工作报表制度的通知》，在全省建立起新农合工作双月报制度。

☆ 2004 年 3 月，为规范新型农村合作医疗双月报工作，客观、真实地反映各地工作进展，江苏省卫生厅基妇处发《关于规范新型农村合作医疗双月报统计口径的函》（苏卫基妇函发〔2004〕3 号）。

☆ 2004 年 3 月，为规范全省新型农村合作医疗管理工作，提高科学化管理水平，省卫生厅在全省推广新型农村合作医疗计算机管理信息系统，软件承载了合作医疗基金征集、管理、试用、统计、参合人员医疗及健康状况跟踪分析等功能。

☆ 2005 年 3 月，为进一步规范新型农村合作医疗的管理，省财政厅、卫生厅下发了《关于进一步加强新型农村合作医疗管理的意见》，要求认真落实各级财政补助资金，不断完善农民个人负担经费收缴方式，进一步加大对专项基金的监督管理力度，合理调整医疗费用补偿方案，不断改进医药费结报办法，规范医疗行为，改善农村卫生机构服务条件，切实加强农村药品管理，建立农村医疗救助制度。

☆ 2005 年 3 月，江苏省卫生厅印发了《关于新型农村合作医疗费用补偿的指导意见》（苏卫基妇〔2005〕4 号），明确费用补偿应遵循以大病统筹为主、合理使用基金、高效、便民的原则，在 30 元筹资基数补偿标准的基础上，适当增加每个费用段的补偿比例。

☆ 2006 年 1 月，江苏省卫生厅印发《江苏省新型农村合作医疗基本药物目录（修订）》（苏卫基妇〔2006〕1 号），对《基本药物目录》进行了调整和充实，取消不合理和淘汰药品 38 种，新增常用药品 206 种，同时新增了中药饮片。

☆ 2006 年 4 月，江苏省财政厅、卫生厅印发《江苏省新型农村合作医疗基金财务管理办法（试行）》和《江苏省新型农村合作医疗基金会计核算办法（试行）》（苏财社〔2006〕37 号），规范新型农村合作医疗基金财务管理和会计核算工作。

☆ 2006 年 5 月，江苏省卫生厅、财政厅等七部门印发《关于全面推进新型农村合作医疗工作的通知》（苏卫基妇〔2006〕10 号、苏财社〔2006〕50 号），进一步推进新型农村合作医疗工作。

☆ 2006 年 6 月，江苏省保监局、卫生厅、财政厅发布了《关于完善江苏保险业参与新型农村合作医疗工作的意见》，明确了保险公司参与新农合的准入条件和基本原则等。

☆ 2008 年，按照"增加补助、扩大受益、强化管理、巩固提高"的总体要求，江苏省卫生厅发布了《先进新型农村合作医疗办公室评审标准》，以推进新农合规范管理，进一步加强新农合管理办公室建设。

☆ 2008 年 10 月，江苏省卫生厅制定了《江苏省新型农村合作医疗管理信息系统建设实施方案》，加强新农合信息平台建设，提高全市新农合管理信息系统规范化建设水平。

☆ 2008 年 11 月，江苏省卫生厅、财政厅、民政局发布了《关于进一步加强新型农村合作医疗制度建设的通知》，要求强化制度建设和规范化管理，建立督办督查制度、年度审计制度，严格执行新农合基金财务管理办法和会计核算办法。

☆ 2009 年 9 月，江苏省卫生厅、财政厅等五部门印发《关于完善和发展新型农村合作医疗制度的意见》（苏卫农卫[2009]8 号），要求各地从保障和改善民生、构建和谐社会的高度，充分认识建设新农合制度的重大意义，以便民、利民、为民为出发点，大力加强制度建设，坚持制度建设的稳定性和连续性，完善和发展与农村经济社会发展水平和农民基本医疗需求相适应的、具有基本医疗保障性质的新农合制度。

☆ 2010 年 3 月，江苏省卫生厅印发《关于加强新型农村合作医疗转外就医审核管理的指导意见》（苏卫农卫〔2010〕5 号），规范新型农村合作医疗转外就医。

☆ 2010 年 4 月，省卫生厅制定了《江苏省新型农村合作医疗支付方式改革试点方案》，提出逐步改变以往按项目付费为主体的医疗费用后付制，实行包括总额预付、定额付费、按病种付费、按人头付费等相结合的综合付费以及按病种付费两种改革试点。

☆ 2010 年，江苏省启动了提高农村儿童重大疾病医疗保障水平试点工作，确定六合区、江阴市、丰县等 14 个新农合统筹地区先行展开试点。

☆ 2010 年年底，为缩小新农合地区间补偿待遇差异，加快推进异地就医即时结报工作，江苏省卫生厅发布了《关于规范和完善新型农村合作医疗补偿方案的通知》，对新农合补偿的基本规则进行了统一，设定了新农合的补偿比例标准，要求推进新农合补偿方案的基本统一。

☆ 2011 年 2 月，江苏省卫生厅发布了《关于推进新型农村合作医疗异地就医联网即时结报工作的实施意见》，要求 2011 年各新农合统筹地区经办机构要与不少于 5 家符合联网结报条件的医院签订定点服务协议，参合人员异地就医联网即时结报率不低于 70%。

☆ 2011 年 3 月，江苏省人大常委会通过了《江苏省新型农村合作医疗条例》，该条例作为全国第一部新农合地方法规，构建了江苏省完整的新型农村合作医疗制度框架。

☆ 2012 年 5 月，江苏省提出当年省医改任务责任状为"各统筹地区经办机构与不少于 8 家省公布的联网医院签订即时结报协议，转外预约就医率和出院即时补偿率要达到 90% 以上，全面实现参合人员省内医疗费用异地即时结算"。

☆ 2012 年，在全面提高农村儿童重大疾病和终末期肾病医疗保障水平工作的基础上，江苏省将乳腺癌、宫颈癌、耐多药肺结核、重性精神疾病等纳入重大疾病医疗保障实施范围，并确定徐州市开展提高艾滋病机会性感染医疗保障试点。

农村最低生活保障大事记

☆ 1994 年，第十次全国民政会议提出要在农村初步建立与经济发展水平相适应的社会保障制度。

☆ 1996 年 1 月，民政部召开全国民政厅局长会议，年底印发了《关于加快农村社会保障体系建设的意见》（民办发[1996]28 号），并制定了《农村社会保障制度建设指导方案》。

☆ 2003 年 1 月 1 日，《苏州市农村居民最低生活保障制度实施办法》正式实施。

☆ 2004 年 8 月 23 日，民政部、财政部和国家发展和改革委员会发布《关于进一步做好农村五保供养工作的通知》。

☆ 2005 年 3 月 15 日，江苏省民政厅、财政厅发布《关于对全省农村居民最低生活保障工作实行目标管理的通知》。

☆ 2005 年 8 月 31 日，江苏省政府办公厅发布《关于对低收入居民实行基本生活消费价格上涨动态补贴的意见》，经省政府同意，对低收入居民实行基本生活消费价格上涨动态补贴。

☆ 2005 年 12 月底，江苏农村最低生活保障基本实现"应保尽保"，在全国率先实现了城乡低保"全覆盖"。全省共保障农村低保对象 109.88 万人，平均保障标准 128 元/月。

☆ 2006 年 3 月 1 日，国务院新修订的《农村五保供养工作条例》开始施行。

☆ 2006 年 5 月 11 日，江苏省民政厅发布《关于进一步加强城乡规范化管理工作的通知》。

☆ 2006 年 8 月 25 日，江苏省民政厅、财政厅发布《关于进一步加强农村居民最低生活保障工作的意见》，指出要进一步加强和完善农村低保制度，全面提升管理水平。

☆ 2006 年 11 月 20 日，省政府发布了《关于完善城乡居民最低生活保障标准增长机制 进一步加强社会救助工作的通知》。

☆ 2007 年 6 月 26 日，国务院召开"全国建立农村最低生活保障制度工作会议"，研究部署农村最低生活保障工作。

☆ 2007 年 7 月 11 日，国务院下发关于《在全国建立农村最低生活保障制度的通知》，要求将符合条件的农村贫困人口全部纳入保障范围。

☆ 2007 年 8 月 3 日，财政部、民政部发布《关于下达 2007 年农村最低生活保障补助资金的通知》，将农村最低生活保障中央补助资金下拨各地。

☆ 2007 年 8 月 8 日，财政部、民政部印发《关于加强农村最低生活保障资金使用管理有关问题的通知》，对中央补助资金下拨后的使用管理有关问题作了规定。

☆ 2008 年 1 月 9 日，民政部办公厅、国家档案局发布《关于加强最低生活保障档案管理的通知》。

☆ 2008 年 6 月 30 日，民政部制定并印发了《全国基层低保规范化建设暂行评估标准》。

☆ 2008 年 7 月 9 日，民政部制定了《全国基层最低生活保障规范化建设暂行评估标准》，从制度设计、具体的操作、监督机制等方面进一步规范了我国农村最低生活保障工作。

☆ 2008 年 10 月 8 日，江苏省民政厅、财政厅发布《关于提高 2008 年城乡居民最低生活保障标准的通知》。从 7 月起，苏南、苏中、苏北地区城市低保标准必须分别达到每人每月 330 元、270 元、200 元以上，农村低保标准必须分别达到每人每月 210 元、140 元、110 元以上。

☆ 2008 年 10 月 19 日，中国共产党十七届三中全会提出要进一步完善我

国农村最低生活保障制度。

☆ 2009 年 5 月 31 日，江苏省民政厅、财政厅发布《关于提高 2009 年最低生活保障标准的通知》。从 2009 年 7 月起全面提高城乡低保标准，苏中、苏北地区农村低保标准必须分别达到每人每月 170 元和 130 元以上。

☆ 2010 年 3 月 5 日，为了进一步加强规范化管理，江苏省民政厅、财政厅发布了《关于进一步做好城乡最低生活保障工作的通知》。

☆ 2010 年 6 月 5 日，江苏省民政厅发布《关于提高 2010 年城乡居民最低生活保障标准的通知》，要求从 2010 年 7 月起全面提高城乡低保标准，苏中、苏北农村低保标准必须分别达到每人每月 210 元和 155 元以上。

☆ 2011 年 5 月 11 日，民政部制定了《关于进一步规范城乡居民最低生活保障标准制定和调整工作的指导意见》，提出了准确把握城乡低保标准制定和调整的指导思想和基本原则。

☆ 2011 年 10 月 19 日，江苏省财政厅网站公布，"十一五"期间，江苏农村最低生活保障标准较"十五"末提高 146.5%，在一定程度上改善了全省农村困难群众的基本生活。

☆ 2012 年 3 月 19 日，国家统计局、国家发展改革委、民政部、财政部、国务院扶贫办发布《关于进一步加强农村贫困监测工作的通知》。

☆ 2012 年 6 月 13 日，国务院办公厅转发了经国务院同意的《关于做好农村最低生活保障制度和扶贫开发政策有效衔接扩大试点工作意见的通知》。

☆ 2012 年 9 月 1 日，国务院颁布了《关于进一步加强和改进最低生活保障工作的意见》，按照该意见，我国延续 10 余年的低保政策正式调整。

☆ 2012 年 11 月 9 日，江苏省民政厅、财政厅根据《国务院关于进一步加强和改进最低生活保障工作的意见》及全国加强和改进最低生活保障工作电视电话会议精神，结合我省实际，制定发布《江苏省居民最低生活保障工作规程》，新《规程》将于 2013 年 1 月 1 日起开始实施。新《规程》将不再区分城市居民和农村居民，而是直接统称为居民。同时，低保资格认定新增财产条件，对房产、就业等认定作出了从严界定，并针对家庭人口特点实行"分类施保"。

农村养老服务大事记

☆ 2000 年 2 月 15 日，江苏省老龄工作委员会办公室转发《财政部、国家税务总局关于对老年服务机构有关税收政策问题的通知》。

☆ 2000 年 9 月 26 日，中共江苏省委、江苏省人民政府出台《关于贯彻<中共中央、国务院关于加强老龄工作的决定>的意见》。

☆ 2001 年 12 月 30 日，江苏省老龄工作委员会发布《江苏省老龄事业发展"十五"计划纲要（2001~2005 年）》。

☆ 2002 年 8 月 19 日，江苏省人民政府批转《省民政厅等部门关于对发展社会福利事业实行政策扶持意见的通知》。

☆ 2004 年 9 月 8 日，江苏省政府出台《江苏省人民政府关于进一步加强民政工作的意见》。

☆ 2004 年 9 月 9 日，江苏省老龄工作委员会办公室出台《关于加强基层老年人协会规范化建设的意见》。

☆ 2004 年 10 月 11 日，江苏省民政厅等部门转发民政部、财政部、国家发展和改革委员会《关于进一步做好农村五保供养工作的通知》。

☆ 2005 年 3 月 5 日，江苏省民政厅发布《关于开展养老服务社区示范活动的通知》。

☆ 2006 年 3 月 28 日，江苏省民政厅办公室出台《关于加快发展民政服务业的意见》。

☆ 2006 年 11 月 24 日，江苏省政府办公厅发布《关于贯彻实施<农村五保供养工作条例>的通知》。

☆ 2007 年 8 月 2 日，江苏省人民政府出台《关于加强社区服务 促进和谐社区建设的意见》。

☆ 2007 年 8 月 11 日，江苏省人民政府办公厅发布《关于进一步做好老年人优待和服务工作的通知》。

☆ 2007 年 9 月 24 日，江苏省老龄工作委员会出台《江苏省老龄事业发展"十一五"规划》。

☆ 2007 年 12 月 27 日，江苏省物价局发布《关于明确养老服务机构水电气价格的有关问题的通知》。

☆ 2009 年 7 月 17 日，中共江苏省委、江苏省人民政府发布《关于加快我省老龄事业发展的意见》，要求各级政府、各部门切实增强加快老龄事业发展的责任感和紧迫感、不断提高老年人社会保障水平、加快推进社会化养老服务、积极推动老年服务产业发展。

☆ 2009 年 8 月 27 日，第十一届全国人民代表大会常务委员会第十次会议修正《中华人民共和国老年人权益保障法》。

☆ 2009 年 9 月 7 日、8 日，江苏省民政厅、省发展改革委、省老龄办根据国家发展改革委和民政部要求，在南京联合召开全省基本养老服务体系规划座谈会。

☆ 2010 年 7 月，江苏省质量技术监督局公布《居家养老服务规范（江苏省地方标准）》。

☆ 2010 年 10 月 12 日，民政部公布《农村五保供养服务机构管理办法》，办法自 2011 年 1 月 1 日起施行。

☆ 2010 年 10 月，江苏省老龄工作委员会办公室发布《江苏省 2009 年老年人口信息和老龄事业发展状况报告》

☆ 2011 年 1 月 21 日，江苏省第十一届人民代表大会常务委员会第二十次会议通过《江苏省老年人权益保障条例》，条例自 2011 年 3 月 1 日起施行。

☆ 2011 年 3 月 29 日，江苏省民政厅发布《关于印发民政部<农村五保供养服务机构管理办法>的通知》。

☆ 2011 年 6 月 22 日，由江苏省老龄工作委员会办公室与南京农业大学共同成立的农村老年保障研究中心在南京农业大学人文学院揭牌。

☆ 2011 年 8 月 16 日，全国老龄办在京举行新闻发布会，向社会发布《2010年度中国老龄事业发展统计公报》。

☆ 2011 年 9 月 7 日，江苏省政府颁布《关于加快构建社会养老服务体系的实施意见》。

☆ 2011 年 9 月 17 日，国务院印发《中国老龄事业发展"十二五"规划》，明确了我国"十二五"时期老龄事业发展的指导思想、发展目标、基本原则和主要任务。

☆ 2011 年 9 月 23 日，江苏省首个养老示范工程金东方颐养园，在常州市武进区正式启动。该项目创新养老模式，把居家养老、机构养老和医养一体化"三合一"。

☆ 2011 年 10 月，江苏省老龄工作委员会办公室发布《江苏省 2010 年老年人口信息和老龄事业发展状况报告》。

☆ 2011 年 12 月 15 日，江苏省政府人民印发《江苏省"十二五"老龄事业发展规划》。

☆ 2011 年 12 月 16 日，国务院办公厅印发《社会养老服务体系建设规划（2011~2015 年）》，阐明了建设社会养老服务体系的背景、内涵和定位，明确了新时期社会养老服务体系建设的主要任务和保障措施。

☆ 2012 年 1 月 9 日，全国老龄办印发《关于加强基层老年协会建设的意见》，明确了基层老年协会建设的指导思想、基本原则、总体目标、主要职责、主要任务和组织领导，是指导今后一个时期我国基层老年协会建设的重要文件。

☆ 2012 年 7 月 24 日，民政部发布《关于鼓励和引导民间资本进入养老服务领域的实施意见》。

☆ 2012 年 9 月，江苏省老龄工作委员会办公室发布《江苏省 2011 年老年人口信息和老龄事业发展状况报告》。

☆ 2012 年 9 月 10 日，由江苏省民政厅、教育厅、文化厅等 11 个部门联合出台了《关于推进老年精神关爱工作的指导意见》。江苏在全国率先提出"老年精神关爱"的概念，重点打造温暖空巢、心灵茶吧、校园争辉、舞动夕阳、传媒提升等项目。

☆ 2012 年 9 月 13 日，中组部、文化部、全国老龄办等 16 部门联合印发《关于进一步加强老年文化建设的意见》。该文件旨在通过进一步加强老年文化建设，积极应对人口老龄化，让"银发族"生活得更快乐。

☆ 2012 年 10 月 15~16 日，全国"虚拟养老院"建设工作经验交流会在苏州召开。会议总结交流了全国社区居家养老服务信息化建设工作经验，安排部署了下一步社区居家养老服务信息化建设工作。

☆ 2012 年 10 月 30 日，"点亮空巢"爱老工程在江苏溧阳启动。这一工程是全省民政、老龄和广电等部门联合开展的助老公益项目。"点亮空巢"爱老工程属于开放性公益平台，将借助企业、机构、志愿者和媒体的力量，为空巢老人提供长期、安全、有质量的跟踪服务，提供养老、医疗、理财、旅游等定制产品。

☆ 2012 年 11 月 9 日，由江苏省民政厅、江苏省老龄工作委员会办公室、中国国际贸易促进委员会江苏省分会共同主办的 2012 南京老年产业博览会开幕式在南京国际博览中心举行。

☆ 2012 年 11 月 11 日，由江苏省老龄工作委员会办公室、江苏省老年学学会、江苏省人口学会、南京大学、河海大学、南京农业大学、南京师范大学、南京人口管理干部学院等单位联合主办的江苏省首届青年老龄论坛暨第三届研究生老龄论坛在南京农业大学隆重举行。

☆ 2012 年 11 月 15 日，由联合国亚太经济社会委员会和国家人口计生委联合主办的第二届"老年政策亚太地区国际论坛"在南京开幕。

☆ 2012 年 10 月 25 日至 11 月 23 日，"全省养老服务机构负责人培训班"在省老年公寓成功举办。

☆ 2012 年 11 月 24 日，由中国老年学学会、全国异地养老服务联盟主办，江苏东方惠乐健康科技有限公司承办的创新型循环养老事业研讨会在常州武进召开。